高一同學的目標

1. 熟背「高中常用7000字」　2. 月期考得高分　3. 會說流利的英語

1.「用會話背7000字①」書 + CD 280元

以三個極短句為一組的方式，讓同學背了會話，同時快速增加單字。高一同學要從「國中常用2000字」挑戰「高中常用7000字」，加強單字是第一目標。

2.「一分鐘背9個單字」書 + CD 280元

利用字首、字尾的排列，讓你快速增加單字。一次背9個比背1個字簡單。

3. rival

<u>rival</u>⁵（'raɪvḷ）n. 對手
<u>arrival</u>³（ə'raɪvḷ）n. 到達　} 都有 rival
<u>festival</u>²（'fɛstəvḷ）n. 節日；慶祝活動

<u>revival</u>⁶（rɪ'vaɪvḷ）n. 復甦
<u>survival</u>³（sə'vaɪvḷ）n. 生還　} 字尾是 vival
<u>carnival</u>⁶（'kɑrnəvḷ）n. 嘉年華會

<u>carnation</u>⁵（kɑr'neʃən）n. 康乃馨
<u>donation</u>⁶（do'neʃən）n. 捐贈　} 字尾是 nation
<u>donate</u>⁶（'donet）v. 捐贈

3.「一口氣考試英語」書 + CD 280元

把大學入學考試題目編成會話，背了以後，會說英語，又會考試。

例如：
> What a nice surprise!（真令人驚喜！）【常考】
> I can't believe my eyes.
> （我無法相信我的眼睛。）
> *Little did I dream of seeing you here.*
> （做夢也沒想到會在這裡看到你。）【駒澤大】

4.「一口氣背文法」書+ CD　280元
英文文法範圍無限大，規則無限多，誰背得完？
劉毅老師把文法整體的概念，編成216句，背完
了會做文法題、會說英語，也會寫作文。既是一
本文法書，也是一本會話書。

1. 現在簡單式的用法

I *get up* early every day.	我每天早起。
I *understand* this rule now.	我現在了解這條規定了。
Actions *speak* louder than words.	行動勝於言辭。

【二、三句強調實踐早起】

5.「高中英語聽力測驗①」書+ MP3 280元
6.「高中英語聽力測驗進階」書+ MP3 280元
高一月期考聽力佔20%，我們根據大考中心公布的
聽力題型編輯而成。

7.「高一月期考英文試題」書 280元
收集建中、北一女、師大附中、中山、成功、景
美女中等各校試題，並聘請各校名師編寫模擬試
題。

8.「高一英文克漏字測驗」書 180元
9.「高一英文閱讀測驗」書 180元
全部取材自高一月期考試題，英雄
所見略同，重複出現的機率很高。
附有翻譯及詳解，不必查字典，對
錯答案都有明確交待，做完題目，
一看就懂。

高二同學的目標──提早準備考大學

1. 「用會話背7000字①②」
   書+CD，每冊280元

「用會話背7000字」能夠解決
所有學英文的困難。高二同學
可先從第一冊開始背，第一冊
和第二冊沒有程度上的差異，
背得越多，單字量越多，在腦
海中的短句越多。每一個極短句大多不超過5個字，1個字或
2個字都可以成一個句子，如：「用會話背7000字①」p.184，
每一句都2個字，好背得不得了，而且與生活息息相關，是
每個人都必須知道的知識，例如：成功的祕訣是什麼？

11. What are the keys to success?

Be *ambitious*.	要有<u>雄心</u>。
Be *confident*.	要有<u>信心</u>。
Have *determination*.	要有<u>決心</u>。
Be *patient*.	要有<u>耐心</u>。
Be *persistent*.	要有<u>恆心</u>。
Show *sincerity*.	要有<u>誠心</u>。
Be *charitable*.	要有<u>愛心</u>。
Be *modest*.	要<u>虛心</u>。
Have *devotion*.	要<u>專心</u>。

當你背單字的時候，就要有「雄心」，要「決心」背好，對
自己要有「信心」，一定要有「耐心」和「恆心」，背書時
要「專心」。

背完後，腦中有2,160個句子，那不得了，無限多的排列組
合，可以寫作文。有了單字，翻譯、閱讀測驗、克漏字都難
不倒你了。高二的時候，要下定決心，把7000字背熟、背
爛。雖然高中課本以7000字為範圍，編書者為了便宜行事，
往往超出7000字，同學背了少用的單字，反倒忽略真正重要
的單字。千萬記住，背就要背「高中常用7000字」，背完之
後，天不怕、地不怕，任何考試都難不倒你。

2.「時速破百單字快速記憶」書 250元

字尾是 try，重音在倒數第三音節上

entry [3] (ˈɛntrɪ) *n.* 進入【No entry. 禁止進入。】
country [1] (ˈkʌntrɪ) *n.* 國家；鄉下【ou 讀 /ʌ/，為例外字】
ministry [4] (ˈmɪnɪstrɪ) *n.* 部【mini = small】

chemistry [4] (ˈkɛmɪstrɪ) *n.* 化學
geometry [5] (dʒɪˈɑmətrɪ) *n.* 幾何學【geo 土地，metry 測量】
industry [2] (ˈɪndəstrɪ) *n.* 工業；勤勉【這個字重音常唸錯】

poetry [1] (ˈpo‧ɪtrɪ) *n.* 詩
poultry [4] (ˈpoltrɪ) *n.* 家禽 } 字尾 y 表「集合名詞」
pastry [5] (ˈpestrɪ) *n.* 糕餅

3.「高二英文克漏字測驗」書 180元

4.「高二英文閱讀測驗」書 180元
全部選自各校高二月期考試題精華，英雄所見略同，再出現的機率很高。

5.「7000字學測試題詳解」書 250元
一般模考題為了便宜行事，往往超出7000字範圍，無論做多少份試題，仍然有大量生字，無法進步。唯有鎖定7000字為範圍的試題，才會對準備考試有幫助。每份試題都經「劉毅英文」同學實際考過，效果奇佳。附有詳細解答，單字標明級數，對錯答案都有明確交待，不需要再查字典，做完題目，再看詳解，快樂無比。

6.「高中常用7000字解析【豪華版】」書 390元
按照「大考中心高中英文參考詞彙表」編輯而成。難背的單字有「記憶技巧」、「同義字」及「反義字」，關鍵的單字有「典型考題」。大學入學考試核心單字，以紅色標記。

7.「高中7000字測驗題庫」書 180元
取材自大規模考試，解答詳盡，節省查字典的時間。

序 言

　　學好英文的第一步就是背單字，但是單字背了不用，就會忘掉，所以多做單字測驗，不只可以複習單字，也可以訓練閱讀能力。然而，傳統的字彙測驗題幹長，句子難，題目中還有其他生難字，模糊了命題焦點，四個選項也讓人眼花撩亂，造成閱讀和學習上的障礙。

　　為此，我們特別設計了「**極簡高中字彙**」，題目句子簡短，作答時一看就懂，選項減成二個，讓你學習沒有負擔。請看下面的例子：

傳統高中字彙測驗 1

A dog's eating habits require training before they are _____ established. 〔2019 高考天津卷〕　　　　　　　　　　　　**[A]**

A. properly　　B. widely　　C. originally　　D. temporarily

極簡高中字彙 1

A dog's eating habits require _____ training.

A. proper　　B. temporary　　　　　　　　　　　　　　　**[A]**

傳統高中字彙測驗 2

By writing down words we can remember what has happened or send _____ to people far away. 〔84, 85, 89, 90 學測〕　　**[D]**

A. packages　　B. images　　C. gifts　　D. messages

極簡高中字彙 2

With emails, we can send _____ to people far away.

A. packages　　B. messages　　　　　　　　　　　　　　　**[D]**

　　你看，這樣是不是真的輕鬆許多？本書 1000 條題目，單字均取材自「**高中常用 7000 字**」，每一個單字都有詳細說明，同義字的補充更讓你提升實力。本書的目標，就是讓同學在短時間內，提升英文程度，你會越做越有精神，預祝你成為「**單字大王**」。

劉 毅

背多少單字 CP 值最高？

英文單字有 17 萬 1,476 個正在使用，一字多義，終其一生，無法背下來。如果出題範圍不確定，單字永遠存在，艱深的單字反而成為同學學習的絆腳石。

根據牛津英語語料庫（OEC）資料證明，背完最常用 2,000 字，可看懂一般文章的 77 %，背完 4,500 字，可看懂 80 %，背完 7,000 字，平均可看懂 90 %，背了 50,000 字，才看懂 95 %，因此，背 7,000 字是最划得來的，超出 7,000 字以上艱深的單字少用，背了也會忘記。

Vocabulary size	% of content in OEC	Example
10	25%	the, of, and, to, that, have
100	50%	from, because, go, me, our, well, way
1000	75%	girl, win, decide, huge, difficult, series
2000	77%	corner, cooker, insist, overseas, recent, error
4500	80%	humidity, species, protein, multiple, ingredient
7000	90%	tackle, peak, crude, purely, dude, modest
50,000	95%	saboteur, autocracy, calyx, conformist
＞100,000	99%	laggardly, endobenthic

TEST 1

Choose the one most suitable for filling in the blank.

1. I feel greatly _____ to be invited here.
   A. honored   B. divine   【北京高考】

2. I read the _____ book to find what I needed.
   A. entire   B. frank   【北京高考】

3. Wall Street is the _____ center of the US.
   A. heavenly   B. financial   【天津高考】

4. Please _____ off your mobile phone when boarding.
   A. switch   B. trim   【上海高考】

5. During the _____, many businesses closed down.
   A. congress   B. recession   【上海高考】

6. They made a huge _____ when they sold the land.
   A. consensus   B. profit   【上海高考】

7. He took part in a highly-_____ campaign.
   A. organized   B. durable   【上海高考】

8. Bicycles are still a popular _____ of transport.
   A. mode   B. frame   【重慶高考】

9. I don't think I have the _____ to walk any farther.
   A. level   B. energy   【遼寧高考】

10. Most air pollution is caused by the burning of _____ like coal, gas and oil.
    A. fuels   B. lumber   【天津高考】

11. Though living abroad, many Chinese still _____ the traditional customs.
     A. observe   B. debate   【湖北高考】

12. Hold on a moment and I will come to your _____.
     A. occasion   B. rescue   【福建高考】

13. She did a wonderful job in the _____ race.
     A. relay   B. mobile   【福建高考】

14. Dogs have a very _____ sense of smell.
     A. keen   B. sober   【浙江高考】

15. Mr. Wu made great _____ to the organization.
     A. likelihood   B. contributions   【湖北高考】

16. It's too early to make _____ about the outcome.
     A. predictions   B. incentives   【湖北高考】

17. As his best friend, I can make _____ guesses about what he is thinking.
     A. accurate   B. medium   【上海高考】

18. Listening to loud music for too long will _____ your hearing.
     A. infer   B. impair   【重慶高考】

19. Native Americans _____ about 5 percent of the U.S. population.
     A. compile   B. constitute   【浙江高考】

20. Whatever may happen, we will _____ to our plan.
     A. stick   B. modify   【遼寧高考】

TEST 1 詳解

1. **A** 被邀請到這裡我感覺非常的<u>光榮</u>。
   - (A) ***honored***[3] 〔'ɑnɚd〕*adj.* 光榮的 (= *privileged* = *flattered*)
   - (B) divine[4] 〔də'vaɪn〕*adj.* 神聖的 (= *sacred* = *holy*)

2. **A**
   - (A) ***entire***[2] 〔ɪn'taɪr〕*adj.* 整個的 (= *whole* = *complete*)
   - (B) frank[2] 〔fræŋk〕*adj.* 坦白的 (= *open* = *honest*)

3. **B** 華爾街是美國的<u>金融</u>中心。
   - (A) heavenly[5] 〔'hɛvənlɪ〕*adj.* 天空的；天堂的 (= *sacred*)
   - (B) ***financial***[4] 〔faɪ'nænʃəl〕*adj.* 財務的；金融的
     (= *monetary* = *commercial* = *business*)

4. **A**
   - (A) ***switch***[3] 〔swɪtʃ〕*v.* 轉變　***switch off*** 關掉 (= *turn off*)
   - (B) trim[5] 〔trɪm〕*v.* 修剪；減掉 (= *cut off*)
   - * mobile[3] 〔'mobḷ〕*adj.* 可移動的　***mobile phone*** 行動電話
     board[2] 〔bord〕*v.* 上 (飛機、車等) (= *get on*)

5. **B** 在<u>不景氣</u>期間，許多公司歇業。
   - (A) congress[4] 〔'kɑŋgrəs〕*n.* 議會；國會 (= *assembly*)
   - (B) ***recession***[6] 〔rɪ'sɛʃən〕*n.* 不景氣 (= *slump* = *depression*)
   - * ***close down*** 關閉；歇業 (= *go out of business*)

6. **B**
   - (A) consensus[6] 〔kən'sɛnsəs〕*n.* 共識 (= *agreement*)
   - (B) ***profit***[3] 〔'prɑfɪt〕*n.* 利潤 (= *proceeds* = *earnings*)
   - * huge[1] 〔hjudʒ〕*adj.* 巨大的

7. **A** 他參加了一個非常<u>有組織</u>的活動。
   - (A) ***organized***[2] 〔'ɔrgən,aɪzd〕*adj.* 有組織的 (= *systematic*)
   - (B) durable[4] 〔'djʊrəbḷ〕*adj.* 耐用的；持久的 (= *tough*)
   - * campaign[4] 〔kæm'pen〕*n.* 活動

8. **A** 腳踏車仍然是很受歡迎的運輸方式。

(A) **mode**[5] 〔 mod 〕 *n.* 方式；模式（= *form*）

(B) frame[4] 〔 frem 〕 *n.* 骨架；框架（= *casing = structure*）

* popular[2,3] 〔'pɑpjələ 〕 *adj.* 受歡迎的；流行的

transport[3] 〔'trænsport 〕 *n.* 運輸（工具）（= *transportation*）

9. **B** 我不認為我有精力可以走更遠。

(A) level[1] 〔'lɛvḷ 〕 *n.* 水準；程度（= *rank = degree*）

(B) **energy**[2] 〔'ɛnədʒɪ 〕 *n.* 精力（= *vigor = vitality*）

* farther[2] 〔'fɑðə 〕 *adv.* 更遠地

10. **A** 大多的空氣污染是由燃燒燃料造成，像是煤、瓦斯和石油。

(A) **fuel**[4] 〔'fjuəl 〕 *n.* 燃料（= *source of energy*）

(B) lumber[5] 〔'lʌmbə 〕 *n.* 木材（= *timber = wood*）

* pollution[4] 〔 pə'luʃən 〕 *n.* 污染　　coal[2] 〔 kol 〕 *n.* 煤

11. **A** 雖然住在國外，很多中國人依然遵守傳統的習俗。

(A) **observe**[3] 〔 əb'zɝv 〕 *v.* 觀察；遵守（= *follow = keep*）

(B) debate[2] 〔 dɪ'bet 〕 *v.* 辯論（= *argue = discuss*）

* abroad[2] 〔 ə'brɔd 〕 *adv.* 在國外

traditional[2] 〔 trə'dɪʃənḷ 〕 *adj.* 傳統的

custom[2] 〔'kʌstəm 〕 *n.* 習俗

12. **B** 你堅持一下，我會來救你。

(A) occasion[3] 〔 ə'keʒən 〕 *n.* 場合（= *time = event*）

(B) **rescue**[4] 〔'rɛskju 〕 *n.* 拯救；救援（= *saving*）

* **hold on** 堅持　　moment[1] 〔'momənt 〕 *n.* 時刻；片刻

13. **A** 在接力賽跑中，她表現得非常好。

(A) **relay**[6] 〔 rɪ'le 〕 *n.* 轉達；接力　　**relay race** 接力賽跑

(B) mobile[2] 〔'mobḷ 〕 *adj.* 可移動的；活動的（= *movable*）

* wonderful[2] 〔'wʌndəfəl 〕 *adj.* 很棒的　　race[1] 〔 res 〕 *n.* 賽跑

14. **A** 狗有非常<u>敏銳的</u>嗅覺。

(A) ***keen***[4]〔 kin 〕 *adj.* 敏銳的 (= *sharp* = *sensitive*)

(B) sober[5] 〔'sobɚ 〕 *adj.* 清醒的 (= *clear-headed*)

＊ sense[1] 〔 sɛns 〕 *n.* 感覺　　smell[1] 〔 smɛl 〕 *n.* 氣味；嗅覺

15. **B** 吳先生對這個組織做了很大的<u>貢獻</u>。

(A) likelihood[5] 〔'laɪklɪ͵hʊd 〕 *n.* 可能性 (= *probability*)

(B) ***contribution***[4] 〔͵kɑntrə'bjuʃən 〕 *n.* 貢獻 (= *donation*)

＊ organization[2] 〔͵ɔrgənə'zeʃən 〕 *n.* 組織

16. **A** 要針對這個結果做<u>預測</u>還太早了。

(A) ***prediction***[6] 〔 prɪ'dɪkʃən 〕 *n.* 預測 (= *forecast*)

(B) incentive[6] 〔 ɪn'sɛntɪv 〕 *n.* 動機 (= *motivation*)

＊ outcome[4] 〔'aʊt͵kʌm 〕 *n.* 結果 (= *consequence*)

17. **A** 做爲他最好的朋友，我可以<u>準確</u>猜出他在想什麼。

(A) ***accurate***[3] 〔'ækjərɪt 〕 *adj.* 準確的 (= *precise* = *exact*)

(B) medium[3] 〔'midɪəm 〕 *adj.* 中等的；普通的 (= *middle*)

18. **B** (A) infer[6] 〔 ɪn'fɝ 〕 *v.* 推論 (= *conclude* = *deduce*)

(B) ***impair*** 〔 ɪm'pɛr 〕 *v.* 損害；傷害 (= *damage* = *harm*)

＊ hearing[1] 〔'hɪrɪŋ 〕 *n.* 聽力

19. **B** 美洲原住民大約<u>佔</u>美國人口的百分之五。

(A) compile[6] 〔 kəm'paɪl 〕 *v.* 編輯 (= *edit*)；收集 (= *gather*)

(B) ***constitute***[4] 〔'kɑnstə͵tjut 〕 *v.* 構成；佔 (= *make up*)

＊ native[3] 〔'netɪv 〕 *adj.* 本地的　percent[4] 〔 pɚ'sɛnt 〕 *n.* 百分之…

population[2] 〔͵pɑpjə'leʃən 〕 *n.* 人口

20. **A** 無論發生什麼事，我們會<u>堅持</u>我們的計畫。

(A) ***stick***[2] 〔 stɪk 〕 *v.* 刺；黏　　***stick to*** 堅持 (= *hold on to*)

(B) modify[5] 〔'mɑdə͵faɪ 〕 *v.* 修正 (= *adjust* = *alter*)

TEST 2

Choose the one most suitable for filling in the blank.

1. The rainbow is a natural _____.
   A. phenomenon B. guideline 【湖北高考】

2. After the accident I was in a _____ of shock.
   A. state B. labor 【湖北高考】

3. He was arrested for _____ illegal drugs.
   A. possessing B. neglecting 【湖北高考】

4. They _____ her with a bunch of flowers.
   A. plunged B. presented 【湖北高考】

5. She's been under a lot of _____ and finally got ill.
   A. hardware B. stress 【湖北高考】

6. The patient needs _____ medical attention.
   A. urgent B. mental 【湖北高考】

7. It's hot and _____ here in summer.
   A. humid B. plastic 【湖北高考】

8. You should know your own _____ and weaknesses.
   A. strengths B. progresses 【湖北高考】

9. These photos are of immense historical _____.
   A. proof B. value 【湖北高考】

10. As he works far away, he can visit his parents only _____.
    A. occasionally B. ultimately 【湖北高考】

11. The present situation is very _____.
    A. humble　　B. complex 【湖北高考】

12. He works in a _____ area, so he seldom goes home.
    A. mild　　B. remote 【湖北高考】

13. Success depends on many different _____.
    A. pamphlets　　B. factors 【湖南高考】

14. It's _____ impossible for me to finish it by ten.
    A. cheerfully　　B. practically 【湖北高考】

15. He _____ gets home before dinner.
    A. normally　　B. desperately 【湖北高考】

16. Andy performed _____ and won the first prize.
    A. randomly　　B. skillfully 【安徽高考】

17. You can find the book either by the author or by the
    _____.
    A. sort　　B. title 【湖南高考】

18. To _____ the task as planned, we'll have to work
    two more hours a day.
    A. repay　　B. complete 【湖南高考】

19. Everything went well and we are done ahead of
    _____.
    A. schedule　　B. fatigue 【湖南高考】

20. If you are _____ to fly at night, you can get a much
    cheaper ticket.
    A. martial　　B. willing 【安徽高考】

TEST 2 詳解

1. **A** (A) ***phenomenon***[4] 〔 fə'namə‚nan 〕 *n.* 現象 (= *occurrence*)
   (B) guideline[5] 〔'gaɪd‚laɪn 〕 *n.* 指導方針 (= *advice*)
   * rainbow[1] 〔'ren‚bo 〕 *n.* 彩虹
   natural[2] 〔'nætʃərəl 〕 *adj.* 自然的；天然的

2. **A** 意外之後，我處在一個震驚的<u>狀態</u>。
   (A) ***state***[1] 〔 stet 〕 *n.* 州；狀態 (= *condition* = *situation*)
   (B) labor[4] 〔'lebɚ 〕 *n.* 勞動 (= *work*)；勞工 (= *work force*)
   * accident[3] 〔'æksədənt 〕 *n.* 意外   shock[2] 〔 ʃɑk 〕 *v. n.* 震驚

3. **A** 他因為<u>擁有</u>違法的毒品被逮捕。
   (A) ***possess***[4] 〔 pə'zɛs 〕 *v.* 擁有 (= *own* = *keep* = *have*)
   (B) neglect[4] 〔 nɪ'glɛkt 〕 *v.* 忽略 (= *ignore* = *overlook*)
   * arrest[2] 〔 ə'rɛst 〕 *v.* 逮捕   illegal[2] 〔 ɪ'ligḷ 〕 *adj.* 非法的
   drug[2] 〔 drʌg 〕 *n.* 藥物；毒品

4. **B** (A) plunge[5] 〔 plʌndʒ 〕 *v.* 跳進 (= *dive* = *sink*)
   (B) ***present***[2] 〔 prɪ'zɛnt 〕 *v.* 贈送 (= *give*)
   * bunch[3] 〔 bʌntʃ 〕 *n.* 一串；一束

5. **B** 她承受了太多的<u>壓力</u>，最後生病了。
   (A) hardware[4] 〔'hɑrd‚wɛr 〕 *n.* 五金；硬體 (↔ *software* 軟體)
   (B) ***stress***[2] 〔 strɛs 〕 *n.* 壓力 (= *pressure* = *tension*)

6. **A** 這位病人需要<u>緊急的</u>醫療照顧。
   (A) ***urgent***[4] 〔'ɝdʒənt 〕 *adj.* 迫切的；緊急的 (= *pressing*)
   (B) mental[3] 〔'mɛntḷ 〕 *adj.* 心理的 (= *psychological*)
   * patient[2] 〔'peʃənt 〕 *n.* 病人
   medical[3] 〔'mɛdɪkḷ 〕 *adj.* 醫學的；醫療的
   attention[2] 〔 ə'tɛnʃən 〕 *n.* 注意；照顧

7. **A** (A) ***humid*** [2]〔'hjumɪd〕*adj.* 潮濕的（= *moist* = *damp*）

    (B) plastic[3]〔'plæstɪk〕*adj.* 塑膠的

8. **A** (A) ***strength*** [3]〔strɛŋθ〕*n.* 力量；優點（= *strong point*）

    (B) progress[2]〔'prɑgrɛs〕*n.* 進步（= *improvement*）

    * weakness[3]〔'wiknɪs〕*n.* 衰弱；缺點（= *weak point*）

9. **B** 這些照片具有很重大的歷史價值。

    (A) proof[3]〔pruf〕*n.* 證據（= *evidence*）

    (B) ***value*** [2]〔'vælju〕*n.* 價值（= *worth* = *significance*）

    * immense[5]〔ɪ'mɛns〕*adj.* 巨大的（= *enormous* = *huge*）

    historical[3]〔hɪs'tɔrɪkl̩〕*adj.* 歷史的

10. **A** 因為他在很遠的地方工作，他只能偶爾去探望他的父母。

    (A) ***occasionally*** [4]〔ə'keʒənl̩ɪ〕*adv.* 偶爾（= *sometimes*）

    (B) ultimately[6]〔'ʌltəmɪtlɪ〕*adv.* 最終地（= *finally*）

11. **B** 現在的情況非常複雜。

    (A) humble[2]〔'hʌmbl̩〕*adj.* 謙虛的（= *modest*）

    (B) ***complex*** [3]〔kəm'plɛks〕*adj.* 複雜的（= *complicated*）

    * present[2]〔'prɛzn̩t〕*adj.* 現在的；目前的（= *current*）

    situation[3]〔,sɪtʃu'eʃən〕*n.* 情況（= *circumstance*）

12. **B** 他工作的地區很遙遠，所以他很少回家。

    (A) mild[4]〔maɪld〕*adj.* 溫和的（= *moderate*）

    (B) ***remote*** [3]〔rɪ'mot〕*adj.* 遙遠的（= *faraway* = *distant*）

    * area[1]〔'ɛrɪə , 'erɪə〕*n.* 地區　　seldom[3]〔'sɛldəm〕*adv.* 很少

13. **B** 成功取決於許多不同的因素。

    (A) pamphlet[5]〔'pæmflɪt〕*n.* 小冊子（= *brochure* = *booklet*）

    (B) ***factor*** [3]〔'fæktɚ〕*n.* 因素（= *reason* = *element* = *cause*）

    * depend[2]〔dɪ'pɛnd〕*v.* 取決於；視…而定 < *on* >

14. **B** 對我來說，十點以前完成<u>幾乎</u>是不可能的。

    (A) cheerfully³〔'tʃɪrfəlɪ〕*adv.* 愉快地（= *happily* = *merrily*）

    (B) *practically*³〔'præktɪklɪ〕*adv.* 幾乎（= *nearly* = *almost*）

15. **A** 他<u>通常</u>在晚餐前回家。

    (A) *normally*³〔'nɔrmḷɪ〕*adv.* 正常地；通常

       （= *usually* = *typically* = *generally*）

    (B) desperately⁴〔'dɛspərɪtlɪ〕*adv.* 絕望地（= *hopelessly*）

16. **B** 安迪的表演<u>技巧純熟</u>，所以贏得第一名。

    (A) randomly⁶〔'rændəmlɪ〕*adv.* 隨便地（= *at random*）

    (B) *skillfully*²〔'skɪlfəlɪ〕*adv.* 熟練地（= *proficiently*）

    * perform³〔pɚ'fɔrm〕*v.* 表演　　prize²〔praɪz〕*n.* 獎；獎品

17. **B** 你可以藉由作者或是書<u>名</u>找到這本書。

    (A) sort²〔sɔrt〕*n.* 種類（= *kind* = *type*）

    (B) *title*²〔'taɪtḷ〕*n.* 標題；名稱（= *name*）

    * *either…or* 不是…就是　　author³〔'ɔθɚ〕*n.* 作者

18. **B** 為了如期<u>完成</u>這項任務，我們必須每天多工作兩個小時。

    (A) repay⁵〔rɪ'pe〕*v.* 償還（= *pay back*）

    (B) *complete*²〔kəm'plit〕*v.* 完成（= *finish*）

    * task²〔tæsk〕*n.* 工作；任務

19. **A** 每件事都進行得很順利，所以我們超前<u>進度</u>完成。

    (A) *schedule*³〔'skɛdʒul〕*n.* 時間表（= *timetable* = *plan*）

    (B) fatigue⁶〔fə'tig〕*n.* 疲倦（= *tiredness* = *exhaustion*）

    * ahead¹〔ə'hɛd〕*adv.* 在前　　*ahead of* 在～之前

20. **B** 如果你<u>願意</u>在夜間飛行，你可以買到較便宜的機票。

    (A) martial⁵〔'mɑrʃəl〕*adj.* 軍事的（= *military*）

    (B) *willing*²〔'wɪlɪŋ〕*adj.* 願意的（= *ready*）

TEST 3

Choose the one most suitable for filling in the blank.

1. He likes to paint in his _____ time.
   A. slender　　B. spare　　　　　【安徽高考】

2. We regret to _____ the cancellation of the flight.
   A. snatch　　B. announce　　　　【江西高考】

3. We've been waiting for the _____ of the experiment.
   A. results　　B. quarters　　　　【四川高考】

4. In some places, men work at home and _____ kids.
   A. raise　　B. rouse　　　　　【四川高考】

5. The little town _____ fast development in the 1990s.
   A. utilized　　B. underwent　　　【日本大考】

6. To his _____, he found he had left his passport at home.
   A. system　　B. dismay　　　　【日本大考】

7. He is an American _____ but lives abroad.
   A. criminal　　B. citizen　　　　【日本大考】

8. Huge sums of money are spent on national _____.
   A. defense　　B. district　　　　【日本大考】

9. Are you satisfied with your _____ job?
   A. present　　B. effective　　　　【湖北高考】

10. _____ me for asking, but where did you get it?
    A. Pardon　　B. Erase　　　　【安徽高考】

11. His doctor strictly _____ him to drink alcohol.
    A. forbade   B. enabled   【日本大考】

12. Ms. Williams _____ our company at the meeting.
    A. intended   B. represented   【日本大考】

13. His latest study was _____ in a science journal.
    A. flattered   B. published   【日本大考】

14. The town _____ as a little fishing port.
    A. maintained   B. originated   【日本大考】

15. _____ is a problem in countries around the world.
    A. Corruption   B. Boredom   【江蘇高考】

16. I don't feel well. I have a _____ headache.
    A. chilly   B. splitting   【江蘇高考】

17. The local _____ protested against the noise from the nearby factory.
    A. containers   B. residents   【江西高考】

18. He doesn't have much _____ in his room—just an old desk.
    A. detergent   B. furniture   【陝西高考】

19. People enjoy appreciating the _____ scenery in Canada, especially in autumn.
    A. fabulous   B. forgetful   【江蘇高考】

20. _____ he was a teacher, but now he has started a business of his own.
    A. Formerly   B. Literally   【浙江高考】

TEST 3 詳解

1. **B** 他<u>空閒</u>的時候喜歡畫畫。
   (A) slender² 〔'slɛndɚ 〕 *adj.* 苗條的（= *slim* = *lean*）
   (B) ***spare***⁴ 〔 spɛr 〕 *adj.* 多餘的（= *extra* = *additional*）
   spare time 空閒時間（= *leisure time* = *free time*）

2. **B** 我們很遺憾要<u>宣布</u>班機取消。
   (A) snatch⁵ 〔 snætʃ 〕 *v.* 搶奪（= *grab* = *seize*）
   (B) ***announce***³ 〔 ə'nauns 〕 *v.* 宣布（= *declare*）
   * regret³ 〔 rɪ'grɛt 〕 *v.* 後悔；遺憾
   cancellation² 〔ˌkænsl'eʃən 〕 *n.* 取消
   flight² 〔 flaɪt 〕 *n.* 班機

3. **A** 我們一直在等候實驗的<u>結果</u>。
   (A) ***result***² 〔 rɪ'zʌlt 〕 *n.* 結果（= *consequence* = *outcome*）
   (B) quarter² 〔'kwɔrtɚ 〕 *n.* 四分之一；一刻鐘；一季

4. **A** 在某些地方，男士在家工作、<u>撫養</u>小孩。
   (A) ***raise***¹ 〔 rez 〕 *v.* 養育；撫養（= *bring up* = *rear*）
   (B) rouse 〔 rauz 〕 *v.* 喚醒（= *arouse* = *awaken*）

5. **B** 這小鎮在 1990 年代<u>經歷</u>了快速的發展。
   (A) utilize⁶ 〔'jutlˌaɪz 〕 *v.* 利用（= *make use of* = *use*）
   (B) ***undergo***⁶ 〔ˌʌndɚ'go 〕 *v.* 經歷【過去式 underwent】
   （= *go through* = *experience*）
   * development² 〔 dɪ'vɛləpmənt 〕 *n.* 發展

6. **B** 令他<u>驚慌</u>的是，他發現他把護照遺留在家裡。
   (A) system³ 〔'sɪstəm 〕 *n.* 系統；制度（= *structure*）
   (B) ***dismay***⁶ 〔 dɪs'me 〕 *n.* 驚慌（= *shock* = *panic*）
   * passport³ 〔'pæsˌport 〕 *n.* 護照

7. **B** 他是美國<u>公民</u>，但是住在國外。

   (A) criminal[3] 〔'krɪmən̩〕*n.* 罪犯（= *lawbreaker*）

   (B) ***citizen***[2] 〔'sɪtəzn̩〕*n.* 公民（= *national*）

   * abroad[1] 〔ə'brɔd〕*adv.* 在國外

8. **A** 大筆的金錢被花費在<u>國防</u>上。

   (A) ***defense***[4] 〔dɪ'fɛns〕*n.* 防禦（= *security* = *protection*）

   (B) district[4] 〔'dɪstrɪkt〕*n.* 地區；行政區（= *region* = *area*）

   * huge[1] 〔hjudʒ〕*adj.* 巨大的   sum[3] 〔sʌm〕*n.* 總數；金額

    national[2] 〔'næʃən̩〕*adj.* 國家的

9. **A** 你對你<u>現在的</u>工作滿意嗎？

   (A) ***present***[2] 〔'prɛznt̩〕*adj.* 現在的；目前的（= *current*）

   (B) effective[2] 〔ə'fɛktɪv〕*adj.* 有效的（= *successful*）

   * satisfied[2] 〔'sætɪs,faɪd〕*adj.* 滿意的 < *with* >

10. **A**   (A) ***pardon***[2] 〔'pɑrdn̩〕*v.* 原諒（= *excuse* = *forgive*）

   (B) erase[3] 〔ɪ'res〕*v.* 擦掉（= *delete* = *rub out*）

11. **A**   (A) ***forbid***[4] 〔fɚ'bɪd〕*v.* 禁止【過去式 forbade】

      （= *prohibit* = *ban* = *disallow*）

   (B) enable[3] 〔ɪn'ebl̩〕*v.* 使能夠（= *allow*）

   * strictly[2] 〔'strɪktlɪ〕*adv.* 嚴格地

    alcohol[4] 〔'ælkə,hɔl〕*n.* 酒；酒精

12. **B**   (A) intend[4] 〔ɪn'tɛnd〕*v.* 打算；意圖（= *plan* = *mean*）

   (B) ***represent***[3] 〔,rɛprɪ'zɛnt〕*v.* 代表（= *act for* = *stand for*）

13. **B** 他的最新研究被<u>刊登</u>在科學期刊上。

   (A) flatter[4] 〔'flætɚ〕*v.* 奉承；諂媚（= *butter up*）

   (B) ***publish***[4] 〔'pʌblɪʃ〕*v.* 出版；刊登（= *issue* = *print*）

   * latest[2] 〔'letɪst〕*adj.* 最新的   journal[3] 〔'dʒɝnl̩〕*n.* 期刊

14. **B** 這座城鎮<u>起初</u>是一個小漁港。

(A) maintain[2] 〔 men'ten 〕 *v.* 維持；維修（ = *keep* = *continue* ）

(B) ***originate***[6] 〔 ə'rɪdʒə‚net 〕 *v.* 起源；起初（ = *begin* ）

* port[2] 〔 port 〕 *n.* 港口 ***fishing port*** 漁港

15. **A** (A) ***corruption***[6] 〔 kə'rʌpʃən 〕 *n.* 貪污；腐敗（ = *dishonesty* ）

(B) boredom[3] 〔'bordəm 〕 *n.* 無聊（ = *dullness* = *tedium* ）

16. **B** 我覺得不舒服。我頭痛<u>欲裂</u>。

(A) chilly[3] 〔'tʃɪlɪ 〕 *adj.* 寒冷的（ = *cold* ）

(B) ***splitting***[4] 〔'splɪtɪŋ 〕 *adj.* 欲裂的；劇烈的（ = *intense* ）

17. **B** 當地的<u>居民</u>抗議來自附近工廠的噪音。

(A) container[4] 〔 kən'tenɚ 〕 *n.* 容器（ = *holder* ）

(B) ***resident***[5] 〔'rɛzədənt 〕 *n.* 居民（ = *inhabitant* = *dweller* ）

* local[2] 〔'lokl̩ 〕 *adj.* 當地的

protest[4] 〔 prə'tɛst 〕 *v.* 抗議 < *against* >

nearby[2] 〔'nɪr‚baɪ 〕 *adj.* 附近的 factory[1] 〔'fæktrɪ 〕 *n.* 工廠

18. **B** (A) detergent[5] 〔 dɪ'tɝdʒənt 〕 *n.* 清潔劑（ = *cleaner* ）

(B) ***furniture***[3] 〔'fɝnɪtʃɚ 〕 *n.* 傢俱

19. **A** (A) ***fabulous***[6] 〔'fæbjələs 〕 *adj.* 極好的；很棒的

（ = *fantastic* = *wonderful* = *amazing* ）

(B) forgetful[5] 〔 fɚ'gɛtfəl 〕 *adj.* 健忘的（ = *absent-minded* ）

* appreciate[3] 〔 ə'priʃɪ‚et 〕 *v.* 欣賞；感激

scenery[4] 〔'sinərɪ 〕 *n.* 風景（ = *landscape* ）

especially[2] 〔 ə'spɛʃəlɪ 〕 *adv.* 特別地

20. **A** <u>以前</u>他是個老師，但現在他創辦了他自己的事業。

(A) ***formerly***[2] 〔'fɔrmɚlɪ 〕 *adv.* 以前（ = *previously* = *before* ）

(B) literally[6] 〔'lɪtərəlɪ 〕 *adv.* 字面地；實際地（ = *factually* ）

TEST 4

Choose the one most suitable for filling in the blank.

1. Dr. Lin _____ the importance of a balanced diet.
   A. stresses   B. prepares   【湖北高考】

2. All his family members were _____ at the gathering.
   A. present   B. lawful   【湖北高考】

3. In Taiwan, English is _____ in all high schools.
   A. majestic   B. compulsory   【江蘇高考】

4. Rice is the major crop of this _____.
   A. meadow   B. region   【江蘇高考】

5. We waded through the _____ stream.
   A. mellow   B. shallow   【福建高考】

6. The research lacked _____ evidence.
   A. solid   B. indignant   【浙江高考】

7. In parts of Africa there is a _____ food shortage.
   A. lunar   B. severe   【浙江高考】

8. He _____ a fortune from his uncle.
   A. inherited   B. murmured   【湖北高考】

9. The doctor says he is making _____ progress.
   A. singular   B. steady   【浙江高考】

10. He could tell by her _____ look that she didn't
    understand a bit of what he said.
    A. blank   B. clever   【浙江高考】

11. He made a few _____ to the bike before he rode it.
    A. commissions　　B. adjustments　　【江蘇高考】

12. She asked a painter to paint a _____ of her.
    A. pattern　　B. portrait　　【江蘇高考】

13. Cheating is against my _____.
    A. principles　　B. precautions　　【浙江高考】

14. In _____ with other games, this one is much more exciting.
    A. comparison　　B. philosophy　　【湖北高考】

15. Some people care much about their _____.
    A. prevention　　B. appearance　　【上海高考】

16. There are lots of beautiful _____ in this book.
    A. intentions　　B. illustrations　　【上海高考】

17. Life abroad can be hard due to the langauge _____.
    A. barrier　　B. extension　　【湖北高考】

18. Teachers also need to maintain their professional _____.
    A. gesture　　B. competence　　【江蘇高考】

19. The _____ of the club is holding a party for its members.
    A. founder　　B. bonus　　【上海高考】

20. "Intelligence" is a complicated _____, involving many different factors.
    A. convention　　B. concept　　【上海高考】

TEST 4 詳解

1. **A** 林醫生強調均衡飲食的重要性。

  (A) ***stress***[2] ﹝strɛs﹞ *v.* 強調（ = *emphasize* ）

  (B) prepare[1] ﹝prɪˈpɛr﹞ *v.* 準備（ = *get ready* ）

  * balanced[3] ﹝ˈbælənst﹞ *adj.* 均衡的；平衡的

  diet[3] ﹝ˈdaɪət﹞ *n.* 飲食

2. **A** 所有他的家庭成員都出席在聚會上。

  (A) ***present***[2] ﹝ˈprɛznt﹞ *adj.* 出席的（ = *in attendance* = *there* ）

  (B) lawful[4] ﹝ˈlɔfəl﹞ *adj.* 合法的（ = *legal* = *legitimate* ）

  * gathering[2] ﹝ˈgæðərɪŋ﹞ *n.* 聚會（ = *get-together* ）

3. **B** 在台灣所有的中學裡，英文是必修的。

  (A) majestic[5] ﹝məˈdʒɛstɪk﹞ *adj.* 雄偉的（ = *grand* = *splendid* ）

  (B) ***compulsory*** ﹝kəmˈpʌlsərɪ﹞ *adj.* 必修的（ = *required* ）

4. **B** 稻米是這個地區的主要農作物。

  (A) meadow[3] ﹝ˈmɛdo﹞ *n.* 草地（ = *pasture* ）

  (B) ***region***[2] ﹝ˈridʒən﹞ *n.* 地區（ = *area* = *zone* ）

  * major[3] ﹝ˈmedʒɚ﹞ *adj.* 主要的 crop[2] ﹝krɑp﹞ *n.* 農作物

5. **B** 我們涉水走過淺淺的溪流。

  (A) mellow[6] ﹝ˈmɛlo﹞ *adj.* 成熟的（ = *ripe* ）

  (B) ***shallow***[3] ﹝ˈʃælo﹞ *adj.* 淺的；膚淺的（ ↔ *deep* *adj.* 深的 ）

  * wade[5] ﹝wed﹞ *v.* 涉水；在水中走

  through[2] ﹝θru﹞ *prep.* 通過 stream[2] ﹝strim﹞ *n.* 溪流

6. **A** (A) ***solid***[3] ﹝ˈsɑlɪd﹞ *adj.* 固體的；可靠的（ = *strong* = *reliable* ）

  (B) indignant[5] ﹝ɪnˈdɪgnənt﹞ *adj.* 憤怒的（ = *angry* = *furious* ）

  * research[4] ﹝rɪˈsɜtʃ , ˈrisɜtʃ﹞ *n.* 研究

  lack[1] ﹝læk﹞ *v.* 缺乏 evidence[4] ﹝ˈɛvədən﹞ *n.* 證據

7. **B** 非洲部分地區<u>嚴重</u><u>缺乏</u>食物。

　　(A) lunar[4] 〔'lunɚ 〕*adj.* 月亮的

　　(B) ***severe***[4] 〔 sə'vɪr 〕*adj.* 嚴重的 (= *serious* = *awful*)

　　* shortage[5] 〔'ʃɔrtɪdʒ 〕*n.* 缺乏 (= *lack* = *deficiency*)

8. **A** (A) ***inherit***[5] 〔 ɪn'hɛrɪt 〕*v.* 繼承 (= *succeed to* = *receive*)

　　(B) murmur[4] 〔'mɝmɚ 〕*v.* 低語；喃喃地說 (= *whisper*)

　　* fortune[3] 〔'fɔrtʃən 〕*n.* 財富 (= *wealth*)；運氣 (= *luck*)

9. **B** 醫生說他有<u>穩定的</u>進步。

　　(A) singular[4] 〔'sɪŋgjəlɚ 〕*adj.* 單數的 (↔ *plural adj.* 複數的)

　　(B) ***steady***[3] 〔'stɛdɪ 〕*adj.* 穩定的 (= *stable* = *firm* = *solid*)

　　* progress[2] 〔'prɑgrɛs 〕*n.* 進步 (= *improvement*)

10. **A** 他從她<u>茫然的</u>表情可知，她一點都不明白他說的話。

　　(A) ***blank***[2] 〔 blæŋk 〕*adj.* 空白的；茫然的 (= *vacant* = *empty*)

　　(B) clever[2] 〔'klɛvɚ 〕*adj.* 聰明的 (= *smart* = *intelligent*)

11. **B** 他騎腳踏車前，有做一<u>些</u><u>調整</u>。

　　(A) commission[5] 〔 kə'mɪʃən 〕*n.* 佣金 (= *payment*)；委託

　　(B) ***adjustment***[4] 〔 ə'dʒʌstmənt 〕*n.* 調整 (= *alteration*)

12. **B** 她要求畫家畫一副她的<u>肖像</u>。

　　(A) pattern[2] 〔'pætən 〕*n.* 模式；圖案 (= *form* = *design*)

　　(B) ***portrait***[3] 〔'portret 〕*n.* 肖像 (= *image*)

　　* painter[2] 〔'pentɚ 〕*n.* 畫家　　paint[1] 〔 pent 〕*v.* 畫；油漆

13. **A** 欺騙違反我的<u>原則</u>。

　　(A) ***principle***[2] 〔'prɪnsəpl̩ 〕*n.* 原則 (= *rule* = *standard*)

　　(B) precaution[5] 〔 prɪ'kɔʃən 〕*n.* 預防措施

　　　　(= *preventive measure* = *safety measure*)

　　* cheat[2] 〔 tʃit 〕*v.* 欺騙；作弊　　against[1] 〔 ə'gɛnst 〕*prep.* 違反

14. **A** (A) ***comparison***[3] 〔 kəm'pærəsn̩ 〕 *n.* 比較
(B) philosophy[4] 〔 fə'lɑsəfɪ 〕 *n.* 哲學
* ***in comparison with*** 和～相比 (= *compared with*)

15. **B** (A) prevention[4] 〔 prɪ'vɛnʃən 〕 *n.* 預防 (= *avoidance*)
(B) ***appearance***[2] 〔 ə'pɪrəns 〕 *n.* 外表 (= *look*)

16. **B** (A) intention[4] 〔 ɪn'tɛnʃən 〕 *n.* 企圖；意圖 (= *purpose* = *goal*)
(B) ***illustration***[4] 〔,ɪləs'treʃən 〕 *n.* 插圖 (= *drawing* = *picture*)

17. **A** 由於語言障礙，在國外生活可能會很困難。
(A) ***barrier***[4] 〔'bærɪɚ 〕 *n.* 障礙 (= *obstacle* = *hindrance*)
(B) extension[5] 〔 ɪk'stɛnʃən 〕 *n.* 延伸 (= *stretching*)
* abroad[2] 〔 ə'brɔd 〕 *adv.* 在國外   ***due to*** 由於

18. **B** 老師也需要維持他們的專業能力。
(A) gesture[3] 〔'dʒɛstʃɚ 〕 *n.* 手勢 (= *sign* = *signal*)
(B) ***competence***[6] 〔'kɑmpətəns 〕 *n.* 能力
(= *capability* = *ability* = *proficiency* = *skill*)
* maintain[2] 〔 men'ten 〕 *v.* 維持 (= *keep*)
professional[4] 〔 prə'fɛʃənḷ 〕 *adj.* 職業的；專業的

19. **A** 這個俱樂部的創立者為它的會員舉行一場派對。
(A) ***founder***[4] 〔'faʊndɚ 〕 *n.* 創立者 (= *originator* = *creator*)
(B) bonus[5] 〔'bonəs 〕 *n.* 獎金 (= *reward*)；贈品

20. **B** 「聰明才智」是個複雜的觀念，牽涉到許多不同的因素。
(A) convention[4] 〔 kən'vɛnʃən 〕 *n.* 代表大會 (= *conference*)
(B) ***concept***[4] 〔'kɑnsɛpt 〕 *n.* 觀念 (= *notion* = *idea*)
* intelligence[4] 〔 ɪn'tɛlədʒəns 〕 *n.* 聰明才智
complicated[4] 〔'kɑmplə,ketɪd 〕 *adj.* 複雜的 (= *complex*)
involve[4] 〔 ɪn'vɑlv 〕 *v.* 使牽涉   factor[3] 〔'fæktɚ 〕 *n.* 因素

TEST 5

Choose the one most suitable for filling in the blank.

1. To stay _____, he finished two cups of coffee.
   A. coarse   B. awake   【上海高考】

2. The church has been _____ and will reopen soon.
   A. diverted   B. restored   【上海高考】

3. Some of these clothes have gone out of _____.
   A. fashion   B. breath   【上海高考】

4. A plane crashed, killing all eight people _____.
   A. aboard   B. abroad   【上海高考】

5. Russ and Earl are both auto _____.
   A. mechanics   B. spectators   【上海高考】

6. He will _____ no expense to realize his dream.
   A. scrub   B. spare   【上海高考】

7. People in this old area will move to new _____.
   A. channels   B. settlements   【上海高考】

8. This is where Mozart _____ his famous piece.
   A. enrolled   B. composed   【上海高考】

9. This is a large, _____ shaped room.
   A. irregularly   B. spiritually   【上海高考】

10. The workers have their lungs X-rayed to _____ their health.
    A. ensure   B. reform   【上海高考】

11. Jogging in the park is part of my daily _____.
    A. slogan   B. routine   【上海高考】

12. Look at the _____ look on her face. She is serious.
    A. earnest   B. pretty   【上海高考】

13. As she read the letter, her hands _____.
    A. destroyed   B. trembled   【上海高考】

14. Please send my best _____ to your wife.
    A. regards   B. belongings   【上海高考】

15. Stars are _____ in the daytime.
    A. invisible   B. hollow   【上海高考】

16. Prices _____ from shop to shop.
    A. hook   B. vary   【上海高考】

17. At minus 130℃, a living cell can be _____ for a thousand years.
    A. preserved   B. accomplished   【上海高考】

18. A typhoon _____ across the area with heavy rains and strong winds.
    A. annoyed   B. swept   【上海高考】

19. When she began taking swimming lessons, her main _____ was her fear of water.
    A. article   B. obstacle   【上海高考】

20. Most of his _____ were Italian and came to America during the 1800s.
    A. traitors   B. ancestors   【上海高考】

TEST 5　詳解

1. **B** 爲了保持<u>清醒</u>，他喝完了兩杯咖啡。
   (A) coarse⁴ 〔 kors 〕 *adj.* 粗糙的 (= *rough*)
   (B) ***awake***³ 〔 ə'wek 〕 *adj.* 醒著的 (= *not asleep* = *wakeful*)

2. **B** 這座教堂已經<u>修復</u>，很快就會重新開放。
   (A) divert⁶ 〔 daɪ'vɝt 〕 *v.* 轉移 (= *redirect* = *distract*)
   (B) ***restore***⁴ 〔 rɪ'stor 〕 *v.* 恢復；修復 (= *renovate* = *repair*)
   * reopen¹ 〔 ri'opən 〕 *v.* 重新開放

3. **A** 這些衣服其中的一些已經不<u>流行</u>了。
   (A) ***fashion***³ 〔'fæʃən 〕 *n.* 流行 (= *vogue*)
   　　out of fashion/vogue/style 不流行；過時
   (B) breath³ 〔 brɛθ 〕 *n.* 呼吸　　out of breath 喘不過氣

4. **A** 一架飛機墜毀，<u>機上</u>八人全部罹難。
   (A) ***aboard***³ 〔 ə'bord 〕 *adv.* 在車 (船、飛機) 上 (= *on board*)
   (B) abroad² 〔 ə'brɔd 〕 *adv.* 在國外 (= *overseas*)
   * crash³ 〔 kræʃ 〕 *v.* 撞毀；墜毀

5. **A** 羅斯和厄爾都是汽車<u>技工</u>。
   (A) ***mechanic***⁵ 〔 mə'kænɪk 〕 *n.* 技工；機械工；維修員
   　　(= *technician* = *repairman*)
   (B) spectator⁵ 〔'spɛktetɚ 〕 *n.* 觀衆 (= *viewer*)
   * auto³ 〔'ɔto 〕 *n.* 汽車 (= *automobile*)

6. **B** 他不<u>惜</u>花費去實現他的夢想。
   (A) scrub³ 〔 skrʌb 〕 *v.* 刷洗；擦掉 (= *rub* = *brush*)
   (B) ***spare***⁴ 〔 spɛr 〕 *v.* 吝惜 (= *withhold* = *avoid* = *give up*)
   　　spare no expense/effort 不惜花費/努力
   * expense³ 〔 ɪk'spɛns 〕 *n.* 費用　　realize³ 〔'riə,laɪz 〕 *v.* 實現

7. **B** 在這個老舊地區的人將搬到新的<u>居住地</u>。

    (A) channel³〔'tʃænḷ〕*n.* 頻道（ = *TV or radio station* ）；海峽

    (B) ***settlement***²〔'sɛtḷmənt〕*n.* 定居；殖民地；居住地
      （ = *colony* = *community* = *neighborhood* ）

8. **B** 這裡就是莫札特寫下他的名曲的地方。

    (A) enroll⁵〔ɪn'rol〕*v.* 登記；入學（ = *register* = *sign up* ）

    (B) ***compose***⁴〔kəm'poz〕*v.* 組成；作（文、曲）(= *create*)

    * piece¹〔pis〕*n.* 一件作品【文章、畫、曲子等】

9. **A** 這是一個很大、形狀<u>不規則</u>的房間。

    (A) ***irregularly***²〔ɪˈrɛgjələ·lɪ〕*adv.* 不規則地（ = *unevenly* ）

    (B) spiritually⁴〔'spɪrɪtʃʊəlɪ〕*adv.* 精神上地（ = *mentally* ）

    * shaped¹〔ʃept〕*adj.* 有～形狀的

10. **A** 工人的肺部做了 X 光檢查，以<u>確保</u>他們的健康。

    (A) ***ensure***¹〔ɪn'ʃur〕*v.* 確保；保證（ = *guarantee* ）

    (B) reform⁴〔rɪ'fɔrm〕*v.* 改革（ = *improve* ）

    * lung²〔lʌŋ〕*n.* 肺　　X-ray³〔'ɛks're〕*v.* 做 X 光檢查

11. **B**   (A) slogan⁴〔'slogən〕*n.* 口號；標語（ = *catch phrase* ）

    (B) ***routine***³〔ru'tin〕*n.* 例行公事（ = *habit* = *schedule* ）

    * daily²〔'delɪ〕*adj.* 每天的（ = *everyday* ）

12. **A** 看著她臉上<u>誠摯的</u>表情。她是認真的。

    (A) ***earnest***⁴〔'ɜnɪst〕*adj.* 誠摯的（ = *sincere* = *heartfelt* ）

    (B) pretty¹〔'prɪtɪ〕*adj.* 漂亮的（ = *beautiful* = *attractive* ）

    * serious²〔'sɪrɪəs〕*adj.* 認真的（ = *earnest* ）

13. **B** 當她看這封信時，她的手在<u>顫抖</u>。

    (A) destroy³〔dɪ'strɔɪ〕*v.* 破壞（ = *ruin* = *damage* ）

    (B) ***tremble***³〔'trɛmbḷ〕*v.* 發抖（ = *shiver* = *shake* = *shudder* ）

14. **A**　請向你太太致上我最佳的<u>問候</u>。

　　(A) ***regards***[2] 〔rɪ'gɑrdz 〕*n. pl.* 問候（= *greetings*）

　　(B) belongings[2] 〔bə'lɔŋɪŋz 〕*n. pl.* 所有物；財物
　　　　（= *possessions* = *property*）

15. **A**　(A) ***invisible***[3] 〔ɪn'vɪzəbḷ 〕*adj.* 看不見的（= *unseen*）

　　(B) hollow[3] 〔'hɑlo 〕*adj.* 中空的（= *empty*）

　　* daytime 〔'de͵taɪm 〕*n.* 白天　　***in the daytime*** 在白天

16. **B**　每家店的價格都<u>不同</u>。

　　(A) hook[4] 〔huk 〕*n.* 鉤子　*v.* 鉤住

　　(B) ***vary***[3] 〔'vɛrɪ 〕*v.* 改變；不同（= *differ*）

　　* ***vary***/differ ***from A to A*** 每個 A 都不同

17. **A**　在攝氏零下 130 度下，活細胞可以<u>保存</u>一千年。

　　(A) ***preserve***[4] 〔prɪ'zɝv 〕*v.* 保存（= *keep* = *maintain*）

　　(B) accomplish[4] 〔ə'kɑmplɪʃ 〕*v.* 完成（= *achieve*）

　　* minus[2] 〔'maɪnəs 〕*prep.* 減；負；零下
　　　living[1] 〔'lɪvɪŋ 〕*adj.* 活的　　cell[2] 〔sɛl 〕*n.* 細胞

18. **B**　颱風夾帶豪雨和強風，<u>橫掃</u>這個地區。

　　(A) annoy[4] 〔ə'nɔɪ 〕*v.* 使心煩（= *bother* = *irritate*）

　　(B) ***sweep***[2] 〔swip 〕*v.* 清掃；橫掃【過去式 swept】

　　* typhoon[2] 〔taɪ'fun 〕*n.* 颱風　　area[1] 〔'ɛrɪə 〕*n.* 地區

19. **B**　當她開始上游泳課時，她主要的<u>障礙</u>是怕水。

　　(A) article[2,4] 〔'ɑrtɪkḷ 〕*n.* 文章（= *essay*）；物品（= *thing*）

　　(B) ***obstacle***[4] 〔'ɑbstəkḷ 〕*n.* 障礙（= *barrier* = *problem*）

20. **B**　他的<u>祖先</u>大多是義大利裔，在 19 世紀來到美國。

　　(A) traitor[5] 〔'tretɚ 〕*n.* 叛徒（= *betrayer*）

　　(B) ***ancestor***[4] 〔'ænsɛstɚ 〕*n.* 祖先（= *forefather*）

TEST 6

Choose the one most suitable for filling in the blank.

1. The whole block was in _____ after the bomb attack.
   A. fluids   B. ruins   【遼寧高考】

2. The _____ of the book is conflict between the sexes.
   A. scale   B. theme   【江西高考】

3. The event was _____ by local businesses.
   A. littered   B. sponsored   【湖北高考】

4. Students should be _____ fairly.
   A. evaluated   B. purchased   【福建高考】

5. The company _____ its customers first-rate service.
   A. navigates   B. guarantees   【江西高考】

6. The old rules are outdated. They should be _____.
   A. revised   B. shivered   【湖北高考】

7. Have you ever heard of the _____ of Robin Hood?
   A. legend   B. pause   【江蘇高考】

8. The rocket is scheduled to be _____ next Monday.
   A. evolved   B. launched   【湖北高考】

9. Intelligent people can often _____ the complex.
   A. simplify   B. purify   【湖北高考】

10. He was _____ as the most excellent researcher in this field.
    A. accommodated   B. acknowledged   【福建高考】

11. Over the years he has _____ a great deal of wealth.
    A. arranged　　B. accumulated　　【湖北高考】

12. He is filling in an _____ form for a new job.
    A. application　　B. election　　【北京高考】

13. The book that Linda _____ to me is great.
    A. broadcast　　B. recommended　　【北京高考】

14. The company hired several _____ guards.
    A. frontier　　B. security　　【山東高考】

15. The difficult task _____ my whole day.
    A. injected　　B. occupied　　【江蘇高考】

16. I can't _____ who told me about this.
    A. recall　　B. narrate　　【江蘇高考】

17. Joe is proud and _____, never admitting his own mistakes.
    A. habitual　　B. stubborn　　【浙江高考】

18. Facing up to your problems is the best _____ to working things out.
    A. approach　　B. investment　　【浙江高考】

19. Since I performed well in the interview, I was very _____ about getting the job.
    A. miserable　　B. optimistic　　【安徽高考】

20. She was quite _____ when asked such a personal question.
    A. embarrassed　　B. racial　　【安徽高考】

TEST 6 詳解

1. **B** 炸彈攻擊後，整個街區都成為廢墟。
   (A) fluid[6]〔'fluɪd〕 *n.* 液體 (= *liquid*)
   (B) ***ruins***[4] 〔'ruɪnz〕 *n. pl.* 廢墟；殘骸 (= *wreckage* = *debris*)
   * bomb[2] 〔bɑm〕 *n.* 炸彈   attack[2] 〔ə'tæk〕 *v. n.* 攻擊

2. **B** 這本書的主題是兩性之間的衝突。
   (A) scale[3] 〔skel〕 *n.* 規模；比例 (= *level* = *degree*)
   (B) ***theme***[4] 〔θim〕 *n.* 主題 (= *subject* = *topic*)
   * conflict[2] 〔'kɑnflɪkt〕 *n.* 衝突   sex[3] 〔sɛks〕 *n.* 性；性別

3. **B** 這個活動是由當地企業所贊助。
   (A) litter[3] 〔'lɪtɚ〕 *v.* 亂丟垃圾 (= *drop trash*)
   (B) ***sponsor***[6] 〔'spɑnsɚ〕 *v.* 贊助 (= *fund* = *support*)
   * event[2] 〔ɪ'vɛnt〕 *n.* 活動；事件   local[2] 〔'lokl̩〕 *adj.* 當地的

4. **A** 學生們應該受到公平的評估。
   (A) ***evaluate***[4] 〔ɪ'vælju‚et〕 *v.* 評估 (= *assess* = *appraise*)
   (B) purchase[5] 〔'pɝtʃəs〕 *v.* 購買 (= *buy*)
   * fairly[3] 〔'fɛrlɪ〕 *adv.* 公平地

5. **B** 這公司保證顧客得到一流的服務。
   (A) navigate[5] 〔'nævə‚get〕 *v.* 航行 (= *sail*)
   (B) ***guarantee***[4] 〔‚gærən'ti〕 *v.* 保證 (= *assure* = *ensure*)
   * customer[2] 〔'kʌstəmɚ〕 *n.* 顧客   ***first-rate*** 一流的
   service[1] 〔'sɝvɪs〕 *n.* 服務

6. **A** 這些舊規則過時了，應該被修訂。
   (A) ***revise***[4] 〔rɪ'vaɪz〕 *v.* 修訂 (= *adjust* = *correct*)
   (B) shiver[5] 〔'ʃɪvɚ〕 *v.* 發抖 (= *quiver* = *shudder* = *shake*)
   * outdated 〔‚aʊt'detɪd〕 *adj.* 過時的；落伍的

7. **A** 你曾聽過羅賓漢的<u>傳說</u>嗎？
   - (A) ***legend***[4] 〔'lɛdʒənd 〕 *n.* 傳說 (= *folklore* = *old story*)
   - (B) pause[3] 〔 pɔz 〕 *n., v.* 暫停 (= *stop* = *break*)

8. **B**
   - (A) evolve[6] 〔 ɪ'vɑlv 〕 *v.* 進化；發展 (= *develop*)
   - (B) ***launch***[4] 〔 lɔntʃ 〕 *v.* 發射；發動 (= *fire* = *shoot*)
   - * rocket[3] 〔'rɑkɪt 〕 *n.* 火箭　schedule[3] 〔'skɛdʒul 〕 *v.* 預定

9. **A** 聰明的人常常可以將複雜的事情<u>簡化</u>。
   - (A) ***simplify***[6] 〔'sɪmplə,faɪ 〕 *v.* 簡化 (= *make simpler*)
   - (B) purify[6] 〔'pjʊrə,faɪ 〕 *v.* 淨化 (= *make pure* = *cleanse*)
   - * intelligent[4] 〔 ɪn'tɛlədʒənt 〕 *adj.* 聰明的
   - complex[3] 〔 kəm'plɛks 〕 *adj.* 複雜的 (= *complicated*)

10. **B** 他被<u>公認</u>是這個領域最優秀的研究人員。
    - (A) accommodate[6] 〔 ə'kɑmə,det 〕 *v.* 容納 (= *hold* = *contain*)
    - (B) ***acknowledge***[5] 〔 ək'nɑlɪdʒ 〕 *v.* 承認；公認 (= *recognize*)
    - * researcher[4] 〔 rɪ'sɝtʃɚ 〕 *n.* 研究人員
    - field[2] 〔 fild 〕 *n.* 領域；範圍

11. **B** 這些年來他<u>累積了</u>大量財富。
    - (A) arrange[2] 〔 ə'rendʒ 〕 *v.* 安排；排列 (= *set up* = *organize*)
    - (B) ***accumulate***[2] 〔 ə'kjumjə,let 〕 *v.* 累積 (= *amass* = *collect*)
    - * ***a great deal of*** 大量的；許多的　wealth[3] 〔 wɛlθ 〕 *n.* 財富

12. **A** 他正在填寫新工作的<u>申請</u>表格。
    - (A) ***application***[4] 〔,æplə'keʃən 〕 *n.* 申請 (= *request*)
    - (B) election[3] 〔 ɪ'lɛkʃən 〕 *n.* 選舉 (= *vote*)
    - * ***fill in*** 填寫　form[2] 〔 fɔrm 〕 *n.* 格式；表格

13. **B**
    - (A) broadcast[2] 〔'brɔd,kæst 〕 *v.* 廣播 (= *air* = *transmit*)
    - (B) ***recommend***[5] 〔,rɛkə'mɛnd 〕 *v.* 推薦 (= *suggest* = *advise*)

14. **B** 這家公司雇用了數名<u>保全</u>警衛。
   (A) frontier[5] 〔frʌn'tɪr〕 *n.* 邊境；邊界 (= *border* = *boundary*)
   (B) ***security***[3] 〔sɪ'kjurətɪ〕 *n.* 安全；保全 (= *safety*)
   * hire[2] 〔haɪr〕 *v.* 雇用　　guard[2] 〔gɑrd〕 *n.* 警衛

15. **B** 這個困難的工作<u>佔據</u>了我一整天。
   (A) inject[6] 〔ɪn'dʒɛkt〕 *v.* 注射 (= *shoot*)
   (B) ***occupy***[4] 〔'ɑkjə,paɪ〕 *v.* 佔據 (= *take up*)
   * task[2] 〔tæsk〕 *n.* 工作；任務

16. **A** (A) ***recall***[4] 〔rɪ'kɔl〕 *v.* 回想 (= *remember* = *recollect*)
   (B) narrate[6] 〔'næret〕 *v.* 敘述 (= *tell* = *describe*)

17. **B** (A) habitual[4] 〔hə'bɪtʃuəl〕 *adj.* 習慣性的 (= *customary*)
   (B) ***stubborn***[3] 〔'stʌbən〕 *adj.* 頑固的 (= *obstinate*)
   * proud[2] 〔praud〕 *adj.* 驕傲的　　admit[3] 〔əd'mɪt〕 *v.* 承認

18. **A** (A) ***approach***[4] 〔ə'protʃ〕 *n.* 方法 (= *method*)
   (B) investment[4] 〔ɪn'vɛstmənt〕 *n.* 投資
   * ***face up to*** 面對　　***work out*** 解決

19. **B** 因為我在面試時表現得很好，能否得到這份工作我很<u>樂觀</u>。
   (A) miserable[4] 〔'mɪzərəbḷ〕 *adj.* 悲慘的 (= *poor*)
   (B) ***optimistic***[3] 〔,ɑptə'mɪstɪk〕 *adj.* 樂觀的 (= *positive*)
   * perform[3] 〔pə'fɔrm〕 *v.* 表現；表演
   interview[2] 〔'ɪntə,vju〕 *n.* 面試

20. **A** 當被問到這麼私人的問題時，她非常<u>尷尬</u>。
   (A) ***embarrassed***[4] 〔ɪm'bærəst〕 *adj.* 尷尬的；困窘的
   (= *uncomfortable* = *ill at ease*)
   (B) racial[3] 〔'reʃəl〕 *adj.* 種族的 (= *ethnic*)
   * personal[2] 〔'pɝsṇḷ〕 *adj.* 個人的

TEST 7

Choose the one most suitable for filling in the blank.

1. The store sells only top _____ goods.
   A. equality　　B. quality　　　　【福建高考】

2. Well goes the _____, "No pain, no gain."
   A. dessert　　B. proverb　　　　【安徽高考】

3. His faithful dog _____ him wherever he goes.
   A. accompanies　　B. despises　　【湖南高考】

4. You should _____ your emotions in a rational way.
   A. convey　　B. indulge　　　　【湖南高考】

5. We have _____ kinds of fruit trees in the orchard.
   A. internal　　B. various　　　　【湖南高考】

6. Perhaps he is _____ responsible for the accident.
   A. natually　　B. indirectly　　　【湖北高考】

7. She is _____ her time to writing her first novel.
   A. lingering　　B. dedicating　　【湖南高考】

8. This exhibit is on _____ from another museum.
   A. loan　　B. toll　　　　　　【湖北高考】

9. The food there was bad and the service was _____.
   A. dreadful　　B. notable　　　【湖北高考】

10. She opened a(n) _____ and puts part of her salary into it every month.
    A. rectangle　　B. account　　　【安徽高考】

11. "Don't be so mean," he said _____.
   A. totally   B. sharply   【湖北高考】

12. She applied for a(n) _____ in that company.
   A. position   B. interview   【陝西高考】

13. The concert was held to _____ money for charity.
   A. raise   B. heed   【四川高考】

14. I am so _____ to you for your kind help.
   A. grateful   B. mighty   【湖北高考】

15. Her performance met with loud _____.
   A. innovation   B. applause   【陝西高考】

16. The roads were _____ by heavy snow.
   A. haunted   B. blocked   【北京高考】

17. You could feel the _____ in the room as we waited for the results.
   A. tension   B. justice   【湖南高考】

18. I'd _____ it if you let me know in advance whether or not you will come.
   A. nourish   B. appreciate   【陝西高考】

19. They did a great job and reached their _____ in a month.
   A. target   B. notion   【重慶高考】

20. What made this book so great is the vivid _____ of the author.
   A. landscape   B. imagination   【北京高考】

TEST 7　詳解

1. **B** (A) equality[4] 〔ɪ'kwɑlətɪ〕*n.* 相等 (= *equivalence* = *fairness*)
   (B) ***quality***[2] 〔'kwɑlətɪ〕*n.* 品質 (= *standard*)
   * top[1] 〔tɑp〕*adj.* 最高的　　goods[4] 〔gʊdz〕*n. pl.* 商品

2. **B** 俗話說得好：「不勞則無獲。」
   (A) dessert[2] 〔dɪ'zɜt〕*n.* 甜點 (= *sweet* = *afters*)
   (B) ***proverb***[4] 〔'prɑvɜb〕*n.* 諺語；格言 (= *saying*)
   * pain[2] 〔pen〕*n.* 費心；辛苦　　gain[2] 〔gen〕*n.* 獲得；盈餘

3. **A** 無論他去哪裡，他忠實的小狗都陪伴著他。
   (A) ***accompany***[4] 〔ə'kʌmpənɪ〕*v.* 陪伴；伴隨 (= *go with*)
   (B) despise[5] 〔dɪ'spaɪz〕*v.* 輕視 (= *look down on* = *scorn*)
   * faithful[4] 〔'feθfəl〕*adj.* 忠實的 (= *loyal* = *devoted*)

4. **A** 你應該用理性的方式去傳達你的情緒。
   (A) ***convey***[4] 〔kən've〕*v.* 傳達 (= *express* = *communicate*)
   (B) indulge[5] 〔ɪn'dʌldʒ〕*v.* 使沈迷；放縱 (= *pamper*)
   * emotion[2] 〔ɪ'moʃən〕*n.* 情緒 (= *feeling*)
   rational[6] 〔'ræʃənḷ〕*adj.* 合理的；理智的 (= *reasonable*)

5. **B** (A) internal[3] 〔ɪn'tɜnḷ〕*adj.* 內部的 (= *inner*)
   (B) ***various***[3] 〔'vɛrɪəs〕*adj.* 各式各樣的；各種的
   　　　(= *a variety of* = *all kinds of*)
   * kind[1] 〔kaɪnd〕*n.* 種類　　orchard[5] 〔'ɔrtʃəd〕*n.* 果園

6. **B** 或許他要為這個意外負間接的責任。
   (A) naturally[4] 〔'nætʃərəlɪ〕*adv.* 自然地；天生地 (= *innately*)
   (B) ***indirectly***[1] 〔ˌɪndə'rɛktlɪ〕*adv.* 間接地(↔ *directly* 直接地)
   * responsible[2] 〔rɪ'spɑnsəbḷ〕*adj.* 應負責任的
   accident[3] 〔'æksədənt〕*n.* 意外

7. **B** (A) linger[5] 〔'lɪŋgɚ〕 *v.* 逗留；徘徊（= *stay* = *hang around*）

    (B) ***dedicate***[6] 〔'dɛdə,ket〕 *v.* 奉獻；使致力於（= *devote*）

    * novel[2] 〔'nɑvḷ〕 *n.* 小說

8. **A** 這件展覽品是向別家博物館借用的。

    (A) ***loan***[4] 〔lon〕 *n.* 貸款；借用（= *lending*）

    be on loan from ~　向~借用（= *be borrowed from*）

    (B) toll[6] 〔tol〕 *n.* 死傷人數；損害（= *damage*）；通行費（= *fee*）

    * exhibit[4] 〔ɪg'zɪbɪt〕 *n.* 展覽品；陳列品

9. **A** (A) ***dreadful***[5] 〔'drɛdfəl〕 *adj.* 可怕的；糟的（= *bad* = *terrible*）

    (B) notable[5] 〔'notəbḷ〕 *adj.* 值得注意的（= *remarkable*）

    * service[1] 〔'sɝvɪs〕 *n.* 服務

10. **B** (A) rectangle[2] 〔'rɛk,tæŋgḷ〕 *n.* 長方形

    (B) ***account***[2] 〔ə'kaʊnt〕 *n.* 帳戶　***open an account*** 開戶

    * salary[4] 〔'sælərɪ〕 *n.* 薪水

11. **B** 「不要這麼卑鄙，」他尖酸地說。

    (A) totally[1] 〔'totḷɪ〕 *adv.* 完全地（= *completely* = *entirely*）

    (B) ***sharply***[1] 〔'ʃɑrplɪ〕 *adv.* 銳利地；尖酸地（= *harshly*）

    * mean[1] 〔min〕 *adj.* 卑鄙的；惡劣的（= *nasty*）

12. **A** (A) ***position***[1] 〔pə'zɪʃən〕 *n.* 位置；職位（= *post*）

    (B) interview[2] 〔'ɪntɚ,vju〕 *n.* 面試（= *meeting* = *talk*）

    * apply[2] 〔ə'plaɪ〕 *v.* 申請

13. **A** 這場演唱會是為了慈善募款而舉行。

    (A) ***raise***[1] 〔rez〕 *v.* 提高；籌募（= *collect* = *gather*）

    (B) heed[5] 〔hid〕 *v., n.* 注意；留意（= *note* = *notice*）

    * concert[3] 〔'kɑnsɝt〕 *n.* 演唱會；音樂會

    charity[4] 〔'tʃærətɪ〕 *n.* 慈善（機構）

14. **A**　(A) ***grateful***[4] 〔ˈgretfəl〕*adj.* 感激的 (= *thankful*)
　　　(B) mighty[3] 〔ˈmaɪtɪ〕*adj.* 強有力的 (= *powerful*)

15. **B**　他的表演獲得了熱烈的<u>掌聲</u>。
　　　(A) innovation[6] 〔ˌɪnəˈveʃən〕*n.* 創新 (= *novelty* = *invention*)
　　　(B) ***applause***[5] 〔əˈplɔz〕*n.* 鼓掌；喝采 (= *clapping* = *praise*)
　　　* ***meet with*** 遇到；遭遇　　loud[1] 〔laʊd〕*adj.* 大聲的

16. **B**　(A) haunt[3] 〔hɔnt〕*v.* (鬼魂) 出沒於；縈繞 (= *disturb*)
　　　(B) ***block***[1] 〔blɑk〕*v.* 阻塞；堵塞 (= *stop* = *obstruct*)
　　　* heavy[1] 〔ˈhɛvɪ〕*adj.* 重的；大量的

17. **A**　當我們在等待結果時，你可以感覺到房間裡的<u>緊張氣氛</u>。
　　　(A) ***tension***[4] 〔ˈtɛnʃən〕*n.* 緊張 (= *nervousness* = *anxiety*)
　　　(B) justice[3] 〔ˈdʒʌstɪs〕*n.* 正義；公平 (= *fairness*)
　　　* result[2] 〔rɪˈzʌlt〕*n.* 結果

18. **B**　如果你事先讓我知道你是否會來，我會很<u>感激</u>。
　　　(A) nourish[6] 〔ˈnɝɪʃ〕*v.* 滋養 (= *nurture*)；培育 (= *cultivate*)
　　　(B) ***appreciate***[3] 〔əˈpriʃɪˌet〕*v.* 感激 (= *be thankful/grateful*)
　　　* ***in advance*** 事先　　***whether or not*** 是否…

19. **A**　他們表現非常好，在一個月之內達到他們的<u>目標</u>。
　　　(A) ***target***[2] 〔ˈtɑrgɪt〕*n.* 目標 (= *goal* = *objective*)
　　　(B) notion[5] 〔ˈnoʃən〕*n.* 觀念；想法 (= *concept* = *idea*)
　　　* reach[1] 〔ritʃ〕*v.* 抵達；達到

20. **B**　這本書這麼棒的原因是作者生動的<u>想像力</u>。
　　　(A) landscape[4] 〔ˈlænskep〕*n.* 風景 (= *scenery*)
　　　(B) ***imagination***[3] 〔ɪˌmædʒəˈneʃən〕*n.* 想像力 (= *creativity*)
　　　* vivid[3] 〔ˈvɪvɪd〕*adj.* 生動的；栩栩如生的
　　　　author[3] 〔ˈɔθɚ〕*n.* 作者

TEST 8

Choose the one most suitable for filling in the blank.

1. Can you _____ for your absence yesterday?
   A. account   B. attempt   【安徽高考】

2. This is a _____ party. Everyone is having fun.
   A. lively   B. certain   【山東高考】

3. I'm always _____ when I receive an email from him.
   A. elaborate   B. thrilled   【江蘇高考】

4. The road is being widened and we had a _____ ride.
   A. rough   B. rural   【江蘇高考】

5. Gasoline was in short _____ after the war.
   A. slump   B. supply   【浙江高考】

6. A mother's main _____ is the health of her family.
   A. concern   B. species   【浙江高考】

7. Don't be so _____. Things will be looking up.
   A. scenic   B. pessimistic   【浙江高考】

8. The city suffered a _____ earthquake.
   A. parallel   B. massive   【江蘇高考】

9. He _____ their discussion with a short summary.
   A. surpassed   B. concluded   【浙江高考】

10. She started as a _____ worker but now she has turned full-time.
    A. temporary   B. courageous   【浙江高考】

11. Press this button in case of _____.
    A. emergency　　B. entertainment　　【福建高考】

12. Don't be upset.　I think he meant no _____.
    A. twilight　　B. offense　　【江西高考】

13. The hotel offers high quality service at _____ rates.
    A. subjective　　B. competitive　　【福建高考】

14. His strange behavior aroused my _____.
    A. curiosity　　B. supervision　　【江西高考】

15. You can find great _____ in helping people.
    A. satisfaction　　B. superstition　　【江西高考】

16. He didn't _____ to any of her emails.
    A. submit　　B. respond　　【福建高考】

17. Watching Ben setting off for vacation, I am green
    with _____.
    A. novelty　　B. envy　　【江西高考】

18. Several passengers received serious _____ in the
    car crash.
    A. injuries　　B. penalties　　【遼寧高考】

19. During his stay in London, he visited the museums
    _____.
    A. originally　　B. frequently　　【遼寧高考】

20. This is by far the most _____ movie that I've ever
    seen.
    A. inspiring　　B. redundant　　【遼寧高考】

TEST 8 詳解

1. **A** 你可以<u>說明</u>昨天為何缺席嗎？
   (A) ***account*** [ə'kaʊnt] *v.* 說明；認為；負責
       account for 說明；解釋 (= *explain*)
   (B) attempt [ə'tɛmpt] *v., n.* 企圖；嘗試 (= *try*)
   * absence ['æbsn̩s] *n.* 缺席

2. **A** 這是個<u>充滿活力的</u>派對。每個人都玩得很愉快。
   (A) ***lively*** ['laɪvlɪ] *adj.* 充滿活力的 (= *dynamic* = *active*)
   (B) certain ['sɝtn̩] *adj.* 確定的 (= *sure* = *positive*)

3. **B** (A) elaborate [ɪ'læbərɪt] *adj.* 複雜的；精巧的 (= *complex*)
       (B) ***thrilled*** [θrɪld] *adj.* 興奮的 (= *excited*)
       * email ['i,mel] *n.* 電子郵件 (= *e-mail*)

4. **A** 這條路正在拓寬，所以車子很顛簸。
   (A) ***rough*** [rʌf] *adj.* 崎嶇不平的 (= *bumpy* = *uneven*)
   (B) rural ['rʊrəl] *adj.* 鄉村的 (= *rustic* = *country*)
   * widen ['waɪdn̩] *v.* 使變寬   ride [raɪd] *n.* 搭乘；乘車

5. **B** 在戰爭之後，汽油<u>供給</u>短缺。
   (A) slump [slʌmp] *n.* 暴跌；不景氣 (= *fall* = *depression*)
   (B) ***supply*** [sə'plaɪ] *n.* 供給 (= *stock*)
       in short supply 供應不足；短缺 (= *scarce* = *insufficient*)
   * gasoline ['gæsl̩,in] *n.* 汽油

6. **A** (A) ***concern*** [kən'sɝn] *n.* 擔心；關心的事
       (B) species ['spiʃɪz] *n.* 物種；種【單複數同形】

7. **B** (A) scenic ['sinɪk] *adj.* 風景優美的 (= *picturesque*)
       (B) ***pessimistic*** [,pɛsə'mɪstɪk] *adj.* 悲觀的 (= *negative*)
       * ***look up*** 好轉；改善 (= *get better* = *improve*)

8. **B** (A) parallel[5] 〔'pærə,lɛl〕*adj.* 平行的（*= aligned*）

(B) ***massive***[5] 〔'mæsɪv〕*adj.* 巨大的（*= enormous = huge*）

* suffer[3] 〔'sʌfə〕*v.* 遭受

earthquake[2] 〔'ɝθ,kwek〕*n.* 地震（*= quake*）

9. **B** 他用一個簡短的摘要<u>結束了</u>他們的討論。

(A) surpass[6] 〔sə'pæs〕*v.* 超越（*= exceed = go beyond*）

(B) ***conclude***[3] 〔kən'klud〕*v.* 下結論；結束（*= end = wrap up*）

* discussion[2] 〔dɪ'skʌʃən〕*n.* 討論

summary[3] 〔'sʌmərɪ〕*n.* 摘要

10. **A** 她開始是當<u>臨時</u>的工人，但現在她已經轉爲<u>正職</u>。

(A) ***temporary***[3] 〔'tɛmpə,rɛrɪ〕*adj.* 短暫的；臨時的

（*= brief = short-term*）

(B) courageous[4] 〔kə'redʒəs〕*adj.* 勇敢的（*= brave*）

11. **A** 萬一發生緊急情況，按這個按鈕。

(A) ***emergency***[3] 〔ɪ'mɝdʒənsɪ〕*n.* 緊急情況（*= crisis*）

(B) entertainment[4] 〔,ɛntə'tenmənt〕*n.* 娛樂（*= amusement*）

* press[2] 〔prɛs〕*v.* 壓；按　　button[2] 〔'bʌtn̩〕*n.* 按鈕；鈕釦

in case of 萬一發生…

12. **B** 不要不高興。我認爲他不是故意<u>冒犯</u>你的。

(A) twilight[6] 〔'twaɪ,laɪt〕*n.* 黃昏（*= dusk = sunset*）

(B) ***offense***[4] 〔ə'fɛns〕*n.* 攻擊；冒犯（*= insult = attack*）

* upset[3] 〔ʌp'sɛt〕*adj.* 不高興的

13. **B** 這家飯店提供高品質的服務，價格也極具<u>競爭性</u>。

(A) subjective[6] 〔səb'dʒɛktɪv〕*adj.* 主觀的

(B) ***competitive***[4] 〔kəm'pɛtətɪv〕*adj.* 競爭性的

* offer[2] 〔'ɔfə〕*v.* 提供　　quality[2] 〔'kwɑlətɪ〕*n.* 品質

rate[3] 〔ret〕*n.* 費率；費用（*= fee = price*）

14. **A** 他奇怪的行爲激起我的<u>好奇心</u>。
  (A) ***curiosity***[4] ﹝͵kjʊrɪˋɑsətɪ﹞ *n.* 好奇心（ = *inquisitiveness*）
  (B) supervision[6] ﹝͵supɚˋvɪʒən﹞ *n.* 監督（ = *administration*）
  * strange[1] ﹝strendʒ﹞ *adj.* 奇怪的
    behavior[4] ﹝bɪˋhevjɚ﹞ *n.* 行爲　　arouse[4] ﹝əˋraʊz﹞ *v.* 喚起

15. **A** 在幫助別人時，你會得到很大的<u>滿足</u>。
  (A) ***satisfaction***[4] ﹝͵sætɪsˋfækʃən﹞ *n.* 滿足（ = *contentment*）
  (B) superstition[5] ﹝͵supɚˋstɪʃən﹞ *n.* 迷信

16. **B** (A) submit[5] ﹝səbˋmɪt﹞ *v.* 屈服 < *to* >（ = *surrender* = *yield*）
  (B) ***respond***[3] ﹝rɪˋspɑnd﹞ *v.* 回答；回應 < *to* >（ = *reply*）

17. **B** (A) novelty[2] ﹝ˋnɑvḷtɪ﹞ *n.* 新奇（ = *innovation*）
  (B) ***envy***[3] ﹝ˋɛnvɪ﹞ *n.* 羨慕；嫉妒（ = *jealousy*）
    green with envy 羨慕的；嫉妒的（ = *envious* = *jealous*）
  * ***set off*** 出發　　vacation[2] ﹝veˋkeʃən﹞ *n.* 假期

18. **A** 在這場車禍中，有幾個乘客受到重<u>傷</u>。
  (A) ***injury***[3] ﹝ˋɪndʒərɪ﹞ *n.* 受傷；傷害（ = *wound* = *harm*）
  (B) penalty[4] ﹝ˋpɛnḷtɪ﹞ *n.* 刑罰（ = *punishment*）
  * passenger[2] ﹝ˋpæsn̩dʒɚ﹞ *n.* 乘客　　receive[1] ﹝rɪˋsiv﹞ *v.* 遭受
    serious[2] ﹝ˋsɪrɪəs﹞ *adj.* 嚴重的　　crash[3] ﹝kræʃ﹞ *n.* 撞毀

19. **B** 在他停留倫敦期間，他<u>經常</u>去參觀博物館。
  (A) originally[3] ﹝əˋrɪdʒənḷɪ﹞ *adv.* 最初（ = *initially* = *at first*）
  (B) ***frequently***[3] ﹝ˋfrikwəntlɪ﹞ *adv.* 經常地（ = *very often*）

20. **A** 這顯然是我曾經看過最<u>激勵人心</u>的電影。
  (A) ***inspiring***[4] ﹝ɪnˋspaɪrɪŋ﹞ *adj.* 激勵人心的；給予靈感的
    （ = *stimulating* = *encouraging*）
  (B) redundant[6] ﹝rɪˋdʌndənt﹞ *adj.* 多餘的（ = *unnecessary*）
  * ***by far*** 顯然【修飾最高級】

TEST 9

Choose the one most suitable for filling in the blank.

1. He doesn't like being a _____ on other people.
   A. burden　　B. necessity　　　　【湖南高考】

2. Read the word aloud several times until you _____ it.
   A. memorize　　B. overhear　　　【湖南高考】

3. The _____ has been questioned by the police.
   A. spectacle　　B. witness　　　【陝西高考】

4. A _____ was formed to take care of the matter.
   A. quotation　　B. committee　　【陝西高考】

5. I'm sure the new _____ will be put into practice.
   A. policy　　B. mass　　　　　【陝西高考】

6. Though seriously ill, she never _____.
   A. behaved　　B. despaired　　　【陝西高考】

7. About 71% of the earth's _____ is covered by water.
   A. surface　　B. collection　　　【安徽高考】

8. David is _____ to animal fur, so he can't keep a pet.
   A. humiliating　　B. allergic　　【安徽高考】

9. The program was interrupted by many _____.
   A. commercials　　B. confessions　　【湖北高考】

10. The poem shows the _____ of a youth over a lack
    of sense of belonging.
    A. anxiety　　B. leisure　　　　【湖北高考】

11. Parents often make _____ for their children.
    A. movements   B. sacrifices   【湖北高考】

12. Are the clothes _____ for a job interview?
    A. precious   B. appropriate   【湖北高考】

13. The driver was _____ when the ambulance came.
    A. conscious   B. reckless   【湖北高考】

14. Don't you think the shirt is too _____ in the shoulders?
    A. tight   B. gloomy   【北京高考】

15. The poet was _____ the Nobel Prize for Literature.
    A. replied   B. awarded   【安徽高考】

16. Our products are _____ to those in other shops.
    A. compatible   B. comparable   【湖北高考】

17. The old machine was heavy and _____ to use.
    A. clumsy   B. abrupt   【湖北高考】

18. Not knowing which university to _____, she asked her teacher for advice.
    A. enhance   B. attend   【四川高考】

19. After completing and signing it, please return the form to us in the _____ provided.
    A. growth   B. envelope   【山東高考】

20. The colors red and green tend to be _____ with Christmas.
    A. associated   B. reproduced   【湖北高考】

TEST 9　詳解

1. **A** 他不喜歡成爲別人的<u>負擔</u>。
    (A) ***burden***³ ('bɝdn̩) *n.* 負擔 (= *load* = *worry*)
    (B) necessity³ (nə'sɛsətɪ) *n.* 必要；必需品 (= *need*)

2. **A** 大聲地讀這個字幾遍，直到你<u>記住</u>它爲止。
    (A) ***memorize***³ ('mɛmə,raɪz) *v.* 背誦；記憶 (= *remember*)
    (B) overhear⁵ (,ovɚ'hɪr) *v.* 無意見聽到 (= *eavesdrop on*)
    * aloud² (ə'laʊd) *adv.* 出聲地；大聲地

3. **B** (A) spectacle⁵ ('spɛktəkl̩) *n.* 景象；奇觀 (= *sight* = *scene*)
    (B) ***witness***⁴ ('wɪtnɪs) *n.* 目擊者；證人 (= *eyewitness*)

4. **B** 爲了處理這件事情組成了一個<u>委員會</u>。
    (A) quotation⁴ (kwo'teʃən) *n.* 引用的文句 (= *quote*)
    (B) ***committee***³ (kə'mɪtɪ) *n.* 委員會 (= *commission* = *board*)
    * form² (fɔrm) *v.* 形成；組成　　***take care of*** 負責；處理
    matter¹ ('mætɚ) *n.* 事情

5. **A** 我確信這項新<u>政策</u>將會被付諸實行。
    (A) ***policy***² ('pɑləsɪ) *n.* 政策　　(B) mass² (mæs) *n.* 大量
    * ***put into practice*** 付諸實行

6. **B** 雖然罹患重病，她從不<u>絕望</u>。
    (A) behave³ (bɪ'hev) *v.* 行爲舉止 (= *act*)
    (B) ***despair***⁵ (dɪ'spɛr) *v.* 絕望 (= *lose hope* = *feel hopeless*)
    * seriously² ('sɪrɪəslɪ) *adv.* 嚴重地　　ill² (ɪl) *adj.* 生病的

7. **A** 地球<u>表面</u>約有百分之 71 被水覆蓋著。
    (A) ***surface***² ('sɝfɪs) *n.* 表面 (= *exterior* = *face*)
    (B) collection³ (kə'lɛkʃən) *n.* 收集；收藏 (= *gathering*)

8. **B** (A) humiliating[6] ﹝hju'mɪlɪˌetɪŋ﹞ *adj.* 丟人的 (= *shameful*)
(B) ***allergic***[5] ﹝ə'lɜdʒɪk﹞ *adj.* 過敏的 < *to* > (= *sensitive*)
* fur[3] ﹝fɝ﹞ *n.* 毛皮　　pet[1] ﹝pɛt﹞ *n.* 寵物

9. **A** 這個節目被很多廣告打斷。
(A) ***commercial***[3] ﹝kə'mɜʃəl﹞ *n.* 商業廣告 (= *advertisement*)
(B) confession[5] ﹝kən'fɛʃən﹞ *n.* 招認；招供；告解
* interrupt[3] ﹝ˌɪntə'rʌpt﹞ *v.* 打斷

10. **A** 這首詩顯示年輕人因缺乏歸屬感而產生的焦慮。
(A) ***anxiety***[2] ﹝æŋ'zaɪətɪ﹞ *n.* 焦慮 (= *worry* = *nervousness*)
(B) leisure[3] ﹝'liʒɚ﹞ *n.* 空閒；悠閒 (= *free time*)
* poem[2] ﹝'po·ɪm﹞ *n.* 詩　　youth[2] ﹝juθ﹞ *n.* 年輕人
lack[1] ﹝læk﹞ *n.* 缺乏；缺少　　sense[1] ﹝sɛns﹞ *n.* 感覺
belonging[5] ﹝bə'lɔŋɪŋ﹞ *n.* 歸屬；(成員間)親密而安全的關係

11. **B** (A) movement[1] ﹝'muvmənt﹞ *n.* 動作；運動 (= *campaign*)
(B) ***sacrifice***[4] ﹝'sækrəˌfaɪs﹞ *v. n.* 犧牲

12. **B** 這些衣服適合工作面試嗎？
(A) precious[3] ﹝'prɛʃəs﹞ *adj.* 珍貴的 (= *valuable* = *prized*)
(B) ***appropriate***[2] ﹝ə'proprɪɪt﹞ *adj.* 適合的 (= *suitable*)
* interview[2] ﹝'ɪntɚˌvju﹞ *n.* 面試

13. **A** 當救護車來時，這個駕駛人還有意識。
(A) ***conscious***[3] ﹝'kɑnʃəs﹞ *adj.* 有意識的 (= *aware*)
(B) reckless[5] ﹝'rɛklɪs﹞ *adj.* 魯莽的 (= *careless* = *rash*)
* ambulance[6] ﹝'æmbjələns﹞ *n.* 救護車

14. **A** (A) ***tight***[3] ﹝taɪt﹞ *adj.* 緊的 (↔ *loose* *adj.* 鬆的)
(A) gloomy[6] ﹝'glumɪ﹞ *adj.* 陰暗的 (= *dark*)
* shoulder[1] ﹝'ʃoldɚ﹞ *n.* 肩膀；(衣服的)肩部

15. **B** 這位詩人獲頒諾貝爾文學獎。

(A) reply^2〔rɪ'plaɪ〕*v.* 回答；回覆（= *answer* = *respond*）

(B) ***award***^{3}〔ə'wɔrd〕*v.* 頒發（= *present* = *give*）

* poet^2〔'po·ɪt〕*n.* 詩人　　prize^2〔praɪz〕*n.* 獎；獎品
literature^4〔'lɪtərətʃə〕*n.* 文學

16. **B** 我們的產品可以<u>比得上</u>其他商店的商品。

(A) compatible^6〔kəm'pætəbḷ〕*adj.* 相容的

(B) ***comparable***^{6}〔'kɑmpərəbḷ〕*adj.* 可比較的；比得上的

* product^3〔'prɑdəkt〕*n.* 產品

17. **A** 這台老舊的機器使用起來很<u>笨重</u>。

(A) ***clumsy***^{4}〔'klʌmzɪ〕*adj.* 笨拙的（= *awkward*）

(B) abrupt^5〔ə'brʌpt〕*adj.* 突然的（= *sudden*）

* heavy^1〔'hɛvɪ〕*adj.* 重的；大量的

18. **B** (A) enhance^6〔ɪn'hæns〕*v.* 提高；提升（= *raise* = *improve*）

(B) ***attend***^{2}〔ə'tɛnd〕*v.* 參加；上（學）（= *go to*）

* university^4〔ˌjunə'vɜsətɪ〕*n.* 大學
advice^3〔əd'vaɪs〕*n.* 勸告；建議

19. **B** 填完表格並簽名後，請將表格裝在我們提供的<u>信封</u>裡交還。

(A) growth^2〔groθ〕*n.* 成長（= *development* = *increase*）

(B) ***envelope***^{2}〔'ɛnvəˌlop〕*n.* 信封

* complete^2〔kəm'plit〕*v.* 完成　　sign^2〔saɪn〕*v.* 簽名
form^2〔fɔrm〕*n.* 表格　　provide^2〔prə'vaɪd〕*v.* 提供

20. **A** 紅色和綠色通常會和聖誕節聯想在一起。

(A) ***associate***^{4}〔ə'soʃɪˌet〕*v.* 聯想（= *connect* = *link*）

(B) reproduce^5〔ˌriprə'djus〕*v.* 繁殖（= *breed* = *multiply*）；
複製（= *copy* = *duplicate*）

* ***tend to V*** 有⋯傾向；通常

TEST 10

Choose the one most suitable for filling in the blank.

1. Your essay is good; you just need to _____ it a bit.
   A. retreat   B. polish   【湖北高考】

2. Don't put your sweater in the dryer; it will _____.
   A. shrink   B. mock   【浙江高考】

3. In the story, the main _____ was forced to leave.
   A. heritage   B. character   【浙江高考】

4. The UN has _____ its troops from the country.
   A. withdrawn   B. flourished   【浙江高考】

5. We used to see each other _____.
   A. symbolically   B. regularly   【遼寧高考】

6. The job will take _____ three weeks.
   A. approximately   B. promptly   【遼寧高考】

7. Mrs. Lin has high _____ for her son, Kevin.
   A. magnitudes   B. expectations   【福建高考】

8. Their teacher had them make _____ of the moon.
   A. observations   B. ingredients   【湖南高考】

9. They took part in the _____ to help the needy.
   A. manuscript   B. campaign   【湖北高考】

10. The research lacks solid evidence, so its _____ are
    doubtful.
    A. conclusions   B. quarrels   【浙江高考】

11. You believe that he is _____, don't you?
    A. eventual　　B. innocent　　　　【江蘇高考】

12. He didn't follow the correct _____ in applying for a visa.
    A. procedure　　B. reunion　　　　【湖北高考】

13. Details on the moon's surface can be seen through a _____.
    A. microscope　　B. telescope　　　　【湖南高考】

14. Do you know the _____ difference between them?
    A. subtle　　B. valid　　　　【湖北高考】

15. It is important to have your eyes _____ regularly.
    A. justified　　B. examined　　　　【湖北高考】

16. The _____ rate kept rising due to the recession.
    A. unemployment　　B. explanation　　　　【北京高考】

17. Walmart is one of the largest American supermarket _____.
    A. curves　　B. chains　　　　【安徽高考】

18. He's giving out free _____ of shampoo on the street.
    A. rivals　　B. samples　　　　【湖北高考】

19. Whether the old buildings should be pulled down remained _____.
    A. controversial　　B. charitable　　　　【湖北高考】

20. The children behaved so badly that I lost my _____.
    A. detail　　B. temper　　　　【上海高考】

TEST 10 詳解

1. B 你的文章很好；你只需要稍加潤飾就好。

(A) retreat⁴ ﹝rɪˋtrit﹞ v. 撤退 (= *withdraw*)

(B) ***polish***⁴ ﹝ˋpalɪʃ﹞ v. 擦亮；潤飾 (= *shine* = *refine*)

* essay⁴ ﹝ˋɛse﹞ n. 文章　　bit¹ ﹝bɪt﹞ n. 一點點

2. A 不要把你的毛衣放進烘乾機；它會縮水。

(A) ***shrink***³ ﹝ʃrɪŋk﹞ v. 縮水 (= *contract*)

(B) mock⁵ ﹝mɑk﹞ v. 嘲笑 (= *laugh at* = *jeer* = *ridicule*)

* sweater² ﹝ˋswɛtɚ﹞ n. 毛衣　　dryer² ﹝ˋdraɪɚ﹞ n. 烘

3. B 在這故事中，主角被迫離開。

(A) heritage⁶ ﹝ˋhɛrətɪdʒ﹞ n. 遺產 (= *inheritance*)

(B) ***character***² ﹝ˋkærɪktɚ﹞ n. 性格；角色

* main² ﹝men﹞ adj. 主要的　　force¹ ﹝fors﹞ v. 強迫

4. A 聯合國已經從這個國家撤軍。

(A) ***withdraw***⁴ ﹝wɪðˋdrɔ﹞ v. 撤退 (= *retreat*)；提 (款)

(B) flourish⁵ ﹝ˋflɝɪʃ﹞ v. 繁榮；興盛 (= *boom* = *prosper*)

* ***the UN*** 聯合國 (= *the United Nations*)

troops³ ﹝trups﹞ n. pl. 軍隊

5. B (A) symbolically⁶ ﹝sɪmˋbɑlɪkḷɪ﹞ adv. 象徵性地

(B) ***regularly***² ﹝ˋrɛgjələlɪ﹞ adv. 定期地；規律地

(= *on a regular basis* = *frequently*)

* ***used to V*** 以前　　***each other*** 互相；彼此

6. A 這工作大約要花費三個星期。

(A) ***approximately***⁶ ﹝əˋprɑksəmɪtlɪ﹞ adv. 大約

(= *roughly* = *about*)

(B) promptly⁴ ﹝ˋprɑmptlɪ﹞ adv. 迅速地；即刻地 (= *instantly*)

7. **B** 林太太對她的兒子凱文有很高的<u>期望</u>。

   (A) magnitude[6] 〔'mægnə,tjud〕 *n.* 規模；震度 (= *size*)

   (B) *expectation*[3] 〔,ɛkspɛk'teʃən〕 *n.* 期望 (= *anticipation*)

8. **A**   (A) *observation*[4] 〔,ɑbzə'veʃən〕 *n.* 觀察 (= *watching*)

   (B) ingredient[4] 〔ɪn'gridɪənt〕 *n.* 原料；材料 (= *component*)

9. **B**   (A) manuscript[6] 〔'mænjə,skrɪpt〕 *n.* 手稿

   (B) *campaign*[4] 〔kæm'pen〕 *n.* 活動 (= *movement*)

   * *take part in* 參加   needy[4] 〔'nidɪ〕 *adj.* 窮困的

10. **A** 這項研究缺乏可靠的證據，所以它的結論是不確定的。

   (A) *conclusion*[2] 〔kən'kluʒən〕 *n.* 結論 (= *inference*)

   (B) quarrel[3] 〔'kwɔrəl〕 *n.* 爭吵 (= *argument* = *dispute*)

   * research[4] 〔rɪ'sɝtʃ , 'risɝtʃ〕 *n.* 研究   lack[1] 〔læk〕 *v.* 缺乏
    solid[3] 〔'sɑlɪd〕 *adj.* 可靠的   evidence[4] 〔'ɛvədəns〕 *n.* 證據
    doubtful[3] 〔'dautfəl〕 *adj.* 懷疑的；不確定的

11. **B**   (A) eventual[4] 〔ɪ'vɛntʃuəl〕 *adj.* 最後的 (= *final*)

   (B) *innocent*[3] 〔'ɪnəsn̩t〕 *adj.* 清白的 (↔ *guilty adj.* 有罪的)；
     天眞的 (= *naïve* = *childlike*)

12. **A** 在申請簽證時，他沒有遵守正確的<u>程序</u>。

   (A) *procedure*[4] 〔prə'sidʒɚ〕 *n.* 程序 (= *process*)

   (B) reunion[4] 〔ri'junjən〕 *n.* 團聚 (= *gathering*)

   * follow[1] 〔'falo〕 *v.* 跟隨：遵守
    apply[2] 〔ə'plaɪ〕 *v.* 申請   visa[5] 〔'vizə〕 *n.* 簽證

13. **B** 藉由<u>望遠鏡</u>可以看到月球表面的細節。

   (A) microscope[4] 〔'maɪkrə,skop〕 *n.* 顯微鏡

   (B) *telescope*[4] 〔'tɛlə,skop〕 *n.* 望遠鏡

   * detail[3] 〔'ditel〕 *n.* 細節   surface[2] 〔'sɝfɪs〕 *n.* 表面
    through[2] 〔θru〕 *prep.* 通過；藉由

14. **A** (A) ***subtle*** [6] (ˈsʌtḷ) *adj.* 微妙的；細微的 (= *slight* = *fine*)

    (B) valid [6] (ˈvælɪd) *adj.* 有效的 (= *effective*)

15. **B** 眼睛定期接受<u>檢查</u>是很重要的。

    (A) justify [5] (ˈdʒʌstə͵faɪ) *v.* 使正當化 (= *rationalize*)

    (B) ***examine*** [1] (ɪgˈzæmɪn) *v.* 檢查

        (= *check* = *inspect* = *look at*)

16. **A** 由於不景氣，<u>失業</u>率持續升高。

    (A) ***unemployment*** [6] (͵ʌnɪmˈplɔɪmənt) *n.* 失業

        (= *joblessness* = *job loss*)

    (B) explanation [4] (͵ɛkspləˈneʃən) *n.* 說明；解釋

    * rate [3] (ret) *n.* 比率；速率   rise [1] (raɪz) *v.* 上升

    due to 因為；由於   recession [6] (rɪˈsɛʃən) *n.* 不景氣

17. **B** 沃爾瑪是美國最大的超市<u>連鎖店</u>之一。

    (A) curve [4] (kɝv) *n.* 曲線   (B) ***chain*** [3] (tʃen) *n.* 連鎖店

18. **B** 他正在街上發放免費的洗髮精<u>試用品</u>。

    (A) rival [5] (ˈraɪvḷ) *n.* 對手；敵手 (= *competitor* = *opponent*)

    (B) ***sample*** [2] (ˈsæmpḷ) *n.* 樣品；試用品 (= *tester*)

    * ***give out*** 分發   shampoo [3] (ʃæmˈpu) *n.* 洗髮精

19. **A** 這些老舊建築物是否應該被拆掉仍然<u>有爭議</u>。

    (A) ***controversial*** [6] (͵kɑntrəˈvɝʃəl) *adj.* 有爭議的

        (= *debatable* = *contentious*)

    (B) charitable [6] (ˈtʃærətəbḷ) *adj.* 慈善的 (= *benevolent*)

    * ***pull down*** 拆掉   remain [3] (rɪˈmen) *v.* 留下；仍然是

20. **B** 這孩子非常不乖，以致於我發<u>脾氣</u>。

    (A) detail [3] (ˈditel) *n.* 細節 (= *part* = *element*)

    (B) ***temper*** [3] (ˈtɛmpɚ) *n.* 脾氣   ***lose*** one's ***temper*** 發脾氣

    * behave [3] (bɪˈhev) *v.* 行為；舉止   ***behave badly*** 行為不佳

TEST 11

Choose the one most suitable for filling in the blank.

1. When running, the boy lost his _____ and fell.
   A. prison　　B. balance 【湖北高考】

2. He gave himself a new name to hide his _____.
   A. identity　　B. production 【湖北高考】

3. I don't think what he said is _____ to the topic.
   A. contagious　　B. relevant 【湖北高考】

4. Lisa has always been our _____ friend.
   A. faithful　　B. infinite 【湖北高考】

5. The police officer _____ the driver to stop.
   A. signaled　　B. deceived 【湖北高考】

6. After a long talk, they reached an _____ at last.
   A. opinion　　B. agreement 【天津高考】

7. Jack won the first prize in the English speech _____.
   A. contest　　B. passage 【天津高考】

8. Tom politely _____ the invitation to the party.
   A. restrained　　B. declined 【天津高考】

9. He tried hard to _____ the jury of his innocence.
   A. convince　　B. preview 【天津高考】

10. She used to be shy, but now she is _____ becoming active in group work.
    A. biologically　　B. gradually 【湖北高考】

11. There's a very relaxed _____ in their office.
    A. atmosphere   B. blossom   【浙江高考】

12. Mistakes seem _____ because he is very careless.
    A. capable   B. unavoidable   【浙江高考】

13. Politics has been one of the _____ topics lately.
    A. gorgeous   B. sensitive   【浙江高考】

14. Lots of people _____ to this online music service.
    A. furnish   B. subscribe   【浙江高考】

15. She made no _____ to the reporter's question.
    A. response   B. effect   【浙江高考】

16. He made some positive _____ about her dress.
    A. comments   B. motions   【浙江高考】

17. Standing with your arms folded can mean that you
    are being _____.
    A. offensive   B. defensive   【浙江高考】

18. If you have any doubts about your health, you'd better
    _____ your doctor at once.
    A. slam   B. consult   【天津高考】

19. Please give me a _____ explanation for why and
    how this is happening.
    A. savage   B. reasonable   【湖北高考】

20. Even though the meeting place is near, he has to hurry
    a little if he wants to be _____.
    A. punctual   B. timid   【湖北高考】

TEST 11 詳解

1. **B** 在跑步時，這男孩失去平衡摔倒了。
   (A) prison² 〔'prɪzn̩〕 *n.* 監獄 (= *jail*)
   (B) ***balance***³ 〔'bæləns〕 *n.* 平衡 (= *steadiness*)

2. **A** 他給了自己一個新名字以隱藏身分。
   (A) ***identity***³ 〔aɪ'dɛntətɪ〕 *n.* 身分 (= *self*)
   (B) production⁴ 〔prə'dʌkʃən〕 *n.* 生產；製造 (= *making*)
   * hide² 〔haɪd〕 *v.* 隱藏 (= *cover*)

3. **B** 我不認為他說的事情和主題有關聯。
   (A) contagious⁵ 〔kən'tedʒəs〕 *adj.* 傳染性的 (= *infectious*)
   (B) ***relevant***⁶ 〔'rɛləvənt〕 *adj.* 有關聯的 < *to* > (= *related*)
   * topic² 〔'tɑpɪk〕 *n.* 主題 (= *subject* = *theme*)

4. **A** (A) ***faithful***⁴ 〔'feθfəl〕 *adj.* 忠實的 (= *loyal* = *devoted*)
   (B) infinite⁵ 〔'ɪnfənɪt〕 *adj.* 無限的 (= *limitless*)

5. **A** 警官示意駕駛人停車。
   (A) ***signal***³ 〔'sɪgn̩l〕 *v.* 發信號；示意 (= *gesture*)
   (B) deceive⁵ 〔dɪ'siv〕 *v.* 欺騙 (= *cheat* = *trick*)

6. **B** 談了很久之後，他們終於達成協議。
   (A) opinion² 〔ə'pɪnjən〕 *n.* 意見；看法 (= *view* = *idea*)
   (B) ***agreement***¹ 〔ə'grimənt〕 *n.* 協議 (= *deal*)
   * reach¹ 〔ritʃ〕 *v.* 達到；抵達　　***at last*** 最後；終於

7. **A** 傑克在英文演講比賽得到第一名。
   (A) ***contest***⁴ 〔'kɑntɛst〕 *n.* 比賽 (= *competition* = *match*)
   (B) passage³ 〔'pæsɪdʒ〕 *n.* 一段 (文章) (= *paragraph*)
   * prize² 〔praɪz〕 *n.* 獎；獎品

8. **B** 湯姆有禮貌地<u>拒絕</u>派對的邀請。

(A) restrain[5] 〔 rɪ'stren 〕 *v.* 克制 (= *inhibit*)

(B) ***decline***[6] 〔 dɪ'klaɪn 〕 *v.* 拒絕 (= *reject* = *turn down*)

* politely[2] 〔 pə'laɪtlɪ 〕 *adv.* 有禮貌地

invitation[2] 〔ˌɪnvə'teʃən 〕 *n.* 邀請

9. **A** 他努力嘗試<u>使</u>陪審團<u>相信</u>他是清白的。

(A) ***convince***[4] 〔 kən'vɪns 〕 *v.* 使相信 (= *persuade*)

(B) preview[5] 〔'priˌvju 〕 *v.* 預習;預告 (= *show in advance*)

* jury[5] 〔'dʒʊrɪ 〕 *n.* 陪審團　　innocence[4] 〔'ɪnəsn̩s 〕 *n.* 清白

10. **B** 她以前很害羞,但現在她在團體工作中<u>逐漸</u>變得很活躍。

(A) biologically[6] 〔ˌbaɪə'lɑdʒɪkl̩ɪ 〕 *adv.* 生物學上地

(B) ***gradually***[3] 〔'grædʒʊəlɪ 〕 *adv.* 逐漸地 (= *little by little*)

* shy[1] 〔 ʃaɪ 〕 *adj.* 害羞的 (= *timid* = *withdrawn*)

active[2] 〔'æktɪv 〕 *adj.* 主動的;活躍的

11. **A** 他們的辦公室裡的<u>氣氛</u>非常放鬆。

(A) ***atmosphere***[4] 〔'ætməsˌfɪr 〕 *n.* 氣氛;大氣層 (= *air*)

(B) blossom[4] 〔'blɑsəm 〕 *n.* 花 (= *flower*)

12. **B** 錯誤似乎是<u>無法避免的</u>,因為他非常粗心。

(A) capable[3] 〔'kepəbl̩ 〕 *adj.* 能幹的 (= *competent*)

(B) ***unavoidable***[2] 〔ˌʌnə'vɔɪdəbl̩ 〕 *adj.* 無法避免的
(= *inevitable* = *inescapable*)

* careless[1] 〔'kɛrlɪs 〕 *adj.* 粗心的;大意的

13. **B** 最近<u>敏感的</u>主題之一是政治。

(A) gorgeous[5] 〔'gɔrdʒəs 〕 *adj.* 非常漂亮的 (= *beautiful*)

(B) ***sensitive***[3] 〔'sɛnsətɪv 〕 *adj.* 敏感的 (= *touchy*)

* politics[2] 〔'pɑləˌtɪks 〕 *n.* 政治學;政治

lately[4] 〔'letlɪ 〕 *adv.* 最近 (= *recently*)

14. **B** (A) furnish[4] 〔ˋfɝnɪʃ 〕 *v.* 裝置家具 < *with* > (= *equip*)

　　(B) ***subscribe***[6] 〔 səbˋskraɪb 〕 *v.* 訂閱 < *to* > (= *sign up*)

　　* online 〔ˋɑnˏlaɪn 〕 *adj.* 網路上的　　service[1] 〔ˋsɝvɪs 〕 *n.* 服務

15. **A** 她對這位記者的問題沒有做出回應。

　　(A) ***response***[3] 〔 rɪˋspɑns 〕 *n.* 回應；回答 (= *reply*)

　　(B) effect[2] 〔 ɪˋfɛkt 〕 *n.* 影響 (= *influence*)；效果

　　* reporter[2] 〔 rɪˋportɚ 〕 *n.* 記者

16. **A** 關於她的服裝，他做了一些正面的評論。

　　(A) ***comment***[4] 〔ˋkɑmɛnt 〕 *n.* 評論 (= *remark*)

　　(B) motion[2] 〔ˋmoʃən 〕 *n.* 動作；移動 (= *movement*)

　　* positive[2] 〔ˋpɑzətɪv 〕 *adj.* 肯定的；樂觀的；正面的

17. **B** 兩臂交疊地站著可能意味著你在自我防禦。

　　(A) offensive[4] 〔 əˋfɛnsɪv 〕 *adj.* 無禮的 (= *rude*)；攻擊的

　　(B) ***defensive***[4] 〔 dɪˋfɛnsɪv 〕 *adj.* 防禦的 (= *self-protecting*)

　　* fold[3] 〔 fold 〕 *v.* 折疊；交疊

　　　with *one's* ***arms folded*** 兩臂交疊地

18. **B** 如果你對你的健康有任何懷疑，你最好立刻去請教醫生。

　　(A) slam[5] 〔 slæm 〕 *v.* 猛擊 (= *smash*)

　　(B) ***consult***[4] 〔 kənˋsʌlt 〕 *v.* 請教 (= *ask*)；查閱 (= *refer to*)

　　* doubt[2] 〔 daʊt 〕 *n. v.* 懷疑　　***at once*** 立刻 (= *immediately*)

19. **B** (A) savage[5] 〔ˋsævɪdʒ 〕 *adj.* 野蠻的 (= *brutal* = *barbarian*)

　　(B) ***reasonable***[3] 〔ˋriznəbḷ 〕 *adj.* 合理的 (= *logical* = *rational*)

　　* explanation[4] 〔ˏɛkspləˋneʃən 〕 *n.* 解釋

20. **A** 即使開會地點很近，如果他要準時就必須快一點。

　　(A) ***punctual***[6] 〔ˋpʌŋktʃʊəl 〕 *adj.* 準時的 (= *on time*)

　　(B) timid[4] 〔ˋtɪmɪd 〕 *adj.* 膽小的 (= *cowardly* = *faint-hearted*)

TEST 12

Choose the one most suitable for filling in the blank.

1. She gave us clear _____ and we did it easily.
   A. products　　B. directions　　【北京高考】

2. The country has made great _____ in conservation.
   A. achievements　　B. reservations　　【北京高考】

3. To catch the first _____, we got up very early.
   A. shelf　　B. flight　　【北京高考】

4. If selected for the job, you'll be _____ soon.
   A. shifted　　B. informed　　【北京高考】

5. I _____ believe that beauty comes from within.
   A. socially　　B. truly　　【北京高考】

6. He has serious stage _____.
   A. fright　　B. harvest　　【北京高考】

7. There's much we still don't know about the _____.
   A. universe　　B. height　　【安徽高考】

8. Come to China and experience a culture of _____.
   A. league　　B. diversity　　【安徽高考】

9. The ship in the _____ is safe.
   A. memory　　B. harbor　　【安徽高考】

10. Once the damage is done, it will take years for the farmland to _____.
    A. recover　　B. research　　【北京高考】

11. The arrogant man thinks himself _____ to others.
    A. superior　　B. inferior　　　　　【安徽高考】

12. Reading is one of the _____ skills we must have.
    A. fundamental　　B. poisonous　　　【安徽高考】

13. He gave his lawyer _____ to act for him.
    A. duration　　B. authority　　　　　【安徽高考】

14. They gave money to the old people's home _____.
    A. personally　　B. bitterly　　　　　【安徽高考】

15. He is determined to push _____ and keep on going.
    A. further　　B. similarly　　　　　　【安徽高考】

16. He didn't do it _____. It was an accident.
    A. formally　　B. deliberately　　　　【安徽高考】

17. The park was _____ with people who were enjoying the sunshine.
    A. hacked　　B. packed　　　　　　　【北京高考】

18. The building is regularly _____ by the fire-safety officer.
    A. insisted　　B. inspected　　　　　【湖北高考】

19. He has the _____ of being able to communicate with foreigners in English.
    A. advantage　　B. majority　　　　　【湖北高考】

20. _____ the differences between them is the worst mistake you've made.
    A. Ignoring　　B. Mastering　　　　　【安徽高考】

TEST 12 詳解

1. **B** 她給了我們明確的<u>指示</u>，所以我們很容易就做好了。

   (A) product³ ﹝'prɑdəkt﹞ *n.* 產品；產物 (= *creation* = *result*)

   (B) ***directions***² ﹝də'rɛkʃənz﹞ *n. pl.* 指示 (= *instructions*)

2. **A** 這國家在保育方面有很大的<u>成就</u>。

   (A) ***achievement***³ ﹝ə'tʃivmənt﹞ *n.* 成就 (= *accomplishment*)

   (B) reservation⁴ ﹝ˌrɛzə'veʃən﹞ *n.* 預訂 (= *booking*)

   * conservation⁶ ﹝ˌkɑnsə'veʃən﹞ *n.* 保育；保存

3. **B** 爲了趕上第一班<u>飛機</u>，我們很早起床。

   (A) shelf² ﹝ʃɛlf﹞ *n.* 架子　　(B) ***flight***² ﹝flaɪt﹞ *n.* 班機

4. **B** 如果這份工作你被錄取，你會很快收到<u>通知</u>。

   (A) shift⁴ ﹝ʃɪft﹞ *v.* 轉移 (= *transfer* = *move*)

   (B) ***inform***³ ﹝ɪn'fɔrm﹞ *v.* 通知 (= *notify*)

   * select² ﹝sə'lɛkt﹞ *v.* 挑選

5. **B** 我<u>眞心</u>相信美麗來自內在。

   (A) socially² ﹝'soʃəlɪ﹞ *adv.* 在社交方面；在社會上

   (B) ***truly***¹ ﹝'trulɪ﹞ *adv.* 眞正地 (= *honestly* = *sincerely*)

   * within² ﹝wɪð'ɪn﹞ *n.* 內部

6. **A** 他有嚴重的舞台<u>恐懼</u> (怯場)。

   (A) ***fright***² ﹝fraɪt﹞ *n.* 害怕；恐懼 (= *fear* = *terror*)

   (B) harvest³ ﹝'hɑrvɪst﹞ *n.* 收穫；收成 (= *reaping* = *crop*)

   * serious² ﹝'sɪrɪəs﹞ *adj.* 嚴重的　　stage² ﹝stedʒ﹞ *n.* 舞台

7. **A** 關於<u>宇宙</u>還有很多我們不知道的。

   (A) ***universe***³ ﹝'junəˌvɝs﹞ *n.* 宇宙 (= *cosmos*)

   (B) height² ﹝haɪt﹞ *n.* 身高 (= *tallness*)；高度 (= *altitude*)

8. **B** 來中國來體驗一下<u>多元</u>的文化。

(A) league[5] 〔 lig 〕 *n.* 聯盟 (= *association* = *union*)

(B) ***diversity***[6] 〔 də'vɝsətɪ , daɪ- 〕 *n.* 多樣性 (= *variety*)

* experience[2] 〔 ɪk'spɪrɪəns 〕 *v.* 體驗;經歷

culture[2] 〔'kʌltʃɚ 〕 *n.* 文化

9. **B** 在<u>港口</u>裡的這艘船很安全。

(A) memory[2] 〔'mɛmərɪ 〕 *n.* 記憶;回憶 (= *remembrance*)

(B) ***harbor***[3] 〔'hɑrbɚ 〕 *n.* 港口 (= *port*)

10. **A** 一<u>旦</u>損害造成,農地將花費數年的時間<u>恢復</u>。

(A) ***recover***[3] 〔 rɪ'kʌvɚ 〕 *v.* 恢復 (= *restore* = *get well*)

(B) research[3] 〔 rɪ'sɝtʃ , 'risɝtʃ 〕 *v., v.* 研究 (= *study*)

* damage[2] 〔'dæmɪdʒ 〕 *n.* 損害

farmland 〔'fɑrm,lænd 〕 *n.* 農地;耕地

11. **A** 這自大的男士覺得他自己比其他人<u>更優秀</u>。

(A) ***superior***[3] 〔 sə'pɪrɪɚ 〕 *adj.* 較優秀的 < *to* > (= *better than*)

(B) inferior[4] 〔 ɪn'fɪrɪɚ 〕 *adj.* 較差的 < *to* > (= *worse than*)

* arrogant[6] 〔'ærəgənt 〕 *adj.* 自大的 (= *conceited* = *proud*)

12. **A** (A) ***fundamental***[4] 〔,fʌndə'mɛntl̩ 〕 *adj.* 基本的 (= *basic*)

(B) poisonous[4] 〔'pɔɪznəs 〕 *adj.* 有毒的 (= *toxic*)

* skill[1] 〔 skɪl 〕 *n.* 技巧

13. **B** 他授<u>權</u>給他的律師代理他。

(A) duration[5] 〔 djʊ'reʃən 〕 *n.* 期間;持續時間 (= *period*)

(B) ***authority***[4] 〔 ə'θɔrətɪ 〕 *n.* 權威;權限 (= *right* = *power*)

* lawyer[2] 〔'lɔjɚ 〕 *n.* 律師　　***act for*** 代理;代行職務

14. **A** 他們<u>親自</u>把錢捐給老人之家。

(A) ***personally***[2] 〔'pɝsn̩lɪ 〕 *adv.* 親自;當面 (= *in person*)

(B) bitterly[2] 〔'bɪtɚlɪ 〕 *adv.* 猛烈地;嚴酷地 (= *severely*)

15. **A** 他決定<u>再</u>向前<u>推進</u>並繼續前進。

(A) **further**[2]〔ˋfɝðɚ〕*adv.* 更進一步地；更遠地（＝*farther*）

(B) similarly[2]〔ˋsɪmələlɪ〕*adv.* 相似地（＝*alike*＝*likewise*）

* determine[3]〔dɪˋtɝmɪn〕*v.* 決定；決心

16. **B** (A) formally[2]〔ˋfɔrmḷɪ〕*adv.* 正式地（＝*officially*）

(B) **deliberately**[6]〔dɪˋlɪbərɪtlɪ〕*adv.* 故意地（＝*on purpose*
＝*intentionally*＝*purposely*）

* accident[3]〔ˋæksədənt〕*n.* 意外

17. **B** 公園裡<u>擠滿</u>了享受陽光的人。

(A) hack[6]〔hæk〕*v.* 猛砍（＝*chop*＝*slash*）；侵入電腦

(B) **packed**[2]〔pækt〕*adj.* 擠滿…的＜*with*＞（＝*crowded*）

* sunshine〔ˋsʌnˌʃaɪn〕*n.* 陽光；日光

18. **B** 這棟建築物由消防安全官定期地<u>檢查</u>。

(A) insist[2]〔ɪnˋsɪst〕*v.* 堅持（＝*persist*＝*maintain*）

(B) **inspect**[3]〔ɪnˋspɛkt〕*v.* 檢查（＝*check*＝*examine*）

* regularly[2]〔ˋrɛgjələlɪ〕*adv.* 規律地；定期地

fire-safety *adj.* 消防安全的　　officer[1]〔ˋɔfəsɚ〕*n.* 官員

19. **A** 他的<u>優勢</u>是可以用英語和外國人溝通。

(A) **advantage**[3]〔ədˋvæntɪdʒ〕*n.* 優點；優勢（＝*plus*）

(B) majority[3]〔məˋdʒɔrətɪ〕*n.* 大多數（＝*greater part*）

* communicate[3]〔kəˋmjunəˌket〕*v.* 溝通

foreigner[2]〔ˋfɔrɪnɚ〕*n.* 外國人

20. **A** <u>忽視</u>他們之間的不同，是你所犯的最嚴重的錯誤。

(A) **ignore**[2]〔ɪgˋnor〕*v.* 忽視（＝*neglect*＝*overlook*
＝*disregard*＝*pay no attention to*）

(B) master[1]〔ˋmæstɚ〕*v.* 精通；熟練（＝*become skilled in*
＝*conquer*＝*overcome*）

TEST 13

Choose the one most suitable for filling in the blank.

1. The boss agreed to her _____ to leave early.
   A. bundle　　B. request　　　　　【江蘇高考】

2. Much to our _____, the plan had to be given up.
   A. regret　　B. estate　　　　　【江蘇高考】

3. The police conducted a _____ review of the case.
   A. comprehensive　　B. legislative　【江蘇高考】

4. Parents play a _____ role in a child's life.
   A. prejudiced　　B. crucial　　　【江蘇高考】

5. I can't think of a solution to the _____ problem.
   A. complicated　　B. dynamic　　【江蘇高考】

6. A beginner will find the guide very _____.
   A. handy　　B. rapid　　　　　【山東高考】

7. I bought a dress at a sale; it was a real _____.
   A. bargain　　B. density　　　　【山東高考】

8. This place is full. There are no _____ seats.
   A. rotten　　B. vacant　　　　　【山東高考】

9. They are planning to develop their export _____.
   A. series　　B. trade　　　　　【山東高考】

10. Sometimes a single sentence can change the meaning of a _____.
    A. paragraph　　B. topic　　　　【浙江高考】

11. He is tall enough to _____ the top of the shelf.
    A. reach   B. dip   【寧夏高考】

12. These two dresses are _____ different in color.
    A. doubtfully   B. slightly   【寧夏高考】

13. We went to a(n) _____ on modern arts.
    A. entrance   B. lecture   【江蘇高考】

14. Taipei 101 is a major _____ attraction in Taipei.
    A. executive   B. tourist   【江蘇高考】

15. They are _____ to not talking at meals.
    A. accustomed   B. confined   【江蘇高考】

16. I enjoy _____ in bookstores.
    A. browsing   B. flashing   【高考全國卷】

17. Little Johnny felt the bag, _____ to know what was inside.
    A. horrible   B. curious   【高考全國卷】

18. If the _____ plan succeeds, the sales will increase by at least 20%.
    A. rumor   B. marketing   【高考全國卷】

19. Time is running out. I'm afraid you will miss the
    _____.
    A. royalty   B. deadline   【江蘇高考】

20. His unwillingness to cooperate has become a _____ block to the plan.
    A. stumbling   B. stepping   【寧夏高考】

TEST 13 詳解

1. **B** (A) bundle[2] ﹝'bʌndḷ﹞ *n.* 一大堆 (= *heap*)

   (B) ***request***[3] ﹝rɪ'kwɛst﹞ *n.* 要求 (= *appeal = wish*)

   * agree[1] ﹝ə'gri﹞ *v.* 同意 (= *consent = say yes*)

2. **A** 令我們非常<u>遺憾</u>的是,這個計畫必須放棄。

   (A) ***regret***[3] ﹝rɪ'grɛt﹞ *n.* 後悔;遺憾 (= *remorse*)

   (B) estate[5] ﹝ə'stet﹞ *n.* 財產;地產 (= *property = land*)

   * ***much to sb.'s regret*** 令某人非常遺憾的是

3. **A** 警察對這個案件進行<u>全面的</u>調查。

   (A) ***comprehensive***[6] ﹝ˌkɑmprɪ'hɛnsɪv﹞ *adj.* 全面的
     (= *all-inclusive = wide-ranging*)

   (B) legislative[6] ﹝'lɛdʒɪsˌletɪv﹞ *adj.* 立法的 (= *lawmaking*)

   * conduct[5] ﹝kən'dʌkt﹞ *v.* 進行;做 (= *carry out*)
     review[2] ﹝rɪ'vju﹞ *n.* 再調查 (= *reexamination*)

4. **B** 父母親在兒童的生命中扮演一個<u>非常重要</u>的角色。

   (A) prejudiced[6] ﹝'prɛdʒədɪst﹞ *adj.* 有偏見的 (= *biased*)

   (B) ***crucial***[6] ﹝'kruʃəl﹞ *adj.* 非常重要的 (= *vital = essential*)

   * role[1] ﹝rol﹞ *n.* 角色 (= *part*)

5. **A** (A) ***complicated***[4] ﹝'kɑmpləˌketɪd﹞ *adj.* 複雜的 (= *complex*)

   (B) dynamic[4] ﹝daɪ'næmɪk﹞ *adj.* 充滿活力的 (= *energetic*)

   * solution[2] ﹝sə'luʃən﹞ *n.* 解決之道

6. **A** 初學者會發現這手冊很<u>好用</u>。

   (A) ***handy***[3] ﹝'hændɪ﹞ *adj.* 便利的 (= *convenient*);
     合用的 (= *useful = helpful*)

   (B) rapid[2] ﹝'ræpɪd﹞ *adj.* 迅速的 (= *quick*)

   * beginner[2] ﹝bɪ'gɪnɚ﹞ *n.* 初學者   guide[1] ﹝gaɪd﹞ *n.* 手冊

7. **A** 我在拍賣時買了一件洋裝，真是划算。

　　(A) ***bargain***[4] 〔'bɑrgɪn 〕*n.* 特價品；划算的交易 (= *good buy*)

　　(B) density[6] 〔'dɛnsətɪ 〕*n.* 密度 (= *thickness*)

8. **B** (A) rotten[3] 〔'rɑtn̩ 〕*adj.* 腐爛的 (= *decayed*)；差勁的；
　　　　很爛的 (= *awful* = *terrible*)

　　(B) ***vacant***[3] 〔'vekənt 〕*adj.* 空的 (= *empty*)

　　* full[1] 〔 fʊl 〕*adj.* 充滿的　　seat[1] 〔 sit 〕*n.* 座位

9. **B** 他們計畫發展他們的出口貿易。

　　(A) series[5] 〔'sɪrɪz 〕*n.* 系列；一連串 (= *sequence* = *chain*)

　　(B) ***trade***[2] 〔 tred 〕*n.* 貿易 (= *commerce* = *business*)

　　* develop[2] 〔 dɪ'vɛləp 〕*v.* 發展　　export[3] 〔'ɛksport 〕*n.* 出口

10. **A** 有時單一個句子可以改變整個段落的意義。

　　(A) ***paragraph***[4] 〔'pærə͵græf 〕*n.* 段落

　　(B) topic[2] 〔'tɑpɪk 〕*n.* 主題 (= *subject* = *theme*)

　　* single[2] 〔'sɪŋgl̩ 〕*adj.* 單一的　　meaning[2] 〔'minɪŋ 〕*n.* 意義

11. **A** 他夠高可以伸手碰到架子的頂端。

　　(A) ***reach***[1] 〔 ritʃ 〕*v.* 伸手碰到；接觸到 (= *touch*)

　　(B) dip[3] 〔 dɪp 〕*v.* 沾；浸 (= *immerse*)

　　* top[1] 〔 tɑp 〕*n.* 頂端　　shelf[2] 〔 ʃɛlf 〕*n.* 架子

12. **B** 這兩件洋裝在顏色上稍微不同。

　　(A) doubtfully[3] 〔'daʊtfəlɪ 〕*adv.* 懷疑地 (= *uncertainly*)

　　(B) ***slightly***[4] 〔'slaɪtlɪ 〕*adv.* 稍微 (= *somewhat* = *a bit*)

13. **B** 我們要去聽一場現代藝術的演講。

　　(A) entrance[2] 〔'ɛntrəns 〕*n.* 入口；入學 (= *admission*)

　　(B) ***lecture***[4] 〔'lɛktʃɚ 〕*n.* 演講 (= *speech* = *address*)

　　* modern[2] 〔'mɑdɚn 〕*adj.* 現代的　　art[1] 〔 ɑrt 〕*n.* 藝術

14. **B** 台北 101 是台北市主要的<u>觀光景點</u>之一。

(A) executive[5] 〔 ɪgˈzɛkjutɪv 〕 *adj.* 行政的（ = *administrative* ）

(B) ***tourist***[3] 〔ˈturɪst 〕 *adj.* 觀光的；旅遊的（ = *sightseeing* ）

* major[3] 〔ˈmedʒɚ 〕 *adj.* 主要的；重要的（ = *main* = *chief* ）

attraction[4] 〔 əˈtrækʃən 〕 *n.* 吸引力；有吸引力之物

15. **A** 他們<u>習慣</u>用餐時不講話。

(A) ***accustomed***[5] 〔 əˈkʌstəmd 〕 *adj.* 習慣於 < *to* >（ = *used* ）

(B) confined[4] 〔 kənˈfaɪnd 〕 *adj.* 受限制的 < *to* >（ = *limited* ）

16. **A** (A) ***browse***[5] 〔 brauz 〕 *n.* 瀏覽（ = *look through* = *glance* ）

(B) flash[2] 〔 flæʃ 〕 *v.*, *n.* 閃光；閃耀（ = *sparkle* = *twinkle* ）

17. **B** 小強尼摸摸這個袋子，<u>好奇</u>想知道裡面是什麼。

(A) horrible[3] 〔ˈhɑrəbḷ 〕 *adj.* 可怕的（ = *terrible* ）

(B) ***curious***[2] 〔ˈkjurɪəs 〕 *adj.* 好奇的（ = *inquiring* ）

18. **B** (A) rumor[3] 〔ˈrumɚ 〕 *n.* 謠言（ = *hearsay* ）

(B) ***marketing***[1] 〔ˈmɑrkɪtɪŋ 〕 *n.* 行銷（ = *promotion* ）

* sales[1] 〔 selz 〕 *n.* 銷售額　　increase[2] 〔 ɪnˈkris 〕 *v.* 增加

19. **B** 快要沒有時間了。我怕你會錯過<u>最後期限</u>。

(A) royalty[6] 〔ˈrɔɪəltɪ 〕 *n.* 王位；皇室（ = *royal family* ）

(B) ***deadline***[4] 〔ˈdɛd,laɪn 〕 *n.* 最後期限（ = *time limit* ）

* ***run out*** 用完；耗盡　　miss[1] 〔 mɪs 〕 *v.* 錯過

20. **A** 他的不願意合作已經成為這個計畫的<u>絆腳石</u>。

(A) ***stumble***[5] 〔ˈstʌmbḷ 〕 *v.* 絆倒（ = *trip* ）

stumbling block 絆腳石；障礙（物）

(B) step[1] 〔 stɛp 〕 *v.* 走；踏出（ = *walk* ）　　*n.* 一步；步驟

stepping stone 踏腳石；墊腳石；手段

* unwillingness[2] 〔 ʌnˈwɪlɪŋnɪs 〕 *n.* 不情願；勉強

cooperate[4] 〔 koˈɑpə,ret 〕 *v.* 合作

TEST 14

Choose the one most suitable for filling in the blank.

1. There are many _____ about why humans cry tears.
   A. theories   B. swords   【浙江高考】

2. Let our differences unite, rather than _____ us.
   A. divide   B. reject   【浙江高考】

3. His course schedule _____ his interests.
   A. reflected   B. spoiled   【浙江高考】

4. The accident caused _____ damage to his eyes.
   A. permanent   B. universal   【浙江高考】

5. Helen is a shy and _____ girl.
   A. reserved   B. existent   【浙江高考】

6. The study about air pollution was _____ in 2018.
   A. converted   B. conducted   【浙江高考】

7. I _____ several books online a few days ago.
   A. fancied   B. ordered   【北京高考】

8. He planned to go back to school to get another _____.
   A. degree   B. fate   【天津高考】

9. The _____ age of the population has increased.
   A. preferable   B. average   【天津高考】

10. A sudden stop can be very dangerous, _____ if you
    are traveling at high speed.
    A. merely   B. especially   【浙江高考】

11. I sent Pat a gift to _____ him on his marriage.
    A. congratulate　　B. skip　　　　　【天津高考】

12. Learning to think _____ is an important skill today.
    A. manually　　B. critically　　　【天津高考】

13. My son got a full _____ to his dream university!
    A. script　　B. scholarship　　　【天津高考】

14. Several players gave excellent _____ in this game.
    A. performances　　B. humanities　　【天津高考】

15. Amy received a warm _____ when she came here.
    A. reception　　B. hunch　　　　　【天津高考】

16. The child can say _____ words, not full sentences.
    A. irritable　　B. individual　　　【天津高考】

17. Tom is so _____ that he never asks his parents'
    opinion.
    A. independent　　B. moody　　　　【天津高考】

18. The students _____ in after-school activities are
    happy.
    A. including　　B. engaged　　　　【天津高考】

19. Pay your bills on time, or late payments may affect
    your _____.
    A. condition　　B. credit　　　　　【浙江高考】

20. You need to back up your statements with _____
    examples.
    A. specific　　B. abstract　　　　【浙江高考】

TEST 14 詳解

1. **A** 關於人為何哭出眼淚有很多種理論。
   (A) ***theory***[3] 〔ˈθiərɪ〕 *n.* 理論 (= *assumption* = *hypothesis*)
   (B) sword[3] 〔sord〕 *n.* 劍
   * human[1] 〔ˈhjumən〕 *n.* 人 (= *human being*)

2. **A** 讓我們的差異將我們結合在一起，而非將我們分開。
   (A) ***divide***[2] 〔dəˈvaɪd〕 *v.* 分開 (= *separate* = *split*)
   (B) reject[2] 〔rɪˈdʒɛkt〕 *v.* 拒絕 (= *refuse*)
   * unite[1] 〔juˈnaɪt〕 *v.* 結合 (= *combine*)　　***rather than*** 而非

3. **A** 他的課表反映出他的興趣。
   (A) ***reflect***[3] 〔rɪˈflɛkt〕 *v.* 反映 (= *show* = *express* = *display*)
   (B) spoil[3] 〔spɔɪl〕 *v.* 破壞 (= *ruin*)；腐壞 (= *decay*)
   * course[1] 〔kors〕 *n.* 課程　　schedule[3] 〔ˈskɛdʒul〕 *n.* 時間表

4. **A** 這場意外對他的眼睛造成了永久性的損害。
   (A) ***permanent***[4] 〔ˈpɝmənənt〕 *adj.* 永久的
   　　(= *long-lasting* = *enduring* = *eternal*)
   (B) universal[4] 〔junəˈvɝsḷ〕 *adj.* 普遍的 (= *widespread*)
   * damage[2] 〔ˈdæmɪdʒ〕 *n.* 損害

5. **A** 海倫是一個害羞、拘謹的女孩。
   (A) ***reserved***[3] 〔rɪˈzɝvd〕 *adj.* 保留的 (= *booked*)；拘謹的
   　　(= *restrained* = *controlled* = *shy*)
   (B) existent[3] 〔ɪgˈzɪstənt〕 *adj.* 存在的 (= *existing* = *present*)

6. **B** 這個關於空氣污染的研究是在 2018 年做的。
   (A) convert[5] 〔kənˈvɝt〕 *v.* 改變 (= *change*)
   (B) ***conduct***[5] 〔kənˈdʌkt〕 *v.* 進行；做 (= *carry out* = *do*)

7. **B** 我幾天前在網路上<u>訂購</u>了幾本書。
 (A) fancy³〔'fænsɪ〕v. 想像；幻想（ = *imagine* ）
 (B) ***order***¹〔'ɔrdɚ〕v., n. 訂購；點餐；命令

8. **A** 他計畫回學校再拿一個<u>學位</u>。
 (A) ***degree***²〔dɪ'gri〕n. 程度（ = *extent* ）；學位
 (B) fate³〔fet〕n. 命運（ = *destiny* = *fortune* ）

9. **B** 人口的<u>平均</u>年齡已經增加了。
 (A) preferable⁴〔'prɛfərəbḷ〕adj. 較好的（ = *better* ）
 (B) ***average***³〔'ævərɪdʒ〕adj. 平均的；一般的（ = *ordinary* ）

10. **B** 突然停止可能會非常危險，<u>特別是</u>如果你在高速前進的時候。
 (A) merely⁴〔'mɪrlɪ〕adv. 單單；僅僅（ = *only* = *simply* ）
 (B) ***especially***²〔ə'spɛʃəlɪ〕adv. 尤其；特別是（ = *particularly* ）
 * sudden²〔'sʌdṇ〕adj. 突然的　　travel²〔'trævḷ〕v. 行進
 at high speed 以高速

11. **A** 我寄給派特一個禮物，<u>祝賀</u>他結婚。
 (A) ***congratulate***⁴〔kən'grætʃə͵let〕v. 恭喜；祝賀（ = *applaud* ）
 (B) skip³〔skɪp〕v. 跳躍（ = *jump* ）；跳過（ = *miss* = *avoid* ）
 * marriage²〔'mærɪdʒ〕n. 結婚；婚姻

12. **B** 學習<u>批判性</u>思考在今日是很重要的技巧。
 (A) manually⁴〔'mænjuəlɪ〕adv. 手工地
 (B) ***critically***⁴〔'krɪtɪkḷɪ〕adv. 批判地（ = *analytically*
 = *judgmentally* ）；危急地（ = *seriously* = *gravely* ）
 * skill¹〔skɪl〕n. 技巧

13. **B** 我兒子得到他夢想中的大學的全額<u>獎學金</u>了！
 (A) script⁶〔skrɪpt〕n. 原稿；劇本
 (B) ***scholarship***³〔'skɑlɚ͵ʃɪp〕n. 獎學金

14. **A** 有幾位選手在這場比賽中<u>表現</u>優異。

　　(A) **performance**[3] 〔pɚˈfɔrməns〕*n.* 表演；表現

　　(B) humanity[4] 〔hjuˈmænətɪ〕*n.* 人類（= *humankind*）；人性

15. **A** 愛咪到達這裡時，受到熱烈的<u>歡迎</u>。

　　(A) **reception**[4] 〔rɪˈsɛpʃən〕*n.* 歡迎（會）；接待（= *welcome*）

　　(B) hunch[6] 〔hʌntʃ〕*n.* 直覺；預感（= *intuition* = *feeling*）

16. **B** 這個小孩會說<u>個別</u>的單字，而不是完整的句子。

　　(A) irritable[6] 〔ˈɪrətəbḷ〕*adj.* 易怒的（= *bad-tempered*）

　　(B) **individual**[3] 〔ˌɪndəˈvɪdʒʊəl〕*adj.* 個別的（= *separate*）

17. **A** 湯姆非常<u>獨立</u>，他從不徵求父母的意見。

　　(A) **independent**[2] 〔ˌɪndɪˈpɛndənt〕*adj.* 獨立的
　　　　（= *self-reliant* = *self-supporting*）

　　(B) moody[3] 〔ˈmudɪ〕*adj.* 心情不穩定的；鬱悶的（= *gloomy*）

　　* opinion[2] 〔əˈpɪnjən〕*n.* 意見（= *view*）

18. **B** <u>參加</u>課後活動的學生們很高興。

　　(A) including[4] 〔ɪnˈkludɪŋ〕*prep.* 包括

　　(B) **engaged**[3] 〔ɪnˈgedʒd〕*adj.* 從事的；參加的
　　　　（= *involved*）< in >

19. **B** 你要準時繳付帳單，否則延遲付款可能會影響你的<u>信用</u>。

　　(A) condition[3] 〔kənˈdɪʃən〕*n.* 情況；條件（= *state*）

　　(B) **credit**[3] 〔ˈkrɛdɪt〕*n.* 信用

　　* payment[1] 〔ˈpemənt〕*n.* 付款　　affect[3] 〔əˈfɛkt〕*v.* 影響

20. **A** 你必須用<u>明確的</u>例子來支持你的論述。

　　(A) **specific**[3] 〔spɪˈsɪfɪk〕*adj.* 明確的（= *definite* = *explicit*）

　　(B) abstract[4] 〔ˈæbstrækt〕*adj.* 抽象的

　　* **back up** 支持　　statement[1] 〔ˈstetmənt〕*n.* 敘述；論述

TEST 15

Choose the one most suitable for filling in the blank.

1. The doctor gave his patients medical _____.
   A. bureau   B. assistance   【江蘇高考】

2. He _____ the seatbelt as soon as he got in the car.
   A. fastened   B. grazed   【天津高考】

3. The manager _____ that we hire an assistant.
   A. proposed   B. labeled   【天津高考】

4. Mary kept _____ during the entire discussion.
   A. foggy   B. silent   【天津高考】

5. A dog's eating habits require _____ training.
   A. proper   B. temporary   【天津高考】

6. Gyms offer people _____ options for exercise.
   A. visible   B. flexible   【江蘇高考】

7. I'm going to take the chance to _____ the castle.
   A. explore   B. menace   【天津高考】

8. Tom is _____. Whenever you need him, he's there.
   A. reliant   B. reliable   【浙江高考】

9. The old man living alone feels _____ from the world.
   A. isolated   B. cautious   【浙江高考】

10. Nowadays the _____ when travelling is food and scenery.
    A. priority   B. potential   【江蘇高考】

11. More efforts will be needed to _____ the reforms.

    A. accelerate   B. abbreviate   【江蘇高考】

12. He headed for the region to _____ his dream.

    A. pose   B. chase   【江蘇高考】

13. He is determined; he does not _____ easily.

    A. wrestle   B. compromise   【江蘇高考】

14. I can accept constructive advice for a _____ cause.

    A. worth   B. worthy   【江蘇高考】

15. His answer was too _____ for me to understand.

    A. obscure   B. portable   【江蘇高考】

16. Children are _____ to be brave and take risks.

    A. urged   B. smashed   【江蘇高考】

17. Many people now enjoy the convenience of _____ payments.

    A. digital   B. diplomatic   【江蘇高考】

18. Artificial intelligence has a significant _____ on our lives.

    A. formation   B. impact   【天津高考】

19. The movie starts at 8:30. Before that, we can have a quick _____.

    A. blink   B. bite   【浙江高考】

20. It is natural that you feel _____ when you first leave home.

    A. continuous   B. anxious   【江蘇高考】

TEST 15　詳解

1. **B** (A) bureau⁵ 〔'bjʊro 〕 n. 局

(B) ***assistance***⁴ 〔 ə'sɪstəns 〕 n. 協助；幫助 (= *help* = *aid*)

* patient² 〔'peʃənt 〕 n. 病人　　medical³ 〔'mɛdɪkļ 〕 adj. 醫療的

2. **A** 他一上車就<u>繫上</u>安全帶。

(A) ***fasten***³ 〔'fæsņ 〕 v. 繫上；繫緊 (= *tie* = *clasp* = *secure*)

(B) graze⁵ 〔 grez 〕 v. 吃草 (= *eat grass*)

3. **A** 經理<u>提議</u>我們應該雇用一位助理。

(A) ***propose***² 〔 prə'poz 〕 v. 提議 (= *suggest* = *advise*)

(B) label³ 〔'lebļ 〕 v. 貼標籤；稱爲；看作

* manager³ 〔'mænɪdʒ➤ 〕 n. 經理　　hire² 〔 haɪr 〕 v. 雇用

assistant² 〔 ə'sɪstənt 〕 n. 助理

4. **B** (A) foggy² 〔'fɑgɪ 〕 adj. 多霧的 (= *misty*)

(B) ***silent***² 〔'saɪlənt 〕 adj. 沈默的 (= *quiet* = *hushed*)

* entire² 〔 ɪn'taɪr 〕 adj. 整個的 (= *whole*)

discussion² 〔 dɪ'skʌʃən 〕 n. 討論

5. **A** 小狗的飲食習慣需要<u>適當的</u>訓練。

(A) ***proper***³ 〔'prɑpɚ 〕 adj. 適當的 (= *suitable* = *appropriate*)

(B) temporary³ 〔'tɛmpə,rɛrɪ 〕 adj. 短暫的 (= *short-lived*)

* require² 〔 rɪ'kwaɪr 〕 v. 需要 (= *need*)

6. **B** 健身房提供人們運動方面<u>有彈性的</u>選擇。

(A) visible³ 〔'vɪzəbļ 〕 adj. 看得見的 (= *noticeable*)

(B) ***flexible***⁴ 〔'flɛksəbļ 〕 adj. 有彈性的；靈活的

(= *adaptable* = *variable* = *open*)

* gym³ 〔 dʒɪm 〕 n. 健身房　　option⁶ 〔'ɑpʃən 〕 n. 選擇 (= *choice*)

7. **A** (A) ***explore***[4] 〔 ɪk'splor 〕 v. 探險;探索 (= *travel* = *discover*)

(B) menace[5] 〔'mɛnɪs 〕 v., n. 威脅 (= *threaten* v. ; *threat* n.)

* castle[2] 〔'kæsl̩ 〕 n. 城堡

8. **B** 湯姆很<u>可靠</u>。每當你需要他的時候,他都在。

(A) reliant[2] 〔 rɪ'laɪənt 〕 adj. 依賴的 (= *dependent*)

(B) ***reliable***[3] 〔 rɪ'laɪəbl̩ 〕 adj. 可靠的

(= *dependable* = *trustworthy*)

9. **A** 這位獨居老人覺得被世界<u>孤立</u>了。

(A) ***isolated***[4] 〔'aɪsl̩,etɪd 〕 adj. 孤立的 (= *secluded* = *lonely*)

(B) cautious[5] 〔'kɔʃəs 〕 adj. 小心的;謹慎的 (= *careful*)

10. **A** 現今旅遊時,<u>優先考慮</u>的是食物和風景。

(A) ***priority***[5] 〔 praɪ'ɔrətɪ 〕 n. 優先;優先的事物

(= *precedence* = *importance*)

(B) potential[5] 〔 pə'tɛnʃəl 〕 n. 潛力;可能性 (= *possibility*)

* scenery[4] 〔'sinərɪ 〕 n. 風景 (= *landscape*)

11. **A** 要<u>加速</u>改革還需要更多努力。

(A) ***accelerate***[6] 〔 æk'sɛlə,ret 〕 v. 加速 (= *speed up*)

(B) abbreviate[6] 〔 ə'brivɪ,et 〕 v. 縮寫;縮短 (= *shorten*)

* effort[2] 〔'ɛfət 〕 n. 努力   reform[4] 〔 rɪ'fɔrm 〕 n. 改革

12. **B** (A) pose[2] 〔 poz 〕 v. 擺姿勢   n. 姿勢 (= *posture*)

(B) ***chase***[1] 〔 tʃes 〕 v. 追求 (= *pursue* = *go after*)

* ***head for*** 前往   region[2] 〔'ridʒən 〕 n. 地區

13. **B** (A) wrestle[6] 〔'rɛsl̩ 〕 v. 摔角;扭打

(B) ***compromise***[5] 〔'kɑmprə,maɪz 〕 v. 妥協;讓步;和解

(= *concede* = *give in* = *make concessions*)

* determined[3] 〔 dɪ't͜ɜmɪnd 〕 adj. 堅決的

14. **B** 爲了<u>有價值的</u>目標，我可以接受有建設性的建議。

(A) worth[2] 〔 wɝθ 〕 adj. 值得的【不能放名詞前】

(B) ***worthy***[5] 〔ˈwɝðɪ 〕 adj. 值得的；有價值的
　　(= *valuable* = *worthwhile* = *praiseworthy*)

* accept[2] 〔 ækˈsɛpt 〕 v. 接受
constructive[4] 〔 kənˈstrʌktɪv 〕 adj. 有建設性的
advice[3] 〔 ədˈvaɪs 〕 n. 勸告；建議　　cause[1] 〔 kɔz 〕 n. 目標

15. **A** 他的回答太<u>模糊</u>了，我無法了解。

(A) ***obscure***[6] 〔 əbˈskjʊr 〕 adj. 模糊的 (= *vague* = *unclear*)

(B) portable[4] 〔ˈportəbl̩ 〕 adj. 手提的；可攜帶的

16. **A** (A) ***urge***[4] 〔 ɝdʒ 〕 v. 力勸；敦促 (= *advise* = *encourage*)

(B) smash[3] 〔 smæʃ 〕 v. 粉碎 (= *shatter*)

* brave[1] 〔 brev 〕 adj. 勇敢的　　***take risks*** 冒險

17. **A** 許多人現在都享受到<u>數位</u>支付的便利。

(A) ***digital***[4] 〔ˈdɪdʒɪtl̩ 〕 adj. 數位的

(B) diplomatic[6] 〔ˌdɪpləˈmætɪk 〕 adj. 外交的

18. **B** 人工智慧對我們的生活有重大的<u>影響</u>。

(A) formation[4] 〔 fɔrˈmeʃən 〕 n. 形成

(B) ***impact***[4] 〔ˈɪmpækt 〕 n. 影響 (= *effect* = *influence*)

* artificial[4] 〔ˌɑrtəˈfɪʃəl 〕 adj. 人工的
intelligence[4] 〔 ɪnˈtɛlədʒəns 〕 n. 智慧
significant[3] 〔 sɪgˈnɪfəkənt 〕 adj. 重大的

19. **B** 電影八點半開始。在那之前，我們還可以快速吃點<u>東西</u>。

(A) blink[4] 〔 blɪŋk 〕 n. 眨眼睛 (= *wink*)

(B) ***bite***[1] 〔 baɪt 〕 n. 咬；一點食物 (= *light meal*)

20. **B** (A) continous[4] 〔 kənˈtɪnjuəs 〕 adj. 連續的 (= *constant*)

(B) ***anxious***[4] 〔ˈæŋkʃəs 〕 adj. 焦慮的 (= *nervous* = *worried*)

TEST 16

Choose the one most suitable for filling in the blank.

1. Do you believe there is life on other _____?
   A. fertilizers　　B. planets　　　　　【天津高考】

2. It takes time to _____ the skills a good dancer needs.
   A. acquire　　B. hurl　　　　　【天津高考】

3. The champion will be awarded the gold _____.
   A. medal　　B. metal　　　　　【天津高考】

4. He took the book without the owner's _____.
   A. pillar　　B. permission　　　　　【江蘇高考】

5. Children shouldn't have _____ to improper films.
   A. access　　B. loyalty　　　　　【江蘇高考】

6. Do you know who _____ the secret?
   A. disclosed　　B. donated　　　　　【江蘇高考】

7. Without enough sleep, you may not stay _____.
   A. elementary　　B. focused　　　　　【江蘇高考】

8. You should try to figure out what _____ happened.
   A. actually　　B. intensely　　　　　【江蘇高考】

9. With her teacher's support, she _____ her difficulty.
   A. overcame　　B. misled　　　　　【江蘇高考】

10. Around 13,500 new jobs were created, _____ the expected number of 12,000.
    A. overlooking　　B. exceeding　　　　　【江蘇高考】

11. The brand has enjoyed a good _____ for centuries.
    A. layout　　B. reputation　　【江蘇高考】

12. This book has been widely _____ and highly praised.
    A. monitored　　B. reviewed　　【江蘇高考】

13. The _____ of the book made him famous overnight.
    A. publication　　B. worship　　【江蘇高考】

14. These exercises are for _____ your lower back.
    A. withering　　B. strengthening　　【江蘇高考】

15. She enjoys high _____ as a leading designer.
    A. status　　B. postage　　【江蘇高考】

16. The smartphone has defeated _____ PCs in sales.
    A. confidential　　B. conventional　　【江蘇高考】

17. The purpose of the food program is to _____ worldwide starvation.
    A. retrieve　　B. relieve　　【江蘇高考】

18. A quick reflection at the end of year will help _____ your year ahead.
    A. sharpen　　B. shape　　【江蘇高考】

19. He wasn't qualified for the position because of his academic _____.
    A. drawback　　B. background　　【江蘇高考】

20. What do you think the real causes for the _____ of the dinosaurs were?
    A. disappearance　　B. category　　【江蘇高考】

TEST 16 詳解

1. **B** 你相信在其他行星上有生命嗎？
    (A) fertilizer[5] 〔'fɝtl̩‚aɪzɚ〕 *n.* 肥料
    (B) *planet*[2] 〔'plænɪt〕 *n.* 行星

2. **A** 要學會好的舞者所需的技巧需要時間。
    (A) *acquire*[4] 〔ə'kwaɪr〕 *v.* 獲得；學會 (= *obtain* = *learn*)
    (B) hurl[5] 〔hɝl〕 *v.* 用力投擲 (= *fling* = *throw*)

3. **A** 冠軍將會獲頒金牌。
    (A) *medal*[3] 〔'mɛdl̩〕 *n.* 獎牌　　(B) metal[2] 〔'mɛtl̩〕 *n.* 金屬
    * champion[3] 〔'tʃæmpɪən〕 *n.* 冠軍　　award[3] 〔ə'wɔrd〕 *v.* 頒發

4. **B** 他沒有經過這本書擁有者的許可就把書拿走。
    (A) pillar[5] 〔'pɪlɚ〕 *n.* 柱子 (= *column*)
    (B) *permission*[3] 〔pɚ'mɪʃən〕 *n.* 許可 (= *consent* = *approval*)
    * owner[2] 〔'onɚ〕 *n.* 擁有者

5. **A** 小孩子不該有機會看到不適當的影片。
    (A) *access*[5] 〔'æksɛs〕 *n.* 接近；取得 < *to* > (= *entry* = *use*)
    (B) loyalty[4] 〔'lɔɪəltɪ〕 *n.* 忠實；忠誠 (= *faithfulness*)
    * improper[3] 〔ɪm'prɑpɚ〕 *adj.* 不適當的
      film[2] 〔fɪlm〕 *n.* 影片

6. **A** (A) *disclose*[6] 〔dɪs'kloz〕 *v.* 洩漏 (= *reveal* = *make known*)
    (B) donate[6] 〔'donet〕 *v.* 捐贈 (= *give* = *contribute*)
    * secret[2] 〔'sikrɪt〕 *n.* 祕密

7. **B** 沒有足夠的睡眠，你可能無法保持專注。
    (A) elementary[4] 〔‚ɛlə'mɛntərɪ〕 *adj.* 基本的 (= *basic*)
    (B) *focused*[2] 〔'fokəst〕 *adj.* 專注的 (= *concentrated*)

8. **A** (A) **actually**[3] 〔'æktʃuəlɪ〕 adv. 實際上；事實上 (= in fact)

(B) intensely[4] 〔ɪn'tɛnslɪ〕 adv. 強烈地 (= strongly)

* **figure out** 了解 (= understand)

9. **A** (A) **overcome**[4] 〔,ovɚ'kʌm〕 v. 克服 (= conquer = defeat)

(B) mislead[4] 〔mɪs'lid〕 v. 誤導 (= misinform = deceive)

10. **B** 大約有 13,500 個新工作被創造出來，超過預期的 12,000 個。

(A) overlook[4] 〔,ovɚ'luk〕 v. 忽視 (= ignore = neglect)；俯瞰

(B) **exceed**[2] 〔ɪk'sid〕 v. 超過 (= surpass = go beyond)

* create[2] 〔krɪ'et〕 v. 創造   expect[2] 〔ɪk'spɛkt〕 v. 預期；期待

11. **B** 這個品牌數個世紀以來，一直享有好的名聲。

(A) layout[6] 〔'le,aut〕 n. 設計圖 (= design)

(B) **reputation**[2] 〔,rɛpjə'teʃən〕 n. 名聲 (= name = fame)

* brand[2] 〔brænd〕 n. 品牌   century[2] 〔'sɛntʃərɪ〕 n. 世紀

12. **B** 這本書被廣泛評論，非常受到稱讚。

(A) monitor[4] 〔'mɑnətɚ〕 v. 監視 (= watch = observe)

(B) **review**[2] 〔rɪ'vju〕 v. 評論 (= remark = give opinions)

* widely[1] 〔'waɪdlɪ〕 adv. 廣泛地

highly[1] 〔'haɪlɪ〕 adv. 高度地；非常地 (= very much)

praise[2] 〔prez〕 n. v. 稱讚 (= compliment)

13. **A** 這本書的出版使他一夜成名。

(A) **publication**[4] 〔,pʌblɪ'keʃən〕 n. 出版 (品) (= release)

(B) worship[5] 〔'wɝʃəp〕 n. 崇拜 (= adoration = love)

* overnight[4] 〔'ovɚ'naɪt〕 adv. 一夜之間；突然

14. **B** 這些運動是為了鍛鍊你的下背部。

(A) wither[5] 〔'wɪðɚ〕 v. 枯萎；凋謝 (= fade)

(B) **strengthen**[4] 〔'strɛŋθən〕 v. 加強 (= toughen = fortify)

* lower[2] 〔'loɚ〕 adj. 下面的

15. **A** 她享有一流設計師的崇高<u>地位</u>。

(A) ***status***[4] 〔'stetəs〕 *n.* 地位 (= *position* = *standing*)

(B) postage[3] 〔'postɪdʒ〕 *n.* 郵資 (= *postal fee*)

* leading[1,4] 〔'lidɪŋ〕 *adj.* 領導的；一流的
designer[3] 〔dɪ'zaɪnɚ〕 *n.* 設計師

16. **B** 智慧型手機在銷售量上已打敗<u>傳統的</u>個人電腦。

(A) confidential[6] 〔,kɑnfə'dɛnʃəl〕 *adj.* 機密的 (= *secret*)

(B) ***conventional***[4] 〔kən'vɛnʃənḷ〕 *adj.* 傳統的 (= *traditional*)

* smartphone 〔'smɑrt,fon〕 *n.* 智慧型手機
defeat[4] 〔dɪ'fit〕 *v.* 打敗 (= *beat*)
PC 個人電腦 (= *personal computer*)

17. **B** (A) retrieve[6] 〔rɪ'triv〕 *v.* 尋回 (= *recover* = *get back*)

(B) ***relieve***[4] 〔rɪ'liv〕 *v.* 減輕 (= *alleviate* = *ease* = *lessen*)

* worldwide 〔'wɝld,waɪd〕 *adj.* 全世界的
starvation[6] 〔stɑr'veʃən〕 *n.* 飢餓；餓死

18. **B** 在年底快速的反省一下，將有助於你<u>計畫</u>未來的一年。

(A) sharpen[5] 〔'ʃɑrpən〕 *v.* 使銳利 (= *whet*)

(B) ***shape***[1] 〔ʃep〕 *v.* 塑造；具體化；計畫 (= *plan*)

* reflection[4] 〔rɪ'flɛkʃən〕 *n.* 反射；反省 (= *thinking*)
ahead[1] 〔ə'hɛd〕 *adv.* 在前方；在未來

19. **B** 因為他的學術<u>背景</u>，所以他的資格不符合這個職位。

(A) drawback[6] 〔'drɔ,bæk〕 *n.* 缺點 (= *disadvantage*)

(B) ***background***[3] 〔'bæk,graʊnd〕 *n.* 背景

* qualified[5] 〔'kwɑlə,faɪd〕 *adj.* 有資格的；合格的
position[1] 〔pə'zɪʃən〕 *n.* 位置；職位
academic[4] 〔,ækə'dɛmɪk〕 *adj.* 學術的

20. **A** (A) ***disappearance***[2] 〔,dɪsə'pɪrəns〕 *n.* 消失 (= *vanishing*)

(B) category[5] 〔'kætə,gorɪ〕 *n.* 類別 (= *class* = *sort*)

TEST 17

Choose the one most suitable for filling in the blank.

1. The demand for _____ therapies keeps growing.
   A. alternative　　B. barren　　　　【江蘇高考】

2. There are _____ messages about the economy.
   A. countable　　B. contradictory　　【江蘇高考】

3. The hotel _____ 5,000 NTD a night for a suite.
   A. detects　　B. charges　　　　【江蘇高考】

4. You had better _____ a new security system.
   A. install　　B. forbid　　　　【北京高考】

5. She really likes to work in the film _____.
   A. industry　　B. heap　　　　【北京高考】

6. _____ phones had not been invented in the 1950s.
   A. Countless　　B. Cordless　　　　【北京高考】

7. Your room is a _____. Go clean it right away.
   A. mess　　B. flame　　　　【天津高考】

8. Mr. Wang is not _____ now. He is in a meeting.
   A. modern　　B. available　　　　【天津高考】

9. I'm here to see Dr. White. We have an _____.
   A. alphabet　　B. appointment　　【天津高考】

10. Not knowing where to go, Jane moved _____ down the street.
    A. recently　　B. aimlessly　　　　【北京高考】

11. Swimming is _____ as an all-around form of exercise.
    A. regarded   B. refuted   【天津高考】

12. The hospital has obtained new medical _____.
    A. platform   B. equipment   【天津高考】

13. Jack took Chinese folk music as an _____ course.
    A. endangered   B. elective   【福建高考】

14. He was lucky to be chosen from hundreds of _____.
    A. applicants   B. membership   【福建高考】

15. It was _____ of Mike to inform us of his delay.
    A. generous   B. considerate   【福建高考】

16. Mary keeps her _____ by working out every day.
    A. figure   B. melody   【福建高考】

17. The failure was a big _____ to him, but he was not discouraged.
    A. blow   B. element   【福建高考】

18. I don't know her number; _____, I would have called her yesterday.
    A. otherwise   B. likewise   【天津高考】

19. Peter went to the library after breakfast and wrote his _____ there.
    A. score   B. essay   【福建高考】

20. The research group produced two reports based on the _____.
    A. tablet   B. survey   【福建高考】

TEST 17 詳解

1. **A** 對於<u>另類</u>治療法的需求持續成長中。
   (A) ***alternative***[4] 〔 ɔl'tɜnətɪv 〕 *adj.* 替代的 (= *substitute*
       = *other*)；另類的 (= *unconventional*)
   (B) barren[5] 〔'bærən 〕 *adj.* 貧瘠的 (= *sterile*)
   * demand[4] 〔 dɪ'mænd 〕 *n.* 需求   therapy[6] 〔'θɛrəpɪ 〕 *n.* 治療法

2. **B** 關於經濟有<u>一些矛盾的</u>訊息。
   (A) countable[3] 〔'kaʊntəbḷ 〕 *adj.* 可數的 (= *numerable*)
   (B) ***contradictory***[6] 〔ˌkɑntrə'dɪktərɪ 〕 *adj.* 矛盾的(= *opposing*)
   * economy[4] 〔 ɪ'kɑnəmɪ 〕 *n.* 經濟

3. **B** 這飯店的套房一個晚上<u>收費</u>台幣五千元。
   (A) detect[2] 〔 dɪ'tɛkt 〕 *v.* 查出；偵測 (= *discover*)
   (B) ***charge***[3] 〔 tʃɑrdʒ 〕 *v.* 收費 (= *ask money for*)
   * suite[6] 〔 swit 〕 *n.* 套房

4. **A** (A) ***install***[6] 〔 ɪn'stɔl 〕 *v.* 安裝 (= *set up* = *fit* = *connect*)
   (B) forbid[4] 〔 fə'bɪd 〕 *v.* 禁止 (= *prohibit* = *ban*)

5. **A** 她非常喜歡在電影<u>業</u>工作。
   (A) ***industry***[2] 〔'ɪndəstrɪ 〕 *n.* 工業；產業 (= *trade* = *business*)
   (B) heap[3] 〔 hip 〕 *n.* 一堆 (= *pile* = *stack*)

6. **B** <u>無線</u>電話在 1950 年代還沒有被發明出來。
   (A) countless[1] 〔'kaʊntlɪs 〕 *adj.* 無數的 (= *incalculable*)
   (B) ***cordless***[4] 〔'kɔrdlɪs 〕 *adj.* 無線的 (= *battery-operated*)

7. **A** 你的房間真是<u>亂七八糟</u>。馬上去清理。
   (A) ***mess***[3] 〔 mɛs 〕 *n.* 雜亂；亂七八糟 (= *disorder* = *chaos*)
   (B) flame[3] 〔 flem 〕 *n.* 火焰 (= *fire*)

8. **B** 王先生現在<u>沒有空</u>。他在會議中。

   (A) modern² 〔ˋmɑdən〕*adj.* 現代的（ = *contemporary*
       = *current*）；摩登的；現代化的（ = *latest*）
   (B) ***available***³ 〔əˋveləbḷ〕*adj.* 可獲得的（ = *obtainable*）；
       有空的（ = *free*）

9. **B** 我來這裡找懷特醫生。我們有<u>約</u>。

   (A) alphabet² 〔ˋælfəˌbɛt〕*n.* 字母系統（ = *letters*）
   (B) ***appointment***⁴ 〔əˋpɔɪntmənt〕*n.* 約會（ = *engagement*）

10. **B** 珍不知道要去哪裡，她<u>漫無目的地</u>在街上走著。

    (A) recently² 〔ˋrisn̩tlɪ〕*adv.* 最近（ = *lately*）
    (B) ***aimlessly***² 〔ˋemlɪslɪ〕*adv.* 無目的地（ = *without direction*）

11. **A** 游泳被<u>認</u>為是一種全方位的運動。

    (A) ***regard***² 〔rɪˋgɑrd〕*v.* 認為（ = *view* = *think of*）
        be regarded as 被認為是（ = *be viewed as*）
    (B) refute⁵ 〔rɪˋfjut〕*v.* 反駁（ = *rebut* = *contradict*）
    * all-around *adj.* 全面的；全方位的

12. **B** 這間醫院已經獲得新的醫療<u>設備</u>。

    (A) platform² 〔ˋplætˌfɔrm〕*n.* 月台；平台
    (B) ***equipment***⁴ 〔ɪˋkwɪpmənt〕*n.* 設備（ = *apparatus*
        = *devices* = *tools*）
    * obtain⁴ 〔əbˋten〕*v.* 獲得　　medical³ 〔ˋmɛdɪkḷ〕*adj.* 醫療的

13. **B** 傑克選了中國民俗音樂當作<u>選修</u>課程。

    (A) endangered⁴ 〔ɪnˋdendʒəd〕*adj.* 瀕臨絕種的
        （ = *in danger of extinction* = *threatened*）
    (B) ***elective***² 〔ɪˋlɛktɪv〕*adj.* 選舉的；選修的（ = *optional*）
    * folk³ 〔fok〕*adj.* 民間的；民俗的

14. **A** 他很幸運地從數百位<u>應徵者</u>中被選出來。

 (A) ***applicant***[4] 〔'æpləkənt〕*n.* 申請人；應徵者（ = *candidate* ）

 (B) membership[3] 〔'mɛmbɚˌʃɪp〕*n.* 會員資格；會員

15. **B** 麥克很<u>體貼</u>，通知我們他的延誤。

 (A) generous[2] 〔'dʒɛnərəs〕*adj.* 慷慨的（ = *big-hearted* ）

 (B) ***considerate***[5] 〔kən'sɪdərɪt〕*adj.* 體貼的（ *thoughtful* ）

 * inform[3] 〔ɪn'fɔrm〕*v.* 通知（ = *notify* ）

16. **A** 瑪麗每天運動來保持<u>身材</u>。

 (A) ***figure***[2] 〔'fɪgjɚ〕*n.* 身材；體態（ = *body shape* ）

 (B) melody[2] 〔'mɛlədɪ〕*n.* 旋律（ = *tune* ）

 * ***work out*** 運動（ = *exercise* ）

17. **A** 這次失敗對他而言是一個很大的<u>打擊</u>，但他並不氣餒。

 (A) ***blow***[1] 〔blo〕*n.* 打擊；不幸（ = *setback* ）

 (B) element[2] 〔'ɛləmənt〕*n.* 要素（ = *component* ）

 * discouraged[4] 〔dɪs'kɝɪdʒd〕*adj.* 氣餒的（ = *disheartened* ）

18. **A** 我不知道她的號碼；<u>否則</u>，我昨天就會打電話給她。

 (A) ***otherwise***[4] 〔'ʌðɚˌwaɪz〕*adv.* 否則（ = *or else* ）

 (B) likewise[6] 〔'laɪkˌwaɪz〕*adv.* 同樣地（ = *similarly* ）

19. **B** 彼得早餐之後去了圖書館，在那裡寫他的<u>文章</u>。

 (A) score[2] 〔skor〕*n.* 分數（ = *grade* ）

 (B) ***essay***[4] 〔'ɛse〕*n.* 文章（ = *paper* = *article* ）

20. **B** 這個研究團體根據這份<u>調查</u>製作出兩份報告。

 (A) tablet[3] 〔'tæblɪt〕*n.* 藥片（ = *pill* ）；平板電腦

 (B) ***survey***[3] 〔'sɝve〕*n.* 調查（ = *study* ）

 * produce[2] 〔prə'djus〕*v.* 製作　　***based on*** 根據

TEST 18

Choose the one most suitable for filling in the blank.

1. The word "spork" _____ spoon and fork.
   A. vibrates　　B. combines　　　　【福建高考】

2. He didn't give up and was soon as _____ as ever.
   A. depressed　　B. enthusiastic　　【福建高考】

3. Human beings should live in _____ with nature.
   A. harmony　　B. disagreement　　【福建高考】

4. He couldn't hide his _____ when he said so.
   A. faculty　　B. eagerness　　　　【湖南高考】

5. His main task is to keep the company running _____.
   A. feebly　　B. smoothly　　　　【湖南高考】

6. He asked, "Why are you _____ at me like that?"
   A. omitting　　B. staring　　　　【湖南高考】

7. You need to plan the best way to get to your _____.
   A. orchestra　　B. destination　　【湖南高考】

8. Having strong _____ helps you reach your goals.
   A. motivation　　B. rage　　　　【湖南高考】

9. She won the Oscar for Best _____ Actress.
   A. Directing　　B. Supporting　　【陝西高考】

10. It was a _____ place, with its winding streets and pretty cottages.
    A. delightful　　B. primitive　　【湖南高考】

11. They had a real estate _____ sell their old house.

    A. program   B. agent   【陝西高考】

12. Having been protected well, he _____ freedom.

    A. distracts   B. desires   【陝西高考】

13. I really _____ her for her great courage.

    A. admire   B. estimate   【陝西高考】

14. Though learned, Mr. Chang is very _____.

    A. modest   B. scary   【陝西高考】

15. More roads were built to promote the local _____.

    A. rebellion   B. economy   【四川高考】

16. Niki is very _____ and always full of ideas.

    A. creative   B. glorious   【四川高考】

17. She is a _____ dancer. I wish I could dance as well as she.

    A. fantastic   B. lonely   【陝西高考】

18. He sat by the fire _____ one hand against the other to warm himself.

    A. robbing   B. rubbing   【陝西高考】

19. The award was to _____ him for his contributions to the association.

    A. recognize   B. filter   【重慶高考】

20. A collection of paintings by Mr. Li is on _____ at the Museum of Art.

    A. exhibition   B. management   【四川高考】

TEST 18 詳解

1. **B** "spork" (叉匙) 這個字是湯匙和叉子的<u>結合</u>。

(A) vibrate[5] 〔'vaɪbret〕 *v.* 震動 (= *shake*)

(B) ***combine***[3] 〔 kəm'baɪn 〕 *v.* 結合 (= *unite*)

* spoon[1] 〔 spun 〕 *n.* 湯匙　　fork[1] 〔 fɔrk 〕 *n.* 叉子

2. **B** 他沒有放棄,很快就和以前一樣<u>充滿熱誠</u>。

(A) depressed[4] 〔 dɪ'prɛst 〕 *adj.* 沮喪的 (= *dejected*)

(B) ***enthusiastic***[5] 〔 ɪn͵θjuzɪ'æstɪk 〕 *adj.* 熱誠的 (= *passionate*)

* ***give up*** 放棄　　***as ~ as ever*** 和以前一樣~

3. **A** 人類應該和大自然<u>和諧</u>地生活在一起。

(A) ***harmony***[4] 〔'hɑrmənɪ〕 *n.* 和諧 (= *accord*)

(B) disagreement[2] 〔͵dɪsə'grimənt 〕 *n.* 意見不一致

　　(= *discord* = *difference* = *conflict*)

* ***human being*** 人類　　nature[1] 〔'netʃɚ〕 *n.* 自然;本質

4. **B** (A) faculty[6] 〔'fækl̩tɪ〕 *n.* 全體教職員 (= *teaching staff*)

(B) ***eagerness***[3] 〔'igɚnɪs 〕 *n.* 渴望 (= *zeal* = *keenness*)

* hide[2] 〔 haɪd 〕 *v.* 隱藏

5. **B** 他的主要工作是保持公司運作<u>順利</u>。

(A) feebly[5] 〔'fiblɪ 〕 *adv.* 虛弱地;脆弱地 (= *weakly*)

(B) ***smoothly***[3] 〔'smuðlɪ 〕 *adv.* 平順地 (= *easily* = *effortlessly*)

* task[2] 〔 tæsk 〕 *n.* 工作;任務　　run[1] 〔 rʌn 〕 *v.* 經營;運作

6. **B** (A) omit[2] 〔 o'mɪt 〕 *v.* 省略;遺漏 (= *leave out*)

(B) ***stare***[3] 〔 stɛr 〕 *v.* 凝視;瞪著 (= *gaze*) < *at* >

7. **B** (A) orchestra[4] 〔'ɔrkɪstrə 〕 *n.* 管弦樂團

(B) ***destination***[5] 〔͵dɛstə'neʃən 〕 *n.* 目的地

8. **A**　有強烈的動機能幫助你達到你的目標。

    (A) ***motivation***[4] 〔 ˌmotə'veʃən 〕 *n.* 動機 (= *incentive* = *drive*)

    (B) rage[2] 〔 redʒ 〕 *n.* 憤怒 (= *anger* = *fury*)

    * reach[1] 〔 ritʃ 〕 *v.* 達到　　goal[2] 〔 gol 〕 *n.* 目標

9. **B**　她贏得奧斯卡最佳女配角。

    (A) direct[1] 〔 də'rɛkt 〕 *v.* 指導；當導演 (= *command* = *order*)

    (B) ***supporting***[2] 〔 sə'portɪŋ 〕 *adj.* 支持的；搭配的

      supporting actress/actor　女 / 男配角

    * actress[1] 〔'æktrɪs 〕 *n.* 女演員

10. **A**　那是個令人愉快的地方，有蜿蜒的街道和漂亮的農舍。

    (A) ***delightful***[4] 〔 dɪ'laɪtfəl 〕 *adj.* 令人愉快的；舒適的

      (= *pleasant* = *enjoyable* = *lovely*)

    (B) primitive[4] 〔'prɪmətɪv 〕 *adj.* 原始的 (= *prehistoric*)

    * winding[1] 〔'waɪndɪŋ 〕 *adj.* 蜿蜒的；彎彎曲曲的

      cottage[4] 〔'katɪdʒ 〕 *n.* 農舍

11. **B**　他們請了一位房屋仲介來賣他們的老房子。

    (A) program[3] 〔'progræm 〕 *n.* 節目；課程；程式

    (B) ***agent***[4] 〔'edʒənt 〕 *n.* 代理人；經紀人；仲介

      (= *broker* = *go-between*)

    * estate[5] 〔 ə'stet 〕 *n.* 地產　　***real estate*** 不動產；房地產

12. **B**　他一直被保護得很好，所以他很渴望自由。

    (A) distract[6] 〔 dɪ'strækt 〕 *v.* 使分心 (= *divert*)

    (B) ***desire***[2] 〔 dɪ'zaɪr 〕 *v.* 渴望 (= *wish for* = *long for*)

    * protect[2] 〔 prə'tɛkt 〕 *v.* 保護　　freedom[2] 〔'fridəm 〕 *n.* 自由

13. **A**　(A) ***admire***[3] 〔 əd'maɪr 〕 *v.* 欽佩 (= *esteem* = *respect*)

    (B) estimate[4] 〔'ɛstə.met 〕 *v.* 估計 (= *calculate*)

    * courage[2] 〔'kɝɪdʒ 〕 *n.* 勇氣

14. **A** 雖然張先生很有學問，他非常<u>謙虛</u>。

   (A) **modest**[4] 〔'mɑdɪst〕 *adj.* 謙虛的（ = *humble*）

   (B) scary[3] 〔'skɛrɪ〕 *adj.* 可怕的（ = *fearful* = *frightening*）

   * learned[4] 〔'lɜnɪd〕 *adj.* 有學問的

15. **B** 有更多道路被興建，以促進當地的<u>經濟</u>。

   (A) rebellion[6] 〔rɪ'bɛljən〕 *n.* 叛亂（ = *revolt* = *uprising*）

   (B) **economy**[4] 〔ɪ'kɑnəmɪ〕 *n.* 經濟

   * promote[3] 〔prə'mot〕 *v.* 促進   local[2] 〔'lokḷ〕 *adj.* 當地的

16. **A** (A) **creative**[3] 〔krɪ'etɪv〕 *adj.* 有創造力的（ = *original*）

   (B) glorious[4] 〔'glorɪəs〕 *adj.* 光榮的（ = *honorable*）

   * idea[1] 〔aɪ'diə〕 *n.* 想法；點子

17. **A** (A) **fantastic**[4] 〔fæn'tæstɪk〕 *adj.* 極好的（ = *excellent*）

   (B) lonely[2] 〔'lonlɪ〕 *adj.* 寂寞的（ = *lonesome*）

18. **B** 他坐在火邊，雙手互相<u>摩擦</u>使自己溫暖。

   (A) rob[3] 〔rɑb〕 *v.* 搶劫   (B) **rub**[1] 〔rʌb〕 *v.* 摩擦

   * against[1] 〔ə'gɛnst〕 *prep.* 依靠；接觸

19. **A** 這個獎是<u>認可</u>他對協會的貢獻。

   (A) **recognize**[3] 〔'rɛkəg,naɪz〕 *v.* 認可；承認（ = *acknowledge*）

   (B) filter[5] 〔'fɪltɚ〕 *v.* 過濾（ = *screen*）

   * award[3] 〔ə'word〕 *n.* 獎

   contribution[4] 〔,kɑntrə'bjuʃən〕 *n.* 貢獻

   association[4] 〔ə,soʃɪ'eʃən〕 *n.* 協會

20. **A** 李先生的畫作正在美術館<u>展覽</u>中。

   (A) **exhibition**[3] 〔,ɛksə'bɪʃən〕 *n.* 展覽會（ = *display*）

     on exhibition 展覽中（ = *on display*）

   (B) management[3] 〔'mænɪdʒmənt〕 *n.* 管理（ = *supervision*）

   * collection[3] 〔kə'lɛkʃən〕 *n.* 收集；收藏品

TEST 19

Choose the one most suitable for filling in the blank.

1. Let's walk and save the bus _____.
   A. bill　　B. fare　　　　　　　【日本大考】

2. She sent Bob a present by special _____.
   A. delivery　　B. treatment　　　【日本大考】

3. Professor Smith always _____ a lot of homework.
   A. assigns　　B. ascends　　　　【日本大考】

4. What you were saying was _____ to the topic.
   A. irrelevant　　B. optional　　　【日本大考】

5. The president called for a(n) _____ end to the war.
   A. shortly　　B. immediate　　　【日本大考】

6. The caller hid her _____ when she made a phone call.
   A. identity　　B. tuition　　　　【日本大考】

7. This university was _____ a long time ago.
   A. established　　B. existed　　　【日本大考】

8. We still don't know _____ how life on Earth began.
   A. exactly　　B. fearfully　　　　【日本大考】

9. Something _____, so Ben couldn't leave.
   A. sparkled　　B. occurred　　　【日本大考】

10. It is _____ that Mozart began to compose at the age of five.
    A. amazing　　B. grateful　　　　【日本大考】

11. Doing exercise regularly helps us _____ our muscles.
A. reconcile   B. strengthen   【日本大考】

12. Smoking is completely _____ in this section.
A. prohibited   B. possessed   【日本大考】

13. A team of doctors and nurses was sent there to _____ health problems.
A. merge   B. handle   【日本大考】

14. It has been _____ for a whole week.
A. drizzling   B. drifting   【日本大考】

15. Brian's new _____ had to be confirmed by further experimentation.
A. theory   B. thread   【日本大考】

16. The train was delayed on _____ of the severe weather.
A. account   B. behalf   【日本大考】

17. Drinking too much will weaken your _____ system.
A. drowsy   B. immune   【日本大考】

18. He would like to move to Alaska when his current _____ ends.
A. contract   B. warranty   【日本大考】

19. The old car was finally sold for _____.
A. scrap   B. scoop   【日本大考】

20. The new software can _____ large amounts of data instantly.
A. analyze   B. consume   【日本大考】

TEST 19　詳解

1. **B**　讓我們走路，把公車<u>車資</u>省下來。
   (A) bill² 〔bɪl〕 *n.* 帳單　　(B) ***fare***³ 〔fɛr〕 *n.* 車資（= *cost*）

2. **A**　她用快<u>遞</u>寄了一個禮物給鮑伯。
   (A) ***delivery***³ 〔dɪ'lɪvərɪ〕 *n.* 遞送
       （= *transfer* = *sending* = *carriage*）
   (B) treatment⁵ 〔'tritmənt〕 *n.* 治療；對待
   ** special delivery* 快遞

3. **A**　史密斯教授總是<u>指派</u>很多作業。
   (A) ***assign***⁴ 〔ə'saɪn〕 *v.* 指派（= *appoint* = *allocate* = *give*）
   (B) ascend⁵ 〔ə'sɛnd〕 *v.* 上升（= *climb* = *rise* = *go up*）

4. **A**　你剛剛說的與主題<u>無關</u>。
   (A) ***irrelevant***⁶ 〔ɪ'rɛləvənt〕 *adj.* 無關的 < *to* >
       （= *unrelated* = *beside the point* = *inappropriate*）
   (B) optional⁶ 〔'ɑpʃən̩〕 *adj.* 可選擇的（= *elective*）

5. **B**　總統呼籲<u>立刻</u>停戰。
   (A) shortly³ 〔'ʃɔrtlɪ〕 *adv.* 不久（= *soon* = *before long*）
   (B) ***immediate***³ 〔ɪ'midɪɪt〕 *adj.* 立刻的（= *instant*）
   ** call for* 呼籲

6. **A**　打電話者在撥打電話時隱藏了她的<u>身分</u>。
   (A) ***identity***³ 〔aɪ'dɛntətɪ〕 *n.* 身分（= *name*）
   (B) tuition⁵ 〔tju'ɪʃən〕 *n.* 學費（= *fee for education*）

7. **A**　這所大學很久以前就<u>建立</u>了。
   (A) ***establish***⁴ 〔ə'stæblɪʃ〕 *v.* 建立（= *found* = *set up*）
   (B) exist² 〔ɪg'zɪst〕 *v.* 存在【不能用被動】

8. **A** 我們仍然無法確切知道，地球上的生命是如何開始的。

    (A) ***exactly***[2] 〔 ɪgˈzæktlɪ 〕 *adv.* 精確地；確切地 (= *precisely*)

    (B) fearfully[2] 〔ˈfɪrfəlɪ 〕 *adv.* 可怕地 (= *dreadfully* = *terribly*)

9. **B** 有事情發生了，所以班不能離開。

    (A) sparkle[4] 〔ˈspɑrkḷ 〕 *v.* 閃耀；發光 (= *shine* = *twinkle*)

    (B) ***occur***[2] 〔 əˈkɝ 〕 *v.* 發生 (= *happen* = *come up* = *arise*)

10. **A** 莫札特五歲就開始作曲，真是驚人。

    (A) ***amazing***[3] 〔 əˈmezɪŋ 〕 *adj.* 驚人的

        (= *incredible* = *remarkable* = *startling*)

    (B) grateful[4] 〔ˈgretfəl 〕 *adj.* 感激的 (= *thankful*)

    * compose[4] 〔 kəmˈpoz 〕 *v.* 作曲

11. **B** 規律運動有助於我們增強肌肉。

    (A) reconcile[6] 〔ˈrɛkənˌsaɪl 〕 *v.* 調解；使和解 (= *settle*)

    (B) ***strengthen***[4] 〔ˈstrɛŋθən 〕 *v.* 加強

        (= *fortify* = *toughen* = *build up*)

    * muscle[3] 〔ˈmʌsḷ 〕 *n.* 肌肉

12. **A** 吸煙在這個區域完全被禁止。

    (A) ***prohibit***[6] 〔 proˈhɪbɪt 〕 *v.* 禁止 (= *forbid* = *ban* = *outlaw*)

    (B) process[3] 〔ˈprɑsɛs 〕 *v.* 加工；處理 *n.* 過程

    * section[2] 〔ˈsɛkʃən 〕 *n.* 區域

13. **B** 一隊醫生和護士被派去那裡處理健康問題。

    (A) merge[6] 〔 mɝdʒ 〕 *v.* 融合；合併 (= *combine* = *blend*)

    (B) ***handle***[2] 〔ˈhændḷ 〕 *v.* 處理 (= *deal with* = *cope with*)

14. **A** 毛毛雨已經下了一整個星期了。

    (A) ***drizzle***[6] 〔ˈdrɪzḷ 〕 *v.* 下毛毛雨 (= *rain lightly*)

    (B) drift[4] 〔 drɪft 〕 *v.* 漂流 (= *float*)

15. **A** 布萊恩的新<u>理論</u>必須由進一步的<u>實驗</u>來證實。

    (A) ***theory***[3] 〔'θiərɪ〕*n.* 理論 (= *hypothesis*)

    (B) thread[3] 〔θrɛd〕*n.* 線 (= *cord* = *line*)

    * confirm[2] 〔kən'fɝm〕*v.* 證實；確認 (= *prove* = *bear out*)
    further[2] 〔'fɝðɚ〕*adj.* 更進一步的
    experimentation[4] 〔ɪk,spɛrəmɛn'teʃən〕*n.* 實驗

16. **A** 火車<u>因為</u>惡劣的天氣而延誤。

    (A) ***account***[3] 〔ə'kaʊnt〕*n.* 原因
    on account of 因為 (= *because of* = *due to* = *owing to*)

    (B) behalf[5] 〔bɪ'hæf〕*n.* 方面　　on behalf of 代表～

    * severe[4] 〔sə'vɪr〕*adj.* 嚴重的；惡劣的 (= *harsh*)

17. **B** (A) drowsy[3] 〔'draʊzɪ〕*adj.* 想睡的 (= *sleepy*)

    (B) ***immune***[6] 〔ɪ'mjun〕*adj.* 免疫的
    immune system 免疫系統

    * weaken[3] 〔'wikən〕*v.* 使虛弱

18. **A** 當他目前的<u>合約</u>結束時，他想要搬去阿拉斯加。

    (A) ***contract***[3] 〔'kɑntrækt〕*n.* 合約 (= *agreement*)

    (B) warranty 〔'wɔrəntɪ〕*n.* 保證；保固 (= *guarantee*)

    * current[3] 〔'kɝənt〕*adj.* 目前的 (= *present*)

19. **A** 那台舊車最後被當成<u>廢鐵</u>賣掉。

    (A) ***scrap***[5] 〔skræp〕*n.* 碎屑；廢物；廢鐵 (= *waste*)

    (B) scoop[3] 〔skup〕*n.* 杓子；一杓；獨家報導

20. **A** 這個新軟體可以立即<u>分析</u>大量的資料。

    (A) ***analyze***[4] 〔'ænl,aɪz〕*v.* 分析 (= *examine* = *study*)

    (B) consume[4] 〔kən's(j)um〕*v.* 消耗；吃（喝）

    * software[4] 〔'sɔft,wɛr〕*n.* 軟體 (↔ *hardware* *n.* 硬體)
    instantly[2] 〔'ɪnstəntlɪ〕*adv.* 立即地 (= *immediately*)

TEST 20

Choose the one most suitable for filling in the blank.

1. An _____ person can get things done efficiently.
   A. organized   B. instant   【台灣段考】

2. _____ respect is the key to a successful relationship.
   A. Dependent   B. Mutual   【日本大考】

3. Fortune will never _____ the idle.
   A. favor   B. echo   【台灣段考】

4. Dynamite is a kind of _____.
   A. banner   B. explosive   【台灣段考】

5. The buses run at 7-minute _____.
   A. edges   B. intervals   【台灣段考】

6. Metals _____ as they become cold.
   A. contract   B. counter   【台灣段考】

7. Both sides agreed to sign a(n) _____.
   A. treaty   B. essay   【日本大考】

8. The new policy clearly violated the _____.
   A. encyclopedia   B. constitution   【日本大考】

9. The _____ of Taiwan is over 23 million.
   A. population   B. area   【台灣段考】

10. The report made no _____ to his achievement as a poet.
    A. reference   B. statement   【日本大考】

11. The couple often _____ over small things.
    A. argue　　B. blame　　　　　　　【日本大考】

12. Her parents didn't _____ of her marrying Peter.
    A. approve　　B. devise　　　　　　【日本大考】

13. She has _____ in at a new company in Taichung.
    A. exclaimed　　B. settled　　　　　【日本大考】

14. Since he was wearing an expensive jacket, I assumed he had a very good _____.
    A. outcome　　B. income　　　　　　【日本大考】

15. She found it hard to _____ with such heavy pressure.
    A. cope　　B. gaze　　　　　　　　【日本大考】

16. The play being over, the _____ on the stage dropped slowly.
    A. curtain　　B. currency　　　　　【台灣學測】

17. The _____ has given us some food for thought.
    A. lecture　　B. objection　　　　　【台灣學測】

18. See you at eight; _____, it's an informal dinner.
    A. unexpectedly　　B. incidentally　【台灣學測】

19. The decision ended a long _____ of conflict between them.
    A. period　　B. altitude　　　　　　【日本大考】

20. _____ power plants are not one hundred percent safe.
    A. Scarce　　B. Nuclear　　　　　　【日本大考】

TEST 20 詳解

1. **A** 有組織的人可以有效率地做好事情。

    (A) **organized**[2] 〔'ɔrgən,aızd〕 *adj.* 有組織的 (= *methodical*)

    (B) instant[2] 〔'ınstənt〕 *adj.* 立即的 (= *immediate*)

    * efficiently[3] 〔ə'fıʃəntlı〕 *adv.* 有效率地

2. **B** 互相尊重是人際關係成功的關鍵。

    (A) dependent[4] 〔dı'pɛndənt〕 *adj.* 依賴的 (= *reliant*)

    (B) **mutual**[4] 〔'mjutʃuəl〕 *adj.* 互相的 (= *shared* = *common*)

3. **A** 幸運之神絕不會眷顧懶惰之人。

    (A) **favor**[2] 〔'fevɚ〕 *v.* 偏愛;支持 (= *prefer* = *support* = *back*)

    (B) echo[3] 〔'ɛko〕 *v. n.* 回音

    * fortune[3] 〔'fɔrtʃən〕 *n.* 運氣;幸運   idle[4] 〔'aıdḷ〕 *adj.* 懶惰的

4. **B** (A) banner[3] 〔'bænɚ〕 *n.* 旗幟;標語

    (B) **explosive**[4] 〔ık'splosıv〕 *n.* 炸藥;爆炸物

    * dynamite[6] 〔'daınə,maıt〕 *n.* 炸藥

5. **B** 公車發車的間隔是七分鐘。

    (A) edge[1] 〔ɛdʒ〕 *n.* 邊緣 (= *verge*);優勢 (= *advantage*)

    (B) **interval**[6] 〔'ıntɚvḷ〕 *n.* 間隔 (= *gap* = *period* = *break*)

    * run[1] 〔rʌn〕 *v.*《交通工具》(定期地) 行駛

6. **A** 金屬遇冷會收縮。

    (A) **contract**[3] 〔kən'trækt〕 *v.* 收縮 (= *shrink* = *tighten*)

    (B) counter[4] 〔'kaʊntɚ〕 *n.* 櫃台   *adj.* 相反的

    * metal[2] 〔'mɛtḷ〕 *n.* 金屬

7. **A** 雙方同意簽訂條約。

    (A) **treaty**[5] 〔'tritı〕 *n.* 條約 (= *agreement* = *pact*)

    (B) essay[4] 〔'ɛse〕 *n.* 文章;論文 (= *article* = *paper*)

8. **B** 這項新政策明顯違憲。
    (A) encyclopedia[6] 〔 ɪn,saɪklə'pidɪə 〕 *n.* 百科全書
    (B) ***constitution***[4] 〔,kɑnstə'tjuʃən 〕 *n.* 憲法
        (= *fundamental law*)
    * policy[2] 〔'pɑləsɪ 〕 *n.* 政策　　violate[4] 〔'vaɪə,let 〕 *v.* 違反

9. **A** (A) ***population***[4] 〔,pɑpjə'leʃən 〕 *n.* 人口
    (B) area[1] 〔'ɛrɪə , 'erɪə 〕 *n.* 地區 (= *zone*)；面積

10. **A** 這個報告沒有提到他做為詩人的成就。
    (A) ***reference***[4] 〔'rɛfərəns 〕 *n.* 參考；提到 (= *mention*)
        make reference to 提到 (= *mention* = *refer to*)
    (B) statement[1] 〔'stetmənt 〕 *n.* 敘述；陳述 < *about* >
    * achievement[3] 〔 ə'tʃivmənt 〕 *n.* 成就

11. **A** 這對夫妻經常為了小事而爭吵。
    (A) ***argue***[2] 〔'ɑrgju 〕 *v.* 爭論；爭吵 < *over, about sth.* >
        (= *quarrel* = *fight* = *dispute*)
    (B) blame[3] 〔 blem 〕 *v.* 責備

12. **A** 她的父母不贊成她嫁給彼得。
    (A) ***approve***[3] 〔 ə'pruv 〕 *v.* 贊成 (= *agree* = *allow* = *consent*)
    (B) devise[4] 〔 dɪ'vaɪz 〕 *v.* 設計；發明 (= *invent* = *think up*)

13. **B** 她在台中一家新公司安頓下來。
    (A) exclaim[5] 〔 ɪk'sklem 〕 *v.* 大叫 (= *yell* = *shout* = *cry out*)
    (B) ***settle***[2] 〔'sɛtl 〕 *v.* 安頓；安定；定居
        settle in 安頓下來 (= *adapt* = *get used to it* = *fit in*)

14. **B** 因為他穿著一件很貴的夾克，我想他的收入很不錯。
    (A) outcome[4] 〔'aut,kʌm 〕 *n.* 結果 (= *consequence* = *result*)
    (B) ***income***[2] 〔'ɪn,kʌm 〕 *n.* 收入 (= *pay* = *salary*)

15. **A** 她覺得要<u>應付</u>如此沈重的壓力好困難。

    (A) ***cope***[4] 〔 kop 〕 *v.* 處理；應付 < *with* >

        (= *deal with* = *handle*)

    (B) gaze[4] 〔 gez 〕 *v.* 凝視；注視 < *at* > (= *stare*)

    * pressure[3] 〔'prɛʃɚ 〕 *n.* 壓力

16. **A** 戲結束了，舞台上的<u>幕</u>緩緩地落下。

    (A) ***curtain***[2] 〔'kɜtn̩ 〕 *n.* (舞台上的) 幕；窗簾

    (B) currency[5] 〔'kɜənsɪ 〕 *n.* 貨幣

    * play[1] 〔 ple 〕 *n.* 戲劇   stage[2] 〔 stedʒ 〕 *n.* 舞台

17. **A** 這場<u>演講</u>提供我們一些值得思考的問題。

    (A) ***lecture***[4] 〔'lɛktʃɚ 〕 *n.* 演講 (= *speech* = *address* = *talk*)

    (B) objection[4] 〔 əb'dʒɛkʃən 〕 *n.* 反對 (= *opposition*)

    * ***food for thought*** 值得思考的問題

18. **B** 八點見；<u>順便一提</u>，這是非正式的晚餐。

    (A) unexpectedly[2] 〔ˌʌnɪk'spɛktɪdlɪ 〕 *adv.* 意外地

    (B) ***incidentally***[6] 〔ˌɪnsə'dɛntl̩ɪ 〕 *adv.* 附帶地；順便一提

        (= *by the way*)

    * informal[2] 〔 ɪn'fɔrml̩ 〕 *adj.* 非正式的

19. **A** 這個決定結束了他們之間長<u>期</u>的衝突。

    (A) ***period***[2] 〔'pɪrɪəd 〕 *n.* 期間 (= *time*)

    (B) altitude[5] 〔'æltəˌtjud 〕 *n.* 海拔；高度 (= *height*)

    * conflict[2] 〔'kɑnflɪkt 〕 *n.* 衝突

20. **B** <u>核能發電廠</u>不是百分之百安全。

    (A) scarce[3] 〔 skɛrs 〕 *adj.* 稀少的 (= *rare* = *inadequate*)

    (B) ***nuclear***[4] 〔'njuklɪɚ 〕 *adj.* 核子的；核能的

    * ***power plant*** 發電廠

TEST 21

Choose the one most suitable for filling in the blank.

1. Dad promised to take us to the zoo, but he _____ us.
   A. disappointed　　B. loosened　　【日本大考】

2. Air _____ in Taipei is very serious.
   A. milestone　　B. pollution　　【台灣段考】

3. A love story is called a _____.
   A. simile　　B. romance　　【台灣段考】

4. I'm going _____ to do some shopping.
   A. downtown　　B. somewhat　　【台灣段考】

5. I'm not interested in joining a _____ party.
   A. political　　B. solitary　　【台灣段考】

6. Mr. Chang is our _____, the head of the school.
   A. prayer　　B. principal　　【台灣段考】

7. Fortunately, no one was around when the bridge _____.
   A. melted　　B. collapsed　　【日本大考】

8. We are trying to find a(n) _____ to the problem.
   A. solution　　B. operation　　【台灣段考】

9. Typhoons which occur in America are called _____.
   A. hurricanes　　B. tornados　　【台灣段考】

10. To learn English well, she _____ herself to an
    English-speaking environment.
    A. remind　　B. exposed　　【台灣學測】

11. Some countries require males to do _____ service.
   A. military　　B. obedient　　　　【台灣段考】

12. The story tells the readers about the woman's _____ for food.
   A. load　　B. greed　　　　【台灣段考】

13. I respect him. He is a man of _____.
   A. shade　　B. wisdom　　　　【台灣段考】

14. We rented a _____ in the mountains for a short vacation.
   A. cabin　　B. track　　　　【日本大考】

15. He tried to make a good _____ on his interviewer.
   A. impression　　B. shield　　　　【台灣段考】

16. Susan suggested bringing some _____ to the welcome party.
   A. beverages　　B. discounts　　　　【日本大考】

17. The _____ walked and shouted up and down the street.
   A. demonstrators　　B. examiner　　　　【台灣學測】

18. Nowadays most babies wear _____ diapers.
   A. interactive　　B. disposable　　　　【台灣段考】

19. The computer is a very useful and powerful _____.
   A. instrument　　B. deposit　　　　【台灣段考】

20. Mary and I are on terms of _____. We are very close.
   A. intimacy　　B. accuracy　　　　【台灣段考】

TEST 21　詳解

1. **A** 爸爸答應要帶我們去動物園，但他使我們失望了。
   (A) ***disappoint***[3] 〔,dɪsə'pɔɪnt 〕 *v.* 使失望 (= *let down* = *upset*)
   (B) loosen[3] 〔'lusn̩ 〕 *v.* 鬆開；放鬆 (= *relax* = *release*)
   * promise[2] 〔'prɑmɪs 〕 *v.* 答應；承諾

2. **B** (A) milestone[5] 〔'maɪl,ston 〕 *n.* 里程碑；重要階段
   (B) ***pollution***[4] 〔 pə'luʃən 〕 *n.* 污染 (= *contamination*)
   * serious[2] 〔'sɪrɪəs 〕 *adj.* 嚴重的

3. **B** (A) simile[3] 〔'sɪmə,li 〕 *n.* 明喻 (= *comparison*)
   (B) ***romance***[4] 〔 ro'mæns 〕 *n.* 羅曼史；愛情故事

4. **A** 我要到市中心去購物。
   (A) ***downtown***[2] 〔'daʊn'taʊn 〕 *adv.* 到市中心
   (B) somewhat[3] 〔'sʌm,hwɑt 〕 *adv.* 有點 (= *kind of*)

5. **A** 我沒有興趣參加政黨。
   (A) ***political***[5] 〔 pə'lɪtɪkl̩ 〕 *adj.* 政治的
   (B) solitary[5] 〔'sɑlə,tɛrɪ 〕 *adj.* 孤獨的 (= *lonely*)
   * party[1] 〔'pɑrtɪ 〕 *n.* 政黨；派對

6. **B** 陳先生是我們的校長，這個學校的領袖。
   (A) prayer[3] 〔'preɚ 〕 *n.* 祈禱者 〔 prɛr 〕 *n.* 祈禱 (文)
   (B) ***principal***[6] 〔'prɪnsəpl̩ 〕 *n.* 校長
   * head[1] 〔 hɛd 〕 *n.* 領袖；首長

7. **B** 幸好，那座橋坍塌時沒有人在附近。
   (A) melt[3] 〔 mɛlt 〕 *v.* 融化 (= *dissolve*)
   (B) ***collapse***[4] 〔 kə'læps 〕 *v.* 倒塌 (= *fall down* = *tumble*)
   * fortunately[4] 〔'fɔrtʃənɪtlɪ 〕 *adv.* 幸運地

8. **A** (A) *solution*² 〔 sə'luʃən 〕 *n.* 解決之道 (= *way out* = *answer*)

    (B) operation⁴ 〔 ˌɑpə'reʃən 〕 *n.* 操作 (= *action*);

       手術 (= *surgery*)

9. **A** 發生在美國的颱風被稱爲颶風。

    (A) *hurricane*⁴ 〔 'hɝɪˌken 〕 *n.* 颶風

    (B) tornado⁶ 〔 tɔr'nedo 〕 *n.* 龍捲風 (= *twister*)

    * typhoon² 〔 taɪ'fun 〕 *n.* 颱風   occur² 〔 ə'kɝ 〕 *v.* 發生

10. **B** 爲了學好英文,她讓自己接觸說英文的環境。

    (A) remind³ 〔 rɪ'maɪnd 〕 *v.* 提醒;使想起

    (B) *expose*⁴ 〔 ɪk'spoz 〕 *v.* 使暴露;使接觸

       expose oneself to 暴露於;接觸 (= *be exposed to*)

11. **A** 有些國家要求男士去服兵役。

    (A) *military*² 〔 'mɪləˌtɛrɪ 〕 *adj.* 軍事的

       military service 兵役

    (B) obedient⁴ 〔 ə'bidɪənt 〕 *adj.* 服從的 (= *compliant*)

    * require² 〔 rɪ'kwaɪr 〕 *v.* 要求   male² 〔 mel 〕 *n.* 男士

12. **B** 這故事告訴讀者關於這位女士對食物的貪心。

    (A) load³ 〔 lod 〕 *n., v.* 負擔;裝載

    (B) *greed*⁵ 〔 grid 〕 *n.* 貪心 (= *desire* = *hunger* = *greediness*)

13. **B** (A) shade³ 〔 ʃed 〕 *n.* 陰影 (= *shadow*);樹蔭

    (B) *wisdom*³ 〔 'wɪzdəm 〕 *n.* 智慧 (= *good sense*)

       a man of wisdom 有智慧的人 (= *a wise man*)

    * respect² 〔 rɪ'spɛkt 〕 *v. n.* 尊敬

14. **A** 我們租了一間山上的小木屋短暫度假用。

    (A) *cabin*³ 〔 'kæbɪn 〕 *n.* 小木屋 (= *hut* = *cottage*)

    (B) track² 〔 træk 〕 *n.* 痕跡;蹤跡;軌道

15. **A** 他試圖給他的面試官留下好的印象。

(A) ***impression***[4] 〔ɪmˊprɛʃən〕*n.* 印象（ = *feeling* ）

(B) shield[5] 〔ʃild〕*n.* 盾；保護物（ = *protection* ）

* interviewer[2] 〔ˊɪntəˏvjuə〕*n.* 面試官

16. **A** 蘇珊建議帶一些飲料到歡迎派對。

(A) ***beverage***[6] 〔ˊbɛvərɪdʒ〕*n.* 飲料（ = *drink* ）

(B) discount[3] 〔ˊdɪskaʊnt〕*n.* 折扣（ = *price cut* = *reduction* ）

* suggest[3] 〔səgˊdʒɛst〕*v.* 建議

17. **A** 那些示威者在街上來回地邊走邊大喊。

(A) ***demonstrator***[4] 〔ˊdɛmənˏstretə〕*n.* 示威者（ = *protester* ）

(B) examiner[4] 〔ɪgˊzæmɪnə〕*n.* 主考官（ = *inspector* = *judge* ）

* ***up and down*** 來回地；上上下下地

18. **B** 現今大多數的寶寶都穿紙尿布（用完即丟的尿布）。

(A) interactive[4] 〔ˏɪntəˊæktɪv〕*adj.* 互動的（ = *cooperative* ）

(B) ***disposable***[6] 〔dɪˊspozəbl̩〕*adj.* 用完即丟的（ = *throwaway* ）

* nowadays[4] 〔ˊnaʊəˏdez〕*adv.* 現今

diaper 〔ˊdaɪəpə〕*n.* 尿布

19. **A** (A) ***instrument***[2] 〔ˊɪnstrəmənt〕*n.* 儀器；樂器；工具

（ = *apparatus* = *tool* = *device* = *appliance* ）

(B) deposit[3] 〔dɪˊpɑzɪt〕*n.* 存款；保證金；押金；定金

* useful[1] 〔ˊjusfəl〕*adj.* 有用的

powerful[2] 〔ˊpaʊəfəl〕*adj.* 強大的（ = *strong* = *forceful* ）

20. **A** 瑪麗和我的關係親密。我們非常親近。

(A) ***intimacy***[6] 〔ˊɪntəməsɪ〕*n.* 親密（ = *closeness* = *familiarity* ）

(B) accuracy[4] 〔ˊækjərəsɪ〕*n.* 準確（ = *precision* ）

* term[2] 〔tɝm〕*n.* 關係；名詞；用語

be on terms of ~ 有~關係　　close[1] 〔klos〕*adj.* 親密的

TEST 22

Choose the one most suitable for filling in the blank.

1. Francis Bacon said, "Knowledge is _____."
   A. power   B. ground   【台灣段考】

2. A _____ will try his best to sell things.
   A. salesman   B. landlord   【台灣段考】

3. Her lifelong _____ was to be an excellent teacher.
   A. ambition   B. facility   【台灣段考】

4. The weather is _____, cold and cheerless nowadays.
   A. bleak   B. cultural   【台灣段考】

5. Women tend to enjoy a longer _____ of life than men.
   A. blink   B. span   【台灣段考】

6. The job requires someone with an outgoing _____.
   A. departure   B. personality 【台灣段考】

7. Are you for or against women's _____?
   A. liberation   B. destiny   【台灣段考】

8. The law will not excuse anyone who is _____ of it.
   A. fertile   B. ignorant   【台灣段考】

9. My teacher _____ the importance of honesty.
   A. emphasizes   B. erupts   【台灣段考】

10. They didn't have adequate _____ to launch a new business.
    A. capital   B. aggression   【日本大考】

11. The shop sells ice cream in more than 20 different
_____.

    A. flavors   B. scents   【台灣段考】

12. The _____ of life is still a mystery.

    A. creation   B. fluency   【台灣段考】

13. They decided not to tell Joe about it _____ to the meeting.

    A. opposed   B. prior   【日本大考】

14. He has been looking for _____.

    A. employment   B. patrol   【台灣段考】

15. I don't know how to _____ this work of art.

    A. appreciate   B. scratch   【台灣段考】

16. To teach in a public school, you must obtain a teacher's
_____.

    A. delay   B. license   【日本大考】

17. He stole some money from the cash _____.

    A. accountant   B. register   【台灣段考】

18. Have you seen the art _____ at the City Hall?

    A. exhibition   B. bulletin   【台灣段考】

19. Please _____ your reservation by Friday.

    A. conceal   B. confirm   【台灣段考】

20. The book was written to _____ to the interests of children.

    A. fade   B. cater   【日本大考】

TEST 22 詳解

1. **A** 培根說：「知識就是<u>力量</u>。」
   (A) ***power***[1] 〔'pauə〕 *n.* 力量 (= *might* = *force* = *strength*)
   (B) ground[1] 〔 graund 〕 *n.* 地面 (= *land* = *soil* = *field*)

2. **A** (A) ***salesman***[4] 〔'selzmən 〕 *n.* 售貨員 (= *sales rep*)
   (B) landlord[5] 〔'lænd,lɔrd 〕 *n.* 房東 (↔ *tenant n.* 房客)

3. **A** (A) ***ambition***[3] 〔 æm'bɪʃən 〕 *n.* 抱負；志向 (= *objective*
      = *aim* = *dream* = *goal* = *purpose*)
   (B) facility[4] 〔 fə'sɪlətɪ 〕 *n.* 設施；設備 (= *equipment*)
   * lifelong[5] 〔'laɪf'lɔŋ 〕 *adj.* 終身的
     excellent[2] 〔'ɛksl̩ənt 〕 *adj.* 優秀的

4. **A** 現在的天氣<u>很陰冷</u>，又寒冷又陰沈。
   (A) ***bleak***[6] 〔 blik 〕 *adj.* 荒涼的；寒冷的 (= *cold* = *bitter*)
   (B) cultural[3] 〔'kʌltʃərəl 〕 *adj.* 文化的
   * cheerless[3] 〔'tʃɪrlɪs 〕 *adj.* 陰沈的；淒涼的 (= *gloomy*)
     nowadays[4] 〔'nauə,dez 〕 *adv.* 現今；現在

5. **B** 女性通常比男性更<u>長壽</u>。
   (A) blink[4] 〔 blɪŋk 〕 *n., v.* 眨眼 (= *wink*)
   (B) ***span***[6] 〔 spæn 〕 *n.* 期間；持續的時間 (= *time* = *period*)
      span of life 壽命 (= *life span*)
   * ***tend to V*** 有⋯的傾向；通常

6. **B** 這個工作需要一個<u>個性</u>外向的人。
   (A) departure[4] 〔 dɪ'partʃə 〕 *n.* 離開 (= *leaving*)；出發
   (B) ***personality***[3] 〔,pɜsn̩'ælətɪ 〕 *n.* 個性 (= *character* = *nature*)
   * require[2] 〔 rɪ'kwaɪr 〕 *v.* 需要 (= *need*)
     outgoing[5] 〔'aut,goɪŋ 〕 *adj.* 外向的 (= *sociable* = *extrovert*)

7. **A** 你是贊成還是反對婦女<u>解放運動</u>？

    (A) ***liberation***[6] 〔͵lɪbəˈreʃən〕 *n.* 解放運動（ = *emancipation* ）

    (B) destiny[5] 〔ˈdɛstənɪ〕 *n.* 命運（ = *fate* ）

    * for[1] 〔fɔr〕 *prep.* 贊成　　against[1] 〔əˈgɛnst〕 *prep.* 反對

8. **B** 法律不會原諒任何對法律<u>無知的</u>人。

    (A) fertile[4] 〔ˈfɝtḷ〕 *adj.* 肥沃的（ = *productive* ）

    (B) ***ignorant***[4] 〔ˈɪgnərənt〕 *adj.* 無知的（ = *unaware* ）< *of* >

    * excuse[2] 〔ɪkˈskjuz〕 *v.* 原諒；寬恕（ = *forgive* = *pardon* ）

9. **A** (A) ***emphasize***[3] 〔ˈɛmfə͵saɪz〕 *v.* 強調（ = *stress* = *highlight* ）

    (B) erupt[5] 〔ɪˈrʌpt〕 *v.* 爆發（ = *explode* = *break out* ）

    * honesty[3] 〔ˈɑnɪstɪ〕 *n.* 誠實

10. **A** 他們沒有足夠的<u>資金</u>創立新公司。

    (A) ***capital***[3,4] 〔ˈkæpətḷ〕 *n.* 首都；資本（ = *funds* = *money* ）

    (B) aggression[6] 〔əˈgrɛʃən〕 *n.* 侵略（ = *attack* = *assault* ）

    * adequate[4] 〔ˈædəkwɪt〕 *adj.* 足夠的（ = *enough* = *sufficient* ）

    launch[4] 〔lɔntʃ〕 *v.* 發射；發動；創辦

11. **A** (A) ***flavor***[3] 〔ˈflevɚ〕 *n.* 口味（ = *taste* ）

    (B) scent[5] 〔sɛnt〕 *n.* 氣味（ = *odor* = *smell* ）

12. **A** 生命的<u>創造</u>仍然是個謎。

    (A) ***creation***[4] 〔krɪˈeʃən〕 *n.* 創造（ = *formation* ）

    (B) fluency[5] 〔ˈfluənsɪ〕 *n.* 流利（ = *eloquence* ）

    * mystery[3] 〔ˈmɪstrɪ〕 *n.* 謎；奧秘

13. **B** 他們決定<u>在會議之前</u>，不要告訴喬這件事。

    (A) opposed[4] 〔əˈpozd〕 *adj.* 反對的 < *to* >（ = *against* ）

    (B) ***prior***[5] 〔ˈpraɪɚ〕 *adj.* 之前的 < *to* >

    prior to 在～之前（ = *previous to* = *earlier than* = *before* ）

14. **A** 他一直在找工作。

    (A) ***employment***[3] 〔 ɪmˈplɔɪmənt 〕 *n.* 工作 (= *work* = *job*)

    (B) patrol[5] 〔 pəˈtrol 〕 *n., v.* 巡邏

    * ***look for*** 尋找

15. **A** 我不知道如何欣賞這件藝術品。

    (A) ***appreciate***[3] 〔 əˈpriʃɪˌet 〕 *v.* 欣賞 (= *understand*)；感激

    (B) scratch[4] 〔 skrætʃ 〕 *v.* 抓 (癢)；搔 (= *scrape*)

16. **B** 要在公立學校教書，你必須有教師執照。

    (A) delay[2] 〔 dɪˈle 〕 *n.* 延遲；延誤 (= *postponement*)

    (B) ***license***[4] 〔 ˈlaɪsn̩s 〕 *n.* 執照 (= *certificate* = *permit*)

    * obtain[4] 〔 əbˈten 〕 *v.* 獲得 (= *acquire* = *get*)

17. **B** 他從收銀機裡偷了一些錢。

    (A) accountant[4] 〔 əˈkauntənt 〕 *n.* 會計師

    (B) ***register***[4] 〔 ˈrɛdʒɪstɚ 〕 *n.* 註冊；掛號 (= *record* = *list*)；

        登記簿 (= *record book*)；自動記錄器

        cash register 收銀機

18. **A** 你曾經去市政府看過藝術展嗎？

    (A) ***exhibition***[3] 〔 ˌɛksəˈbɪʃən 〕 *n.* 展覽 (= *display* = *show*)

    (B) bulletin[4] 〔 ˈbulətɪn 〕 *n.* 佈告 (= *notice* = *announcement*)

19. **B** 請在星期五之前確認預約。

    (A) conceal[5] 〔 kənˈsil 〕 *v.* 隱藏 (= *hide* = *cover*)

    (B) ***confirm***[2] 〔 kənˈfɝm 〕 *v.* 確認；證實 (= *check* = *prove*)

    * reservation[4] 〔 ˌrɛzɚˈveʃən 〕 *n.* 預約；預訂

20. **B** 這本書是為了迎合兒童的興趣而寫的。

    (A) fade[3] 〔 fed 〕 *v.* 褪色；逐漸消失 (= *disappear slowly*)

    (B) ***cater***[6] 〔 ˈketɚ 〕 *v.* 迎合 < *to, for* > (= *satisfy* = *serve*)

TEST 23

Choose the one most suitable for filling in the blank.

1. Mark Twain is famous as a _____ writer.
   A. physical　　B. humorous　　　　【台灣段考】

2. Swallows begin their _____ south in early fall.
   A. migration　　B. transmission　　【台灣段考】

3. It is illegal to build factories in this residential _____.
   A. zone　　B. tray　　　　　　　　【台灣段考】

4. The _____ of the mountain is extremely beautiful.
   A. scenery　　B. formula　　　　　【台灣段考】

5. She was _____ by the flowers you gave her.
   A. generated　　B. enchanted　　　【台灣段考】

6. Tom _____ in several extracurricular activities.
   A. participates　　B. nominates　　【台灣段考】

7. He put a(n) _____ to sell his house online.
   A. advertisement　　B. server　　　【台灣段考】

8. The champion had a _____ return from abroad.
   A. respective　　B. triumphant　　【台灣段考】

9. He defeated his _____ by only one point.
   A. roast　　B. opponent　　　　　【台灣段考】

10. To improve your mood and _____ stress, try to exercise regularly.
    A. recur　　B. lessen　　　　　　【日本大考】

11. The weather _____ said the temperature will drop.
    A. forecast   B. festival   【台灣學測】

12. _____ is an important part of our lives after work.
    A. Recreation   B. Fountain   【台灣段考】

13. It's not in his _____ to be jealous.
    A. character   B. climate   【台灣段考】

14. The south of Taiwan is in the _____ zone.
    A. naïve   B. tropical   【台灣段考】

15. To acquire knowledge is one thing, but to _____ it is quite another.
    A. apply   B. stare   【日本大考】

16. I'm _____ to take as many as eight classes this semester.
    A. necessary   B. required   【日本大考】

17. Bus services are now back to _____ after yesterday's strike.
    A. normal   B. ordinary   【日本大考】

18. Every _____ has its part. Even a little screw counts.
    A. column   B. component   【台灣段考】

19. They have broken off _____ with that country.
    A. horizons   B. relations   【台灣段考】

20. As business got worse, there were ten _____ in the town last year.
    A. idioms   B. bankruptcies   【台灣段考】

TEST 23　詳解

1. B　馬克吐溫是著名的<u>幽默</u>作家。

(A) physical[4]〔'fɪzɪkḷ〕*adj.* 身體的（= *bodily*）

(B) ***humorous***[3]〔'hjumərəs〕*adj.* 幽默的（= *amusing*）

2. A　燕子在初秋時開始向南方<u>遷移</u>。

(A) ***migration***[6]〔maɪ'greʃən〕*n.* 遷移（= *move* = *travel*）

(B) transmission[6]〔træns'mɪʃən〕*n.* 傳送（= *spread*）

* swallow[2]〔'swɑlo〕*n.* 燕子　　south[1]〔saʊθ〕*adv.* 向南方

3. A　在<u>住宅區</u>建造工廠是違法的。

(A) ***zone***[3]〔zon〕*n.* 地區；地帶（= *area* = *region*）

(B) tray[3]〔tre〕*n.* 拖盤（= *plate*）

* illegal[2]〔ɪ'ligḷ〕*adj.* 違法的　　factory[1]〔'fæktrɪ〕*n.* 工廠
residential[6]〔ˌrɛzə'dɛnʃəl〕*adj.* 住宅的

4. A　(A) ***scenery***[4]〔'sinərɪ〕*n.* 風景（= *landscape* = *view*）

(B) formula[4]〔'fɔrmjələ〕*n.* 公式；方程式

* extremely[3]〔ɪk'strimlɪ〕*adv.* 極端地；非常

5. B　她<u>被</u>你所送的花<u>迷住</u>了。

(A) generate[6]〔'dʒɛnəˌret〕*v.* 產生（= *produce*）

(B) ***enchant***[5]〔ɪn'tʃænt〕*v.* 使…被迷住（= *captivate*）

6. A　(A) ***participate***[3]〔pɑr'tɪsəˌpet〕*v.* 參加（= *take part*）< *in* >

(B) nominate[5]〔'nɑməˌnet〕*v.* 提名（= *name* = *propose*）

* extracurricular[6]〔ˌɛkstrəkə'rɪkjələ〕*adj.* 課外的
activity[3]〔æk'tɪvətɪ〕*n.* 活動

7. A　(A) ***advertisement***[3]〔ˌædvə'taɪzmənt〕*n.* 廣告（= *ad*）

(B) server[5]〔'sɝvə〕*n.* 服務生（= *attendant*）；伺服器

8. **B** 這位冠軍從國外<u>凱旋</u>歸來。

(A) respective[6] 〔 rɪ'spɛktɪv 〕 *adj.* 個別的 (= *individual*)

(B) ***triumphant***[6] 〔 traɪ'ʌmfənt 〕 *adj.* 勝利的 (= *victorious*)

* champion[3] 〔'tʃæmpɪən 〕 *n.* 冠軍　　return[1] 〔 rɪ'tɜn 〕 *n.* 返回

abroad[2] 〔 ə'brɔd 〕 *adv.* 到國外　　***from abroad*** 從國外

9. **B** 他僅以一分之差擊敗了他的<u>對手</u>。

(A) roast[3] 〔 rost 〕 *n.* 烤肉 (= *oven-cooked meat*)

(B) ***opponent***[5] 〔 ə'ponənt 〕 *n.* 對手 (= *rival* = *adversary*)

* defeat[4] 〔 dɪ'fit 〕 *v.* 擊敗　　point[1] 〔 pɔɪnt 〕 *n.* 點；分數

10. **B** 為了改善你的心情及<u>減壓</u>，試著規律運動。

(A) recur[6] 〔 rɪ'kɜ 〕 *v.* 再發生 (= *occur again*)

(B) ***lessen***[5] 〔'lɛsn̩ 〕 *v.* 減少

(= *reduce* = *decrease* = *lower* = *diminish*)

* improve[2] 〔 ɪm'pruv 〕 *v.* 改善　　mood[3] 〔 mud 〕 *n.* 心情

stress[2] 〔 strɛs 〕 *n.* 壓力　　regularly[2] 〔'rɛgjələlɪ 〕 *adv.* 規律地

11. **A** 氣象<u>預報</u>說氣溫將會下降。

(A) ***forecast***[4] 〔'for,kæst 〕 *n.* 預測 (= *prediction*)

(B) festival[2] 〔'fɛstəvl̩ 〕 *n.* 節日 (= *holiday* = *celebration*)

* temperature[2] 〔'tɛmprətʃə 〕 *n.* 氣溫　　drop[2] 〔 drɑp 〕 *v.* 下降

12. **A** (A) ***recreation***[4] 〔,rɛkrɪ'eʃən 〕 *n.* 娛樂 (= *entertainment*

= *pastime* = *amusement* = *fun*)

(B) fountain[3] 〔'faʊntn̩ 〕 *n.* 噴泉；泉源 (= *spring*)

13. **A** 嫉妒不是他的<u>性格</u>。

(A) ***character***[2] 〔'kærɪktə 〕 *n.* 性格 (= *personality* = *nature*)

(B) climate[2] 〔'klaɪmɪt 〕 *n.* 氣候 (= *weather*)

* jealous[3] 〔'dʒɛləs 〕 *adj.* 嫉妒的

14. **B** 南台灣處於<u>熱帶</u>地區。

(A) naïve⁵〔nɑˈiv〕*adj.* 天眞的（= *childlike*）

(B) ***tropical*³**〔ˈtrɑpɪkl̩〕*adj.* 熱帶的

15. **A** 獲得知識是一回事，<u>應用</u>又是另一回事。

(A) ***apply*²**〔əˈplaɪ〕*v.* 應用（= *use* = *utilize* = *employ*）

(B) stare³〔stɛr〕*v. n.* 凝視；瞪著（= *gaze*）

* acquire⁴〔əˈkwaɪr〕*v.* 獲得

16. **B** 我這個學期<u>必須</u>選修多達八門課。

(A) necessary²〔ˈnɛsə͵sɛrɪ〕*adj.* 必須的【不可以人爲主詞】

(B) ***require*²**〔rɪˈkwaɪr〕*v.* 要求　　***be required to V*** 必須

* ***as many as*** 多達　　semester²〔səˈmɛstɚ〕*n.* 學期

17. **A** 在昨天的罷工之後，公車服務現在已回復<u>正常</u>。

(A) ***normal*³**〔ˈnɔrml̩〕*n.* 正常狀態（= *the usual state*）

(B) ordinary⁵〔ˈɔrdn̩͵ɛrɪ〕*adj.* 普通的（= *common*）

* strike²〔straɪk〕*n.* 罷工

18. **B** 每個<u>組成要素</u>都有它的任務。即使是一個小螺絲也很重要。

(A) column³〔ˈkɑləm〕*n.* 圓柱（= *pillar*）；專欄

(B) ***component*⁶**〔kəmˈponənt〕*n.* 組成要素（= *element*）

* part¹〔pɑrt〕*n.* 本分；職責　　screw³〔skru〕*n.* 螺絲
count¹〔kaʊnt〕*v.* 重要（= *matter* = *be important*）

19. **B** (A) horizon⁴〔həˈraɪzn̩〕*n.* 地平線；(*pl.*) 知識範圍；眼界

(B) ***relation*²**〔rɪˈleʃən〕*n.* 關係（= *connection* = *tie*）

* ***break off*** 斷絕（= *end* = *terminate*）

20. **B** 隨著生意逐漸變差，去年鎮上有十家店<u>破產</u>。

(A) idiom⁴〔ˈɪdɪəm〕*n.* 成語；慣用語（= *set phrase*）

(B) ***bankruptcy*⁴**〔ˈbæŋkrʌptsɪ〕*n.* 破產；倒閉（= *failure*）

TEST 24

Choose the one most suitable for filling in the blank.

1. This movie is for _____, not for children.
   A. adults   B. amateurs   【台灣段考】

2. Nobody forced me to do it. I _____ to do it.
   A. bounced   B. volunteered   【台灣段考】

3. Smoking does a lot of _____ to health.
   A. damage   B. coverage   【台灣段考】

4. Politicians have a great _____ on the government.
   A. influence   B. affect   【台灣段考】

5. Shakespeare is the greatest figure in English _____.
   A. confusion   B. literature   【台灣段考】

6. John is an architect by _____.
   A. foundation   B. profession   【台灣段考】

7. Mark has just _____ as Minister of Education.
   A. penetrated   B. resigned   【台灣段考】

8. We take in _____ from food.
   A. maximum   B. nutrition   【台灣段考】

9. The _____ of his success is diligence.
   A. secret   B. retail   【台灣段考】

10. This T-shirt is made from _____ fibers, not pure cotton.
    A. artificial   B. secondary   【台灣段考】

11. Please write a _____ of the whole article.
   A. summary　　B. shrug　　　　　　【台灣段考】

12. In the western countries we'll see big fields of _____.
   A. wheat　　B. stroll　　　　　　【台灣段考】

13. Miss Wang was chosen Miss R.O.C. in a beauty
   _____.
   A. combat　　B. contest　　　　　【台灣段考】

14. They don't collect _____ on Sundays.
   A. garbage　　B. drama　　　　　【台灣段考】

15. No _____ is allowed while we are having an exam.
   A. chatting　　B. floating　　　　【台灣段考】

16. Companies may transfer workers from one _____
   to another.
   A. instance　　B. branch　　　　　【台灣段考】

17. The mansion is richly _____.
   A. muttered　　B. decorated　　　【台灣段考】

18. The smoke from those _____ forms a heavy fog.
   A. palaces　　B. factories　　　　【台灣段考】

19. My teacher _____ me to take part in the speech
   contest.
   A. encouraged　　B. emigrated　　【台灣段考】

20. There is a sharp _____ in personality between the
   two brothers.
   A. contrast　　B. continent　　　　【台灣段考】

TEST 24 詳解

1. **A** 這部電影是給<u>成人</u>看的，不是給小孩看的。

   (A) **adult**[1] 〔ə'dʌlt 〕 *n.* 成人 (= *grown-up*)

   (B) amateur[4] 〔'æmə,tʃʊr 〕 *n.* 業餘愛好者　*adj.* 業餘的；

   　　非職業的 (↔ *professional* *n.* 職業選手　*adj.* 職業的)

2. **B** 沒有人強迫我做，我<u>自願</u>去做。

   (A) bounce[4] 〔baʊns 〕 *v.* 反彈 (= *spring back* = *rebound*)

   (B) **volunteer**[4] 〔,vɑlən'tɪr 〕 *v.* 自願 (= *offer*)

   * force[1] 〔fors 〕 *v.* 強迫 (= *compel*)

3. **A** 抽煙對健康有很大的<u>損害</u>。

   (A) **damage**[2] 〔'dæmɪdʒ 〕 *n.* 損害 (= *harm* = *injury*)

   (B) coverage[6] 〔'kʌvərɪdʒ 〕 *n.* 涵蓋範圍

4. **A** 政治人物對政府有很大的<u>影響</u>。

   (A) **influence**[2] 〔'ɪnfluəns 〕 *n.* 影響 (= *effect* = *impact*)

   (B) affect[3] 〔ə'fɛkt 〕 *v.* 影響 (= *influence*)

   * politician[3] 〔,pɑlə'tɪʃən 〕 *n.* 政治人物；政客

5. **B** 莎士比亞在英國<u>文學</u>裡是最偉大的人物。

   (A) confusion[4] 〔kən'fjuʒən 〕 *n.* 困惑 (= *puzzlement*)；

   　　混亂 (= *disorder* = *chaos*)

   (B) **literature**[4] 〔'lɪtərətʃɚ 〕 *n.* 文學 (= *writings*)

   * figure[2] 〔'fɪgjɚ 〕 *n.* 數字 (= *number*)；人物 (= *person*)

6. **B** 約翰的<u>職業</u>是建築師。

   (A) foundation[4] 〔faʊn'deʃən 〕 *n.* 建立；基礎；基金會

   (B) **profession**[4] 〔prə'fɛʃən 〕 *n.* 職業 (= *occupation*)

   　　by profession 就職業而言 (= *by occupation*)

   * architect[5] 〔'ɑrkə,tɛkt 〕 *n.* 建築師

7. **B**　馬克剛辭去教育部長的職位。

(A) penetrate[5] ﹝'pɛnə,tret﹞ v. 穿透（ = *pierce* ）

(B) **resign**[4] ﹝rɪ'zaɪn﹞ v. 辭職（ = *quit = step down* ）

* minister[4] ﹝'mɪnɪstɚ﹞ n. 部長

8. **B**　我們從食物中攝取營養。

(A) maximum[4] ﹝'mæksəməm﹞ n. 最大量（ = *greatest = most* ）

(B) **nutrition**[6] ﹝nju'trɪʃən﹞ n. 營養（ = *nourishment* ）

* **take in**　攝取

9. **A**　他成功的秘訣是勤勉。

(A) **secret**[2] ﹝'sikrɪt﹞ n. 秘訣（ = *key = recipe* ）

(B) retail[6] ﹝'ritel﹞ n., v. 零售（ ↔ *wholesale* n., v. 批發 ）

* diligence[4] ﹝'dɪlədʒəns﹞ n. 勤勉

10. **A**　這件 T 恤是由人造纖維做的，不是純棉的。

(A) **artificial**[4] ﹝,ɑrtə'fɪʃəl﹞ adj. 人造的；人工的

（ = *synthetic = manmade* ；↔ *natural*　adj. 天然的 ）

(B) secondary[3] ﹝'sɛkən,dɛrɪ﹞ adj. 次要的（ ↔ *major* 主要的 ）

* fiber[5] ﹝'faɪbɚ﹞ n. 纖維　　pure[3] ﹝pjʊr﹞ adj. 純粹的

cotton[2] ﹝'kɑtn̩﹞ n. 棉

11. **A**　(B) **summary**[3] ﹝'sʌmərɪ﹞ n. 摘要（ = *outline = digest* ）

(A) shrug[4] ﹝ʃrʌg﹞ n. 聳肩

* article[2,4] ﹝'ɑrtɪkl̩﹞ n. 文章

12. **A**　(A) **wheat**[3] ﹝hwit﹞ n. 小麥

(B) stroll[5] ﹝strol﹞ n., v. 散步（ = *walk* ）

* field[2] ﹝fild﹞ n. 田野

13. **B**　王小姐在選美比賽中當選為中華民國小姐。

(A) combat[5] ﹝'kɑmbæt﹞ n., v. 戰鬥（ = *fight* ）

(B) **contest**[4] ﹝'kɑntɛst﹞ n. 比賽（ = *competition* ）

14. **A** (A) ***garbage*²** ('gɑrbɪdʒ) *n.* 垃圾 (= *trash* = *litter*)

(B) drama² ('drɑmə , 'dræmə) *n.* 戲劇 (= *play*)

* collect² (kə'lɛkt) *v.* 收集

15. **A** (A) ***chat*³** (tʃæt) *v.* 聊天 (= *talk* = *converse*)

(B) float³ (flot) *v.* 漂浮；飄浮 (= *drift*)

* allow¹ (ə'lau) *v.* 允許   have¹ (hæv) *v.* 有；舉行

16. **B** 公司可能將員工從一個<u>分公司</u>調到另一個。

(A) instance² ('ɪnstəns) *n.* 實例 (= *example* = *case*)

(B) ***branch*²** (bræntʃ) *n.* 分公司 (= *division* = *local office*)

* transfer⁴ (træns'fɝ) *v.* 調職；轉學

17. **B** 這豪宅<u>裝飾</u>得很豪華。

(A) mutter⁵ ('mʌtɚ) *v.* 低聲說 (= *mumble* = *murmur*)

(B) ***decorate*²** ('dɛkə,ret) *v.* 裝飾 (= *adorn* = *ornament*)

* mansion⁵ ('mænʃən) *n.* 豪宅

richly¹ ('rɪtʃlɪ) *adv.* 豪華地；富麗地

18. **B** (A) palace³ ('pælɪs) *n.* 宮殿

(B) ***factory*¹** ('fæktrɪ) *n.* 工廠 (= *plant*)

* fog¹ (fɔg , fɑg) *n.* 霧   ***heavy fog*** 濃霧

19. **A** 我的老師<u>鼓勵</u>我參加演講比賽。

(A) ***encourage*²** (ɪn'kɝɪdʒ) *v.* 鼓勵 (= *inspire*)

(B) emigrate⁶ ('ɛmə,gret) *v.* 移出 (= *move away*)

* ***take part in*** 參加   contest⁴ ('kɑntɛst) *n.* 比賽

20. **A** 這兩兄弟的個性成鮮明的<u>對比</u>。

(A) ***contrast*⁴** ('kɑntræst) *n.* 對比；對照 (= *difference*)

(B) continent³ ('kɑntənənt) *n.* 洲；大陸

* sharp¹ (ʃɑrp) *adj.* 銳利的；鮮明的

personality³ (,pɝsn'ælətɪ) *n.* 個性

TEST 25

Choose the one most suitable for filling in the blank.

1. The car was traveling at a _____ speed.
   A. tremendous   B. hopeful   【台灣段考】

2. Your hair got _____; it needs combing.
   A. inserted   B. tangled   【台灣段考】

3. He has a brilliant _____ as a diplomat.
   A. resource   B. career   【台灣段考】

4. The nurse took the _____ of the patients.
   A. temperatures   B. resorts   【台灣段考】

5. She is looking for a _____ job.
   A. cowardly   B. secretarial   【台灣段考】

6. In the _____ we serve ourselves with food and drink.
   A. pharmacy   B. cafeteria   【台灣段考】

7. Mr. Chu is _____ with the students. They all like him.
   A. jealous   B. popular   【台灣段考】

8. Animals live best in their natural _____.
   A. surroundings   B. endeavors   【台灣段考】

9. He doesn't have good _____ in clothes.
   A. taste   B. itch   【台灣段考】

10. Stricter _____ have been taken to prevent potential danger.
    A. incidents   B. measures   【台灣學測】

11. If you drive without a license, you'll be _____.
    A. fined   B. shortened 【台灣段考】

12. The disease will affect the _____ of the nervous system.
    A. function   B. layer 【台灣段考】

13. He _____ the dull parts of the book.
    A. mashed   B. skipped 【台灣段考】

14. The chairman gave us a few _____ remarks.
    A. introductory   B. mature 【台灣段考】

15. She had a feeling of _____ because of cheating in the exam.
    A. outbreak   B. guilt 【台灣學測】

16. It requires _____ to teach kindergarten children.
    A. rhythm   B. patience 【台灣段考】

17. The bird _____ its wings up and down.
    A. fluttered   B. refined 【台灣段考】

18. After a _____ discussion, they finally reached an agreement.
    A. lengthy   B. vertical 【台灣學測】

19. He fell and _____ his knee on the pavement.
    A. scraped   B. mended 【台灣段考】

20. Parents often give their children _____ for passing exams.
    A. rewards   B. riddles 【台灣學測】

TEST 25 詳解

1. **A** (A) ***tremendous***[4] 〔 trɪˈmɛndəs 〕 *adj.* 驚人的；巨大的
   (= *great* = *enormous* = *massive*)
   (B) hopeful[4] 〔ˈhopfəl 〕 *adj.* 充滿希望的 (= *positive*)
   * travel[2] 〔ˈtrævl̩ 〕 *v.* 行進　　speed[2] 〔 spid 〕 *n.* 速度

2. **B** 你的頭髮都<u>纏住</u>了；需要把它梳開。
   (A) insert[4] 〔 ɪnˈsɝt 〕 *v.* 插入 (= *put in* = *add*)
   (B) ***tangle***[5] 〔ˈtæŋgl̩ 〕 *v.* 糾纏；纏結 (= *twist* = *entangle*)
   * comb[2] 〔 kom 〕 *n.* 梳子　 *v.* 梳開

3. **B** 他身為外交官，有非常輝煌的<u>職業生涯</u>。
   (A) resource[3] 〔 rɪˈsors 〕 *n.* 資源 (= *supply*)
   (B) ***career***[4] 〔 kəˈrɪr 〕 *n.* 職業；生涯 (= *profession*)
   * brilliant[3] 〔ˈbrɪljənt 〕 *adj.* 燦爛的；卓越的 (= *excellent*)
   diplomat[4] 〔ˈdɪpləˌmæt 〕 *n.* 外交官

4. **A** (A) ***temperature***[2] 〔ˈtɛmprətʃə 〕 *n.* 溫度
   take sb.'s temperature 幫某人量體溫
   (B) resort[5] 〔 rɪˈzɔrt 〕 *n.* 手段；度假勝地 (= *retreat*)
   * patient[2] 〔ˈpeʃənt 〕 *n.* 病人

5. **B** (A) cowardly[5] 〔ˈkaʊədlɪ 〕 *adj.* 膽小的 (= *timid* = *shy*)
   (B) ***secretarial***[2] 〔ˌsɛkrəˈtɛrɪəl 〕 *adj.* 秘書的
   * ***look for*** 尋找

6. **B** (A) pharmacy[6] 〔ˈfɑrməsɪ 〕 *n.* 藥局 (= *drugstore*)
   (B) ***cafeteria***[2] 〔ˌkæfəˈtɪrɪə 〕 *n.* 自助餐廳
   * serve[1] 〔 sɝv 〕 *v.* 服務；供應

7. **B** (A) jealous[3] 〔ˈdʒɛləs 〕 *adj.* 嫉妒的 (= *envious*) < *of* >
   (B) ***popular***[2,3] 〔ˈpɑpjələ 〕 *adj.* 受歡迎的 (= *liked* = *admired*)

8. **A** 動物在牠們的自然環境裡生活得最好。

(A) ***surroundings***[4] 〔 səˈraʊndɪŋz 〕 *n. pl.* 周遭環境
(= *environment* = *setting*)

(B) endeavor[5] 〔 ɪnˈdɛvɚ 〕 *n.* 努力 (= *effort*)

* natural[2] 〔ˈnætʃərəl 〕 *adj.* 自然的

9. **A** 他的衣著品味不好。

(A) ***taste***[1] 〔 test 〕 *n.* 品味 (= *preference*)

(B) itch[4] 〔 ɪtʃ 〕 *n.* 癢；渴望 (= *desire* = *longing* = *eagerness*)

10. **B** 我們已採取更嚴格的措施，來防止可能的危險。

(A) incident[4] 〔ˈɪnsədənt 〕 *n.* 事件 (= *event* = *occurrence*)

(B) ***measure***[2,4] 〔ˈmɛʒɚ 〕 *n.* 措施 (= *way* = *method* = *action*
= *means*) ***take measures*** 採取措施

* strict[2] 〔 strɪkt 〕 *adj.* 嚴格的　　prevent[3] 〔 prɪˈvɛnt 〕 *v.* 預防
potential[5] 〔 pəˈtɛnʃəl 〕 *adj.* 可能的；潛在的

11. **A** 你如果無照駕駛會被罰款。

(A) ***fine***[1] 〔 faɪn 〕 *v.* 罰款 (= *penalize*)　 *n.* 罰款 (= *penalty*)

(B) shorten[3] 〔ˈʃɔrtn̩ 〕 *v.* 縮短 (= *abridge* = *cut down*)

* license[4] 〔ˈlaɪsn̩s 〕 *n.* 執照

12. **A** 這疾病將影響神經系統的功能。

(A) ***function***[2] 〔ˈfʌŋkʃən 〕 *n.* 功能 (= *use*)

(B) layer[5] 〔ˈleɚ 〕 *n.* 一層 (= *covering* = *coating*)

* affect[3] 〔 əˈfɛkt 〕 *v.* 影響　　nervous[3] 〔ˈnɝvəs 〕 *adj.* 神經的
the nervous system 神經系統

13. **B** 他跳過這本書裡單調的部分。

(A) mash[5] 〔 mæʃ 〕 *v.* 搗碎 (= *crush*)

(B) ***skip***[3] 〔 skɪp 〕 *v.* 跳躍 (= *hop*)；跳過；略過 (= *miss* = *omit*)

* dull[2] 〔 dʌl 〕 *adj.* 單調的；乏味的 (= *boring*)

14. **A** 主席給我們一些<u>前言</u>。

(A) ***introductory***³ 〔,ɪntrə'dʌktərɪ 〕 *adj.* 介紹的；前言的
(= *opening* = *preparatory* = *starting*)

(B) mature³ 〔 mə't(j)ʊr 〕 *adj.* 成熟的 (= *fully developed*)

* chairman⁵ 〔'tʃɛrmən 〕 *n.* 主席

remark⁴ 〔 rɪ'mɑrk 〕 *n.* 評論；話 (= *comment*)

15. **B** 她很有<u>罪惡感</u>，因爲她在考試時作弊。

(A) outbreak⁶ 〔'aʊt,brek 〕 *n.* 爆發 (= *outburst*)

(B) ***guilt***⁴ 〔 gɪlt 〕 *n.* 罪；罪惡感 (= *blame* = *shame*)

* cheat² 〔 tʃit 〕 *v.* 作弊；欺騙

16. **B** (A) rhythm⁴ 〔'rɪðəm 〕 *n.* 節奏；韻律 (= *beat* = *tempo*)

(B) ***patience***³ 〔'peʃəns 〕 *n.* 耐心 (= *endurance*)

* require² 〔 rɪ'kwaɪr 〕 *v.* 需要 (= *need*)

kindergarten² 〔'kɪndɚ,gɑrtn̩ 〕 *n.* 幼稚園

17. **A** (A) ***flutter***⁶ 〔'flʌtɚ 〕 *v.* 拍動（翅膀）(= *beat* = *flap*)

(B) refine⁶ 〔 rɪ'faɪn 〕 *v.* 精鍊；使文雅 (= *improve* = *polish*)

* wing² 〔 wɪŋ 〕 *n.* 翅膀　　***up and down*** 上下地

18. **A** (A) ***lengthy***⁶ 〔'lɛŋθɪ 〕 *adj.* 冗長的 (= *long* = *prolonged*)

(B) vertical⁵ 〔'vɜtɪkl̩ 〕 *adj.* 垂直的 (↔ *horizontal* 水平的)

* discussion² 〔 dɪ'skʌʃən 〕 *n.* 討論　　reach¹ 〔 ritʃ 〕 *v.* 達到

agreement¹ 〔 ə'grimənt 〕 *n.* 協議；共識

19. **A** (A) ***scrape***⁵ 〔 skrep 〕 *v.* 擦傷；擦掉 (= *rub* = *scratch*)

(B) mend³ 〔 mɛnd 〕 *v.* 修補；改正 (= *correct*)

* knee¹ 〔 ni 〕 *n.* 膝蓋　　pavement³ 〔'pevmənt 〕 *n.* 人行道

20. **A** (A) ***reward***⁴ 〔 rɪ'wɔrd 〕 *n.* 獎勵；報酬
(= *repayment* = *prize* = *gift*)

(B) riddle³ 〔'rɪdl̩ 〕 *n.* 謎語 (= *puzzle*)

TEST 26

Choose the one most suitable for filling in the blank.

1. A _____ storm hit the quiet town.
   A. violent B. consequent 【台灣段考】

2. I find it hard to _____ because you are noisy.
   A. condemn B. concentrate 【台灣段考】

3. They _____ against the unfair treatment.
   A. fulfilled B. protested 【台灣段考】

4. Taipei is a _____, with hills on its sides.
   A. basin B. cave 【台灣段考】

5. He was charged with _____ of drugs.
   A. possession B. pursuit 【台灣段考】

6. An _____ is a person who designs buildings.
   A. architect B. owner 【台灣段考】

7. I was _____ into buying that dress.
   A. recited B. persuaded 【台灣段考】

8. The book _____ described the country view.
   A. shamefully B. vividly 【台灣段考】

9. The exact _____ of the factory has been announced.
   A. location B. territory 【台灣段考】

10. His ambition to become an astronant was finally
    _____.
    A. realized B. healed 【台灣段考】

11. The policeman signaled the _____ to cross the street.
A. pedestrians　　B. hostages　　【台灣段考】

12. We use a _____ and thread to sew clothes.
A. knot　　B. needle　　【台灣段考】

13. The more _____ you have, the more choices you'll have.
A. qualifications　　B. defects　　【台灣段考】

14. The school is an educational _____.
A. institution　　B. federation　　【台灣段考】

15. Her _____ toward learning is praiseworthy. She tries hard in spite of failures.
A. attitude　　B. errand　　【台灣段考】

16. He won the lottery and made a great _____.
A. fortune　　B. episode　　【台灣段考】

17. They gave him a red _____ with money in it to thank him.
A. matter　　B. envelope　　【台灣段考】

18. We have to _____ our income to make ends meet.
A. budget　　B. mention　　【台灣段考】

19. You have to practice what you _____.
A. preach　　B. pray　　【台灣段考】

20. Chinese culture has been _____ influenced by Confucianism
A. realistically　　B. intensively　　【台灣段考】

TEST 26 詳解

1. **A** 強烈的暴風雨襲擊這寂靜的小鎮。
    (A) **violent**[3] 〔'vaɪələnt 〕 *adj.* 猛烈的 (= *strong* = *powerful*)
    (B) consequent[4] 〔'kɑnsə,kwɛnt 〕 *adj.* 接著發生的
        (= *resulting* = *following* = *subsequent*)

2. **B** 我發現很難專心,因為你太吵了。
    (A) condemn[5] 〔 kən'dɛm 〕 *v.* 譴責 (= *denounce* = *blame*)
    (B) **concentrate**[4] 〔'kɑnsn̩,tret 〕 *v.* 專心 (= *focus*)

3. **B** 他們抗議這個不公平的對待。
    (A) fulfill[4] 〔 fʊl'fɪl 〕 *v.* 實現;履行 (= *realize* = *achieve*)
    (B) **protest**[4] 〔 prə'tɛst 〕 *v.* 抗議 < *against* > (= *complain*)
    * unfair[2] 〔 ʌn'fɛr 〕 *adj.* 不公平的 (= *unjust*)
    treatment[5] 〔'tritmənt 〕 *n.* 對待 (= *handling* = *dealing*)

4. **A** 台北市是個盆地,周圍都是山。
    (A) **basin**[4] 〔'besn̩ 〕 *n.* 盆地   (B) cave[2] 〔 kev 〕 *n.* 洞穴

5. **A** 他被控告擁有毒品。
    (A) **possession**[4] 〔 pə'zɛʃən 〕 *n.* 擁有 (= *ownership*)
    (B) pursuit[4] 〔 pə'sut 〕 *n.* 追求 (= *chase*);嗜好 (= *hobby*)
    * charge[2] 〔 tʃɑrdʒ 〕 *v.* 控告 < *with* > (= *accuse* < *of* >)
    drug[2] 〔 drʌg 〕 *n.* 藥;毒品

6. **A** (A) **architect**[5] 〔'ɑrkə,tɛkt 〕 *n.* 建築師
    (B) owner[2] 〔'onə 〕 *n.* 擁有者 (= *possessor*)
    * design[2] 〔 dɪ'zaɪn 〕 *v. n.* 設計

7. **B** (A) recite[4] 〔 rɪ'saɪt 〕 *v.* 背誦;朗誦 (= *read aloud*)
    (B) **persuade**[3] 〔 pə'swed 〕 *v.* 說服 (= *convince*)

8. **B** (A) shamefully[4] 〔ˈʃemfəlɪ〕*adv.* 可恥地（ = *disgracefully* ）

　　(B) ***vividly***[3] 〔ˈvɪvɪdlɪ〕*adv.* 生動地；鮮明地（ = *brightly* ）

　　* describe[2] 〔dɪˈskraɪb〕*v.* 描述　　view[1] 〔vju〕*n.* 景色

9. **A** 工廠的確切<u>位置</u>已經宣布。

　　(A) ***location***[4] 〔loˈkeʃən〕*n.* 位置（ = *position* = *site* ）

　　(B) territory[3] 〔ˈtɛrəˌtorɪ〕*n.* 領土；領域（ = *land* = *area* ）

　　* exact[2] 〔ɪgˈzækt〕*adj.* 確切的（ = *precise* = *accurate* ）

　　announce[3] 〔əˈnaʊns〕*v.* 宣布（ = *make known* = *declare* ）

10. **A** 他想成為太空人的抱負終於實現了。

　　(A) ***realize***[2] 〔ˈriəˌlaɪz〕*v.* 實現（ = *fulfill* ）；了解

　　(B) heal[3] 〔hil〕*v.* 治療；痊癒（ = *cure* ）

　　* ambition[3] 〔æmˈbɪʃən〕*n.* 抱負（ = *dream* ）

　　astronant[5] 〔ˈæstrəˌnɔt〕*n.* 太空人（ = *cosmonaut* = *spaceman* ）

11. **A** 警察示意<u>行人們</u>過馬路。

　　(A) ***pedestrian***[6] 〔pəˈdɛstrɪən〕*n.* 行人（ = *walker* ）

　　(B) hostage[5] 〔ˈhɑstɪdʒ〕*n.* 人質（ = *captive* ）

　　* signal[3] 〔ˈsɪgn̩〕*v.* 發信號；示意

12. **B** 我們用<u>針</u>和線去縫製衣服。

　　(A) knot[3] 〔nɑt〕*n.* 結（ = *tie* ）　　(B) ***needle***[2] 〔ˈnidl̩〕*n.* 針

　　* thread[3] 〔θrɛd〕*n.* 線　　sew[3] 〔so〕*v.* 縫製；縫紉

13. **A** 你有的<u>資格</u>越多，你就可以有越多的選擇。

　　(A) ***qualification***[6] 〔ˌkwɑləfəˈkeʃən〕*n.* 資格（ = *requirement* ）

　　(B) defect[6] 〔ˈdifɛkt〕*n.* 缺點（ = *weakness* ）；瑕疵（ = *flaw* ）

14. **A** (A) ***institution***[6] 〔ˌɪnstəˈtjuʃən〕*n.* 機構（ = *organization* ）

　　(B) federation[6] 〔ˌfɛdəˈreʃən〕*n.* 聯邦政府；聯盟（ = *league* ）

　　* educational[3] 〔ˌɛdʒəˈkeʃən̩〕*adj.* 教育的

15. **A** 她的學習<u>態度</u>值得稱讚。儘管失敗，她還是努力嘗試。

(A) ***attitude***[3] 〔'ætə,tjud 〕 *n.* 態度 (= *view* = *feeling*)

(B) errand[3] 〔'ɛrənd 〕 *n.* 差事 (= *task*)

* toward[1] 〔 tord , tə'word 〕 *prep.* 對…

praiseworthy 〔'prez,wɜðɪ 〕 *adj.* 值得稱讚的

in spite of 儘管　　failure[2] 〔'feljə 〕 *n.* 失敗

16. **A** 他贏了樂透，賺了一大筆<u>財富</u>。

(A) ***fortune***[3] 〔'fɔrtʃən 〕 *n.* 運氣 (= *luck*)；財富 (= *wealth*)

(B) episode[6] 〔'ɛpə,sod 〕 *n.* 插曲 (= *incident*)；一集

* lottery[5] 〔'lɑtərɪ 〕 *n.* 樂透　　make[1] 〔 mek 〕 *v.* 賺 (錢)

17. **B** (A) matter[1] 〔'mætə 〕 *n.* 物質 (= *substance*)；事情

(B) ***envelope***[2] 〔'ɛnvə,lop 〕 *n.* 信封　　***red envelope*** 紅包

18. **A** 我們必須按照我們的收入<u>編預算</u>，以達到收支平衡。

(B) ***budget***[3] 〔'bʌdʒɪt 〕 *n.* 預算　*v.* 編預算 (= *plan*)

(A) mention[3] 〔'mɛnʃən 〕 *v.* 提到 (= *refer to*)

* income[2] 〔'ɪn,kʌm 〕 *n.* 收入

make (both) ends meet 使收支平衡

19. **A** 你必須躬行己<u>說</u>。

(A) ***preach***[5] 〔 pritʃ 〕 *v.* 傳教；說教；倡導 (= *advocate*)

(B) pray[2] 〔 pre 〕 *v.* 祈禱 (= *request* = *hope*)

* practice[1] 〔'præktɪs 〕 *v.* 實行 (= *carry out* = *perform*)

20. **B** 中國文化受到孔子思想的<u>強烈影響</u>。

(A) realistically[4] 〔,riə'lɪstɪklɪ 〕 *adv.* 寫實地 (= *practically*)

(B) ***intensively***[4] 〔 ɪn'tɛnsɪvlɪ 〕 *adv.* 強烈地；徹底地；密集地

(= *thoroughly* = *completely* = *deeply*)

* culture[2] 〔'kʌltʃə 〕 *n.* 文化　　influence[2] 〔'ɪnfluəns 〕 *v.* 影響

Confucianism 〔 kən'fjuʃən,ɪzəm 〕 *n.* 儒家思想；孔子思想

TEST 27

Choose the one most suitable for filling in the blank.

1. Asia is the largest _____ in the world.
   A. section　　B. continent 　　　　【台灣段考】

2. She is fond of _____ others.
   A. bleaching　　B. criticizing 　　　　【台灣段考】

3. Parents should _____ good manners in their children.
   A. instill　　B. boast 　　　　【台灣段考】

4. After a long day, let's _____.
   A. pitch　　B. relax 　　　　【台灣段考】

5. This plan did nothing to _____ the problem.
   A. alleviate　　B. infect 　　　　【台灣段考】

6. She consumed a small _____ of food.
   A. number　　B. quantity 　　　　【台灣段考】

7. The design of the house had a pleasing _____.
   A. symphony　　B. symmetry 　　　　【台灣段考】

8. Illness will _____ our strength.
   A. diminish　　B. react 　　　　【台灣段考】

9. Even faced with great distress, he didn't change his
   _____.
   A. countenance　　B. gender 　　　　【台灣段考】

10. To our _____, the old man committed suicide.
    A. amazement　　B. landmark 　　　　【台灣段考】

11. Misery likes _____.
    A. minimum   B. company   【台灣段考】

12. The machine is _____ and gets broken easily.
    A. delicate   B. private   【台灣段考】

13. The house isn't big enough. _____, it's too far.
    A. Furthermore   B. Conversely   【台灣段考】

14. The book contains _____ about his life in Japan.
    A. dynasties   B. anecdotes   【台灣段考】

15. The G7 _____ meeting will be held in the U.S.
    A. summit   B. peak   【台灣段考】

16. _____ are important for transportation and
    irrigation.
    A. Canals   B. Pensions   【台灣段考】

17. The doctor prescribed for him some medicine in
    _____.
    A. capsules   B. carpets   【台灣段考】

18. Yesterday I came across an old friend on the street
    _____.
    A. farther   B. unexpectedly   【台灣段考】

19. Ginger soup was my mother's _____ cold remedy.
    A. favorite   B. false   【台灣段考】

20. They threw into the river everything they didn't like,
    so the river was _____.
    A. flunked   B. polluted   【台灣段考】

TEST 27 詳解

1. **B** 亞洲是世界上最大的<u>洲</u>。
   - (A) section[2] 〔'sɛkʃən 〕 *n.* 部分（ = *part* = *division* ）
   - (B) ***continent***[3] 〔'kɑntənənt 〕 *n.* 洲；大陸（ = *mainland* ）

2. **B** 她喜歡<u>批評</u>別人。
   - (A) bleach[5] 〔 blitʃ 〕 *v.* 漂白（ = *whiten* ）
   - (B) ***criticize***[4] 〔'krɪtə,saɪz 〕 *v.* 批評（ = *condemn* = *disapprove* ）
   - * ***be fond of*** 喜歡（ = *like* ）

3. **A** 父母親應該<u>灌輸</u>他們的小孩良好的禮貌。
   - (A) ***instill*** 〔 ɪn'stɪl 〕 *v.* 將…逐漸灌輸給（ = *introduce* = *teach* ）
   - (B) boast[4] 〔 bost 〕 *v.* 自誇（ = *brag* ）；以擁有~自豪
   - * manners[3] 〔'mænəz 〕 *n. pl.* 禮貌

4. **B**
   - (A) pitch[2] 〔 pɪtʃ 〕 *v.* 投擲（ = *throw* = *toss* = *fling* ）
   - (B) ***relax***[3] 〔 rɪ'læks 〕 *v.* 放鬆（ = *unwind* = *loosen up* ）

5. **A** 這個計畫沒辦法<u>減緩</u>這個問題。
   - (A) ***alleviate*** 〔 ə'livɪ,et 〕 *v.* 減輕；緩和（ = *relieve* = *ease* ）
   - (B) infect[4] 〔 ɪn'fɛkt 〕 *v.* 傳染；感染（ = *contaminate* ）

6. **B** 她吃掉了少量的食物。
   - (A) number[1] 〔'nʌmbə 〕 *n.* 數字；號碼；數目【用於可數名詞】
   - (B) ***quantity***[6] 〔'kwɑntətɪ 〕 *n.* 量（ = *amount* ）
   - * consume[4] 〔 kən'sum , -sjum 〕 *v.* 消耗；吃（喝）（ = *eat/drink* ）

7. **B** 這棟房子的設計有令人愉悅的<u>對稱</u>。
   - (A) symphony[4] 〔'sɪmfənɪ 〕 *n.* 交響樂
   - (B) ***symmetry***[6] 〔'sɪmɪtrɪ 〕 *n.* 對稱（ = *balance* ）
   - * design[2] 〔 dɪ'zaɪn 〕 *n.* 設計
   - pleasing[1] 〔'plizɪŋ 〕 *adj.* 令人愉快的（ = *pleasant* ）

8. **A** 疾病會使我們的體力<u>減弱</u>。

    (A) ***diminish***[6] 〔 dəˈmɪnɪʃ 〕 *v.* 減少 (= *decrease* = *reduce*)

    (B) react[3] 〔 rɪˈækt 〕 *v.* 反應 < *to* > (= *respond to* = *answer*)

    * illness[2] 〔ˈɪlnɪs 〕 *n.* 疾病   strength[3] 〔 strɛŋθ 〕 *n.* 力量;體力

9. **A** 即使面對很大的痛苦,他的<u>臉色</u>也沒有改變。

    (A) ***countenance*** 〔ˈkaʊntənəns 〕 *n.* 臉色;表情 (= *face*)

    (B) gender[5] 〔ˈdʒɛndɚ 〕 *n.* 性別 (= *sex*)

    * distress[5] 〔 dɪˈstrɛs 〕 *n.* 痛苦 (= *pain* = *grief* = *agony*)

10. **A** 令我們<u>驚訝</u>的是,這個老人自殺了。

    (A) ***amazement***[3] 〔 əˈmezmənt 〕 *n.* 驚訝 (= *surprise* = *shock*)

    (B) landmark[4] 〔ˈlændˌmɑrk 〕 *n.* 地標 (= *sight* = *attraction*)

    * commit[4] 〔 kəˈmɪt 〕 *v.* 犯 (罪)   suicide[3] 〔ˈsuəˌsaɪd 〕 *n.* 自殺

11. **B** 【諺】不幸喜歡<u>同伴</u>;禍不單行。

    (A) minimum[4] 〔ˈmɪnəməm 〕 *n.* 最小量 (= *smallest amount*)

    (B) ***company***[2] 〔ˈkʌmpənɪ 〕 *n.* 同伴 (= *companions*)【不可數】

    * misery[3] 〔ˈmɪzərɪ 〕 *n.* 悲慘;不幸 (= *misfortune*)

12. **A** 這機器很<u>精密</u>,很容易壞掉。

    (A) ***delicate***[4] 〔ˈdɛləkət , -kɪt 〕 *adj.* 精巧的;精密的 (= *fine*)

    (B) private[2] 〔ˈpraɪvɪt 〕 *adj.* 私人的 (= *personal*)

    * broken[1] 〔ˈbrokən 〕 *adj.* 損壞的 (= *damaged*)

13. **A**   (A) ***furthermore***[4] 〔ˈfɝðɚˌmor 〕 *adv.* 此外 (= *moreover*)

    (B) conversely[4] 〔 kənˈvɝslɪ 〕 *adv.* 相反地 (= *on the contrary*)

14. **B** 這本書包含了有關他在日本生活的<u>軼事</u>。

    (A) dynasty[4] 〔ˈdaɪnəstɪ 〕 *n.* 朝代 (= *rein*)

    (B) ***anecdote***[6] 〔ˈænɪkˌdot 〕 *n.* 軼事 (= *story*)

    * contain[4] 〔 kənˈten 〕 *v.* 包含

15. **A** 這次七國高峰會議將在美國舉行。

(A) ***summit***^{3}〔'sʌmɪt〕*n.* 山頂　*adj.* 最高階層的；元首級的
summit meeting 高峰會議

(B) peak^3〔pik〕*n.* 山頂；頂點（ = *summit* = *mountaintop* ）
adj. 最高點的；尖峰的　　***peak hours*** 尖峰時間

* ***G7*** 七大工業國組織（ = *Group of Seven* ）

16. **A** 運河對運輸和灌溉很重要。

(A) ***canal***^{5}〔kə'næl〕*n.* 運河（ = *waterway* = *channel* ）

(B) pension^6〔'pɛnʃən〕*n.* 退休金（ = *retirement income* ）

* transportation^4〔,trænspɚ'teʃən〕*n.* 運輸
irrigation〔,ɪrə'geʃən〕*n.* 灌溉

17. **A** 醫生給他開了一些膠囊的藥。

(A) ***capsule***^{6}〔'kæpsḷ〕*n.* 膠囊；太空艙

(B) carpet^2〔'kɑrpɪt〕*n.* 地毯（ = *rug* ）

* prescribe^6〔prɪ'skraɪb〕*v.* 開藥方；規定

18. **B** 昨天我意外地在街上遇見一位老朋友。

(A) farther^3〔'fɑrðɚ〕*adv., adj.* 更遠

(B) ***unexpectedly***^{2}〔,ʌnɪk'spɛktɪdlɪ〕*adv.* 突然；意外地
（ = *surprisingly* = *by chance* ）

* ***come across*** （偶然）遇見（ = *bump into* = *run into* ）

19. **A** 薑湯是我媽媽最喜愛的感冒治療法。

(A) ***favorite***^{2}〔'fevərɪt〕*adj.* 最喜愛的（ = *favored* = *beloved* ）

(B) false^1〔fɔls〕*adj.* 錯誤的；假的（ = *wrong* = *incorrect* ）

* ginger^4〔'dʒɪndʒɚ〕*n.* 薑　　remedy^4〔'rɛmədɪ〕*n.* 治療法

20. **B** 他們將不喜歡的每一件東西都丟進河裡，所以這河被污染了。

(A) flunk^4〔flʌŋk〕*v.* 使不及格；當掉（ = *fail* ）

(B) ***pollute***^{3}〔pə'lut〕*v.* 污染（ = *contaminate* ）

TEST 28

Choose the one most suitable for filling in the blank.

1. Don't _____ him. He is too young.
   A. blend   B. blame   【台灣學測】

2. I have a toothache, so I need to see a _____.
   A. dentist   B. dresser   【台灣學測】

3. It never _____ to me that such a thing would happen.
   A. occurred   B. yielded   【台灣學測】

4. You had better cut down on the unnecessary _____.
   A. stumps   B. expenses   【台灣學測】

5. The plan must be carried out, _____ of cost.
   A. exclusive   B. regardless   【台灣學測】

6. I'd like to thank you for your _____.
   A. hospitality   B. humidity   【台灣學測】

7. We marveled at the _____ of the setting sun.
   A. splendor   B. parlor   【台灣學測】

8. She was hospitalized because of _____.
   A. pneumonia   B. protein   【台灣學測】

9. Sara enjoys _____ her friends by making up stories.
   A. amusing   B. altering   【台灣學測】

10. No matter how bad the _____ is, we must stay positive.
    A. reduction   B. situation   【台灣學測】

11. The old lady is _____ of taking care of herself.
　　A. incapable　　B. ignorant　　　　　【台灣學測】

12. However _____ the job is, they will face and complete it.
　　A. single　　B. tough　　　　　【台灣學測】

13. Don't be _____ in making a decision. Please think twice.
　　A. hasty　　B. holy　　　　　【台灣學測】

14. He did it on purpose. However, I wasn't _____.
　　A. literate　　B. irritated　　　　　【台灣學測】

15. The general _____ the soldiers to blow up the bridge.
　　A. commanded　　B. commended　　　　　【台灣學測】

16. We have to _____ the old system before adopting the new one.
　　A. abolish　　B. anticipate　　　　　【台灣學測】

17. Owing to the shower, the baseball game was _____.
　　A. circulated　　B. postponed　　　　　【台灣學測】

18. My father is strong-willed. He never _____ to force.
　　A. swallows　　B. surrenders　　　　　【台灣學測】

19. The teacher asked his students to participate _____ in class.
　　A. actively　　B. ideally　　　　　【台灣學測】

20. He likes finding _____ with others, so he's not popular.
　　A. fence　　B. fault　　　　　【台灣學測】

TEST 28 詳解

1. **B** (A) blend[4] 〔 blɛnd 〕 *v.* 混合 (= *mix* = *mingle*)
   (B) ***blame***[3] 〔 blem 〕 *v.* 責備 (= *condemn* = *criticize*)

2. **A** 我牙齒痛，所以要去看牙醫。
   (A) ***dentist***[2] 〔ˈdɛntɪst 〕 *n.* 牙醫
   (B) dresser[5] 〔ˈdrɛsɚ 〕 *n.* 梳妝台

3. **A** 我從來沒有想過這種事情會發生。
   (A) ***occur***[2] 〔 əˈkɝ 〕 *v.* 發生；想到
   occur to *sb.* 某人想到 (某事)
   (= *strike sb.* = *hit sb.* = *come to sb.'s mind*)
   (B) yield[5] 〔 jild 〕 *v.* 屈服；讓步 < *to* >

4. **B** 你最好減少不必要的支出。
   (A) stump[5] 〔 stʌmp 〕 *n.* 殘株；樹樁
   (B) ***expense***[3] 〔 ɪkˈspɛns 〕 *n.* 費用；支出
   (= *money spent on sth.* = *spending* = *expenditure*)
   * ***cut down on*** 減少
   unnecessary[2] 〔 ʌnˈnɛsəˌsɛrɪ 〕 *adj.* 不必要的

5. **B** 這個計畫必須執行，不論多少代價。
   (A) exclusive[6] 〔 ɪkˈsklusɪv 〕 *adj.* 除外的；獨家的
   exclusive of ~ ~除外；不包括~
   (B) ***regardless***[6] 〔 rɪˈgɑrdlɪs 〕 *adj.* 不管；不論 < *of* >
   regardless of 不論；不管 (= *irrespective of*)

6. **A** 我要感謝您的熱情款待。
   (A) ***hospitality***[6] 〔ˌhɑspɪˈtælətɪ 〕 *n.* 好客；熱情款待
   (= *welcome*)
   (B) humidity[4] 〔 hjuˈmɪdətɪ 〕 *n.* 潮濕 (= *dampness*)

7. **A** 落日的<u>光輝</u>令我們讚嘆不已。

    (A) ***splendor***[5] 〔'splɛndə 〕*n.* 光輝 (= *glory* = *grandeur*)

    (B) parlor[5] 〔'parlə 〕*n.* 店 (= *store* = *shop*)

    * marvel[5] 〔'marvḷ 〕*v.* 驚嘆；讚嘆 < *at* >　　***setting sun*** 落日

8. **A** 她因爲<u>肺炎</u>而住院。

    (A) ***pneumonia***[6] 〔 nju'moniə 〕*n.* 肺炎

    (B) protein[4] 〔'protin 〕*n.* 蛋白質

    * hospitalize[6] 〔'hɑspɪtḷ,aɪz 〕*v.* 使住院

9. **A** 莎拉喜歡編故事<u>娛樂</u>朋友。

    (A) ***amuse***[4] 〔 ə'mjuz 〕*v.* 娛樂；使高興 (= *entertain* = *please*)

    (B) alter[5] 〔'ɔltə 〕*v.* 改變 (= *change*)

    * ***make up*** 捏造；編造

10. **B** 無論<u>情況</u>多麼惡劣，我們必須要保持樂觀。

    (A) reduction[4] 〔 rɪ'dʌkʃən 〕*n.* 減少 (= *decrease* = *cut*)

    (B) ***situation***[3] 〔,sɪtʃu'eʃən 〕*n.* 情況 (= *circumstance*)

11. **A** (A) ***incapable***[3] 〔 ɪn'kepəbḷ 〕*adj.* 無法 < *of* > (= *unable to* V)

    (B) ignorant[4] 〔'ɪgnərənt 〕*adj.* 無知的；不知道的 < *of* >

12. **B** 無論這個工作有多<u>困難</u>，他們都會去面對並完成它。

    (A) single[2] 〔'sɪŋgḷ 〕*adj.* 單一的；單身的

    (B) ***tough***[4] 〔 tʌf 〕*adj.* 困難的 (= *hard* = *difficult*)

    * however[2] 〔 hau'ɛvə 〕*adv.* 無論多麼~ (= *no matter how*)

    face[1] 〔 fes 〕*v.* 面對　　complete[2] 〔 kəm'plit 〕*v.* 完成

13. **A** 不要<u>草率</u>地做決定。請三思。

    (A) ***hasty***[3] 〔'hestɪ 〕*adj.* 匆忙的；草率的 (= *rushed* = *hurried*)

    (B) holy[3] 〔'holɪ 〕*adj.* 神聖的 (= *sacred*)

    * ***make a decision*** 做決定　　***think twice*** 考慮；三思

14. **B** (A) literate[6] (ˈlɪtərɪt) *adj.* 識字的

    (B) ***irritated***[6] (ˈɪrəˌtetɪd) *adj.* 生氣的 (= *angry* = *annoyed*)

    * ***on purpose*** 故意地

15. **A** 將軍命令士兵炸毀那座橋。

    (A) ***command***[3] (kəˈmænd) *v.* 命令 (= *order* = *direct*)

    (B) commend (kəˈmɛnd) *v.* 稱讚 (= *compliment* = *praise*)

    * general[1,2] (ˈdʒɛnərəl) *n.* 將軍   soldier[2] (ˈsoldʒɚ) *n.* 士兵

    blow up 炸毀 (= *explode* = *blast*)

16. **A** 在採用新的制度之前，我們必須把舊的廢除。

    (A) ***abolish***[5] (əˈbalɪʃ) *v.* 廢除 (= *do away with* = *end*)

    (B) anticipate[6] (ænˈtɪsəˌpet) *v.* 預期；期待 (= *expect*)

    * system[3] (ˈsɪstəm) *n.* 系統；制度   adopt[3] (əˈdapt) *v.* 採用

17. **B** (A) circulate[4] (ˈsɝkjəˌlet) *v.* 循環

    (B) ***postpone***[3] (postˈpon) *v.* 延期；延緩 (= *put off* = *delay*)

    * ***owing to*** 由於   shower[2] (ˈʃaʊɚ) *n.* 陣雨

18. **B** (A) swallow[2] (ˈswalo) *v.* 吞   *n.* 燕子

    (B) ***surrender***[4] (səˈrɛndɚ) *v.* 投降；屈服 < *to* >

    (= *submit to* = *yield to* = *give in to*)

    * ***strong-willed*** 意志堅強的   force[1] (fors) *n.* 武力

19. **A** 老師要求學生上課時積極地參與。

    (A) ***actively***[2] (ˈæktɪvlɪ) *adv.* 積極地；主動地

    (= *energetically* = *vigorously* = *keenly*)

    (B) ideally[3] (aɪˈdiəlɪ) *adv.* 理想地；完美地

    * participate[3] (pɚˈtɪsəˌpet) *v.* 參與

20. **B** (A) fence[2] (fɛns) *n.* 籬笆；圍牆

    (B) ***fault***[2] (fɔlt) *n.* 過錯 (= *error* = *mistake*)

    find fault with 挑剔；批評 (= *pick on* = *criticize*)

TEST 29

Choose the one most suitable for filling in the blank.

1. After the rain, the road became wet and _____.
   A. slippery　　B. fatal　　　　　　【台灣學測】

2. The building appears to be on the _____ of collapse.
   A. verge　　B. mercy　　　　　　【台灣學測】

3. What he does is not _____ with what he says.
   A. consistent　　B. earnest　　　　【台灣學測】

4. This money can help you through the _____.
   A. mischief　　B. crisis　　　　　【台灣學測】

5. She was always _____ to lose things.
   A. feminine　　B. inclined　　　　【台灣學測】

6. While on the boat, she felt seasick and _____.
   A. scanned　　B. vomited　　　　　【台灣學測】

7. Please forgive my _____, but what does that mean?
   A. ignorance　　B. paradise　　　　【台灣學測】

8. _____, the brighter students do better in class.
   A. Generally　　B. Immediately　　【台灣學測】

9. He was utterly _____ to the report.
   A. lean　　B. indifferent　　　　　【台灣學測】

10. The government should care about the _____ of people.
    A. tempo　　B. welfare　　　　　【台灣學測】

11. Cockroaches, like unwelcome visitors, are hard to
   _____.
   A. eliminate   B. emerge   【台灣學測】

12. Thousands of _____ were forced to leave their
   country.
   A. refugees   B. republics   【台灣學測】

13. To escape from the robbers, they _____ to the
   mountains.
   A. flipped   B. fled   【台灣學測】

14. I admit Philip is _____ to me in many ways.
   A. senior   B. superior   【台灣學測】

15. When you receive the order, act _____.
   A. accordingly   B. clinically   【台灣學測】

16. Water _____ of hydrogen and oxygen.
   A. consists   B. composes   【台灣學測】

17. The woman earns her _____ by selling flowers.
   A. livelihood   B. livestock   【台灣學測】

18. I like everything about the apartment _____ for the
   rent.
   A. barely   B. except   【台灣學測】

19. The problem of child _____ deserves our attention.
   A. abuse   B. economy   【台灣學測】

20. Drunk driving _____ to many traffic accidents.
   A. grants   B. contributes   【台灣學測】

TEST 29　詳解

1. **A** (A) ***slippery***[3]〔'slɪpərɪ〕*adj.* 滑的（ = *greasy* = *oily* = *slimy*）

　　(B) fatal[4]〔'fetḷ〕*adj.* 致命的（ = *deadly*）

2. **A** 那棟建築物看起來似乎快塌了。

　　(A) ***verge***[6]〔vɝdʒ〕*n.* 邊緣（ = *edge*）

　　be on the verge of 瀕臨；快要（ = *be on the point of*）

　　(B) mercy[4]〔'mɝsɪ〕*n.* 慈悲

　　* appear[1]〔ə'pɪr〕*v.* 似乎　　collapse[4]〔kə'læps〕*n.* 倒塌

3. **A** 他所做的和所說的不一致。

　　(A) ***consistent***[4]〔kən'sɪstənt〕*adj.* 一致的（ = *coherent*）

　　(B) earnest[4]〔'ɝnɪst〕*adj.* 認真的（ = *serious*）

4. **B** 這筆錢可以幫助你度過危機。

　　(A) mischief[4]〔'mɪstʃɪf〕*n.* 頑皮；惡作劇

　　(B) ***crisis***[2]〔'kraɪsɪs〕*n.* 危機

　　　（ = *emergency* = *trouble* = *plight*）

5. **B** 她總是很容易把東西弄丟。

　　(A) feminine[5]〔'fɛmənɪn〕*adj.* 女性的（ = *womanly*）

　　(B) ***inclined***[6]〔ɪn'klaɪnd〕*adj.* 傾向於；易於 < *to* >

　　　（ = *apt* = *prone*）

6. **B** (A) scan[5]〔skæn〕*v.* 掃瞄

　　(B) ***vomit***[6]〔'vɑmɪt〕*v.* 嘔吐（ = *throw up*）

　　* seasick〔'si,sɪk〕*adj.* 暈船的

7. **A** (A) ***ignorance***[3]〔'ɪgnərəns〕*n.* 無知

　　　（ = *unawareness* = *lack of knowledge*）

　　(B) paradise[3]〔'pærə,daɪs〕*n.* 天堂（ = *heaven*）

8. **A** <u>通常</u>，較聰明的學生課堂表現比較好。

    (A) ***generally***[1,2] （'dʒɛnərəlɪ） *adv.* 一般地；通常

        (= *by and large* = *in general*)

    (B) immediately[3] （ ɪ'midɪɪtlɪ ） *adv.* 立刻 (= *instantly*)

    * bright[1] （ braɪt ） *adj.* 聰明的 (= *clever* = *smart*)

9. **B** (A) lean[4] （ lin ） *adj.* 瘦的 (= *thin* = *slim* = *slender*)

    (B) ***indifferent***[5] （ ɪn'dɪfərənt ） *adj.* 漠不關心的 < *to* >

        (= *unconcerned* = *uninterested* = *uncaring*)

    * utterly[5] （'ʌtəlɪ ） *adv.* 完全地 (= *completely*)

10. **B** 政府應該關心老百姓的<u>福利</u>。

    (A) tempo[5] （'tɛmpo ） *n.* 節奏；步調

    (B) ***welfare***[4] （'wɛl,fɛr ） *n.* 福利；福祉 (= *well-being*)

11. **A** 蟑螂就像不受歡迎的訪客，很難<u>除去</u>。

    (A) ***eliminate***[4] （ ɪ'lɪmə,net ） *v.* 除去 (= *remove* = *get rid of*)

    (B) emerge[4] （ ɪ'mɝdʒ ） *v.* 出現 (= *come out* = *appear*)

    * cockroach[2] （'kɑk,rotʃ ） *n.* 蟑螂 (= *roach*)

12. **A** 數千名<u>難民</u>被迫離開自己的國家。

    (A) ***refugee***[4] （,rɛfju'dʒi ） *n.* 難民

    (B) republic[3] （ rɪ'pʌblɪk ） *n.* 共和國

    * force[1] （ fors ） *v.* 強迫

13. **B** 為了逃離強盜，他們逃到山裡。

    (A) flip[5] （ flɪp ） *v.* 輕拋 (= *toss*)

    (B) ***flee***[4] （ fli ） *v.* 逃走；逃離 (= *escape* = *run away*)

    * escape[3] （ ə'skep ） *v.* 逃走   robber[3] （'rɑbɚ ） *n.* 強盜

14. **B** (A) senior[4] （'sinjɚ ） *adj.* 較年長的 < *to* > (= *older than*)

    (B) ***superior***[3] （ sə'pɪrɪɚ ） *adj.* 較優秀的 < *to* > (= *better than*)

    * admit[3] （ əd'mɪt ） *v.* 承認   way[1] （ we ） *n.* 方面

15. **A** 當你收到命令時，就<u>照著</u>做。

    (A) ***accordingly***[6] 〔 ə'kɔrdɪŋlɪ 〕*adv.* 依照；照著

        (= *correspondingly*)

    (B) clinically[6] 〔'klɪnɪkḷɪ 〕*adv.* 臨床上地

    * order[1] 〔'ɔrdɚ 〕*n.* 命令

16. **A** (A) ***consist***[4] 〔 kən'sɪst 〕*v.* 組成

        consist of 由~組成 (= *be composed of* = *be made up of*)

    (B) compose[4] 〔 kəm'poz 〕*v.* 組成

    * hydrogen[4] 〔'haɪdrədʒən 〕*n.* 氫　oxygen[4] 〔'ɑksədʒən 〕*n.* 氧

17. **A** 那個女士靠賣花<u>謀生</u>。

    (A) ***livelihood*** 〔'laɪvlɪ,hʊd 〕*n.* 生計；生活 (= *living*)

        earn/make *one's*/a ***livelihood***/living *by*~　靠~為生

    (B) livestock[5] 〔'laɪv,stɑk 〕*n.* 家畜

18. **B** 這間公寓<u>除了</u>房租之外，我樣樣都喜歡。

    (A) barely[3] 〔'bɛrlɪ 〕*adv.* 幾乎不 (= *hardly*)

    (B) ***except***[1] 〔 ɪk'sɛpt 〕*prep.* 除了　***except for*** 除了~之外

    * apartment[2] 〔 ə'pɑrtmənt 〕*n.* 公寓

    rent[2] 〔 rɛnt 〕*n.* 房租（和 price「價格」一樣，只能用 high 或 low 來形容）

19. **A** <u>虐待</u>兒童的問題值得我們注意。

    (A) ***abuse***[6] 〔 ə'bjus 〕*n.* 虐待 (= *maltreatment*)

    (B) economy[4] 〔 ɪ'kɑnəmɪ 〕*n.* 經濟

    * deserve[4] 〔 dɪ'zɜv 〕*v.* 應得；值得

20. **B** (A) grant[5] 〔 grænt 〕*v.* 答應；給予 (= *allow* = *give*)

    (B) ***contribute***[4] 〔 kən'trɪbjut 〕*v.* 促成；造成 < *to* >

        (= *cause* = *result in* = *lead to* = *bring about*)

    * ***drunk driving*** 酒醉駕車

TEST 30

Choose the one most suitable for filling in the blank.

1. In English, sounds do not always _____ to letters.
   A. correspond   B. fetch   【台灣學測】

2. The sales of the new product are _____ good.
   A. overwhelmingly   B. punctually   【台灣學測】

3. One's success is in _____ to one's hard work.
   A. excess   B. proportion   【台灣學測】

4. These _____ will last for two months at best.
   A. batteries   B. lightning   【台灣學測】

5. We didn't expect to face a lot of _____ to the scheme.
   A. repetition   B. opposition   【台灣學測】

6. I used a computer to finish the _____.
   A. assignment   B. frustration   【台灣學測】

7. I cannot _____ a car, so I use public transportation.
   A. afford   B. desert   【台灣學測】

8. This is the most _____ discovery we've ever made.
   A. significant   B. weary   【台灣學測】

9. Beijing was the _____ city of the 2008 Olympics.
   A. host   B. hint   【台灣學測】

10. Jane _____ her notes so that she would remember them for the test.
    A. reviewed   B. revenged   【台灣學測】

11. He will give all his _____ to his wife.
    A. dignity　　B. property　　　　　【台灣學測】

12. The government should _____ severe punishments
    on drunk drivers.
    A. insure　　B. impose　　　　　【台灣學測】

13. I am _____ about how John got so much money.
    A. curious　　B. loose　　　　　【台灣學測】

14. The firemen rushed in and tried to _____ the fire.
    A. extinguish　　B. extract　　　　【台灣學測】

15. It is hard for him to _____ a balance between work
    and family.
    A. strike　　B. beat　　　　　【台灣學測】

16. John was _____ for being late for class.
    A. faked　　B. scolded　　　　　【台灣學測】

17. This table doesn't match the _____ of the room.
    A. stuff　　B. style　　　　　【台灣學測】

18. We always _____ the cost when we have lunch
    together.
    A. split　　B. project　　　　　【台灣學測】

19. The police decided to _____ the case thoroughly.
    A. investigate　　B. mingle　　　　【台灣學測】

20. I can hardly _____ Jim from Joe; they are so much
    alike.
    A. distinguish　　B. detach　　　　【台灣學測】

TEST 30 詳解

1. **A** 在英文中，發音與字母並不一定相<u>符合</u>。

(A) **correspond**[4] 〔͵kɔrə'spɑnd 〕 *v.* 符合 < *to* >

(= *match* = *relate to* = *agree with*)；通信 < *with* >

(B) fetch[4] 〔 fɛtʃ 〕 *v.* 拿來；去拿 (= *go and get* = *bring back*)

* ***not always*** 不一定；未必　　letter[1] 〔'lɛtɚ 〕 *n.* 字母

2. **A** 這項新產品的銷售狀況<u>出奇地</u>好。

(A) **overwhelmingly**[5] 〔͵ovɚ'hwɛlmɪŋlɪ 〕 *adv.* 壓倒性地；

極大地 (= *tremendously* = *awesomely*)

(B) punctually[6] 〔'pʌŋktʃʊəlɪ 〕 *adv.* 準時地 (= *on time*)

3. **B** 一個人的成功與他的努力成<u>比例</u>。

(A) excess[5] 〔 ɪk'sɛs 〕 *n.* 超過 (= *surplus* = *overflow*)

(B) **proportion**[5] 〔 prə'porʃən 〕 *n.* 比例

in proportion to 與～成比例

(= *in keeping with* = *corresponding to*)

4. **A** (A) **battery**[4] 〔'bætərɪ 〕 *n.* 電池

(B) lightning[2] 〔'laɪtnɪŋ 〕 *n.* 閃電

* last[1] 〔 læst 〕 *v.* 持續　　 ***at best*** 最多；充其量

5. **B** 我們沒想到這項計劃會面對這麼多<u>反對</u>。

(A) repetition[4] 〔͵rɛpə'tɪʃən 〕 *n.* 重覆

(B) **opposition**[6] 〔͵ɑpə'zɪʃən 〕 *n.* 反對

(= *objection* = *disapproval*)

* expect[2] 〔 ɪk'spɛkt 〕 *v.* 預期　　scheme[5] 〔 skim 〕 *n.* 計劃

6. **A** (A) **assignment**[4] 〔 ə'saɪnmənt 〕 *n.* 作業 (= *homework* = *task*)

(B) frustration[4] 〔 frʌs'treʃən 〕 *n.* 挫折

7. **A**　我<u>買</u>不起車，所以我使用大衆運輸工具。

(A) ***afford***[3] 〔 ə'ford 〕 *v.* 負擔得起 (= *pay for*)

(B) desert[2] 〔 dɪ'zɝt 〕 *v.* 抛棄 (= *abandon* = *forsake*)

* ***public transportation*** 大衆運輸工具

8. **A**　這是我們所做過最<u>重大的</u>發現。

(A) ***significant***[3] 〔 sɪg'nɪfəkənt 〕 *adj.* 重大的
(= *important* = *vital*)

(B) weary[5] 〔 'wɪrɪ 〕 *adj.* 疲倦的 (= *tired*)

* discovery[3] 〔 dɪ'skʌvərɪ 〕 *n.* 發現

9. **A**　(A) ***host***[2,4] 〔 host 〕 *n.* 主人；主持人　*adj.* 主人的；主辦的

(B) hint[3] 〔 hɪnt 〕 *n.* 暗示

* Olympics 〔 o'lɪmpɪks 〕 *n.* 奧運會

10. **A**　珍在<u>複習</u>她的筆記，要記下來應付考試。

(A) ***review***[2] 〔 rɪ'vju 〕 *v.* 複習 (= *run over* = *go over* = *study*)

(B) revenge[4] 〔 rɪ'vɛndʒ 〕 *v. n.* 報復

11. **B**　(A) dignity[4] 〔 'dɪgnətɪ 〕 *n.* 尊嚴 (= *self-respect*)

(B) ***property***[3] 〔 'prɑpətɪ 〕 *n.* 財產
(= *possessions* = *belongings*)

12. **B**　政府應該對醉酒駕車的人<u>處以</u>嚴厲的處罰。

(A) insure[5] 〔 ɪn'ʃur 〕 *v.* 爲～投保；保險

(B) ***impose***[5] 〔 ɪm'poz 〕 *v.* 施加 (= *inflict*)

* severe[4] 〔 sə'vɪr 〕 *adj.* 嚴厲的
punishment[2] 〔 'pʌnɪʃmənt 〕 *n.* 處罰
drunk[3] 〔 drʌŋk 〕 *adj.* 喝醉的

13. **A**　(A) ***curious***[2] 〔 'kjurɪəs 〕 *adj.* 好奇的 (= *inquiring*)

(B) loose[3] 〔 lus 〕 *adj.* 鬆的 (↔ *tight* *adj.* 緊的)

14. **A** 消防隊員衝進去，想要撲滅大火。

    (A) ***extinguish*** 〔 ɪkˈstɪŋgwɪʃ 〕 *v.* 撲滅 (= *put out*)

    (B) extract[6] 〔 ɪkˈstrækt 〕 *v.* 拔出；抽出 (= *pull out*)

    * fireman[2] 〔ˈfaɪrmən 〕 *n.* 消防隊員　　rush[2] 〔 rʌʃ 〕 *v.* 衝

15. **A** 他很難在工作和家庭之間取得平衡。

    (A) ***strike***[2] 〔 straɪk 〕 *v.* 打擊；達成；取得

    (B) beat[1] 〔 bit 〕 *v.* 打；打敗 (= *defeat*)

16. **B** (A) fake[3] 〔 fek 〕 *v.* 假裝；偽造 (= *forge* = *counterfeit*)

    (B) ***scold***[4] 〔 skold 〕 *v.* 責罵

        (= *call down* = *reprimand* = *tell off*)

17. **B** 這張桌子和這個房間的風格不搭。

    (A) stuff[3] 〔 stʌf 〕 *n.* 東西；物品

    (B) ***style***[3] 〔 staɪl 〕 *n.* 風格 (= *design* = *pattern*)

    * match[2.1] 〔 mætʃ 〕 *v.* 相配；配合

18. **A** 我們一起吃午餐時都是各自分攤費用。

    (A) ***split***[4] 〔 splɪt 〕 *v.* 分裂；分攤 (= *divide* = *separate* = *share*)

    (B) project[2] 〔 prəˈdʒɛkt 〕 *v.* 投射；計畫 (= *plan*)

19. **A** 警方決定要徹底調查這個案件。

    (A) ***investigate***[3] 〔 ɪnˈvɛstəˌget 〕 *v.* 調查 (= *look into*)

    (B) mingle[5] 〔ˈmɪŋgl 〕 *v.* 混合 (= *mix* = *blend*)

    * case[1] 〔 kes 〕 *n.* 案件　　thoroughly[4] 〔ˈθɝolɪ 〕 *adv.* 徹底地

20. **A** 我幾乎不能分辨吉姆和喬；他們真的太像了。

    (A) ***distinguish***[4] 〔 dɪˈstɪŋgwɪʃ 〕 *v.* 分辨 < *from* >

        distinguish A from B 分辨 A 與 B (= *tell A from B*)

    (B) detach[6] 〔 dɪˈtætʃ 〕 *v.* 使分離 < *from* > (= *separate*)

    * hardly[2] 〔ˈhardlɪ 〕 *adv.* 幾乎不　　alike[2] 〔 əˈlaɪk 〕 *adj.* 相像的

TEST 31

Choose the one most suitable for filling in the blank.

1. A good _____ is a soft pillow.
   A. conscience　　B. confidence　　【台灣學測】

2. She _____ to go on a diet.
   A. resolved　　B. revolved　　【台灣學測】

3. To her _____, her son returned safe and sound.
   A. grief　　B. relief　　【台灣學測】

4. The message was _____ by telephone.
   A. transplanted　　B. transmitted　　【台灣學測】

5. They are guided by _____ rather than by reason.
   A. impulse　　B. logic　　【台灣學測】

6. John is the only expert who is _____ for the position.
   A. elegant　　B. eligible　　【台灣學測】

7. The boy threw a _____ at the barking dog.
   A. pebble　　B. bubble　　【台灣學測】

8. In factories, robots help to lift heavy _____.
   A. subjects　　B. objects　　【台灣學測】

9. My younger brother is as _____ as a peacock.
   A. vain　　B. conservative　　【台灣學測】

10. An optimistic man will stick to a _____ philosophy of life.
    A. negative　　B. positive　　【台灣學測】

11. Some computers are _____ to do very complicated work.

　　A. resigned　　B. designed 【台灣學測】

12. Stop _____; say whatever it is out loud.

　　A. yelling　　B. whispering 【台灣學測】

13. With emails, we can send _____ to people far away.

　　A. packages　　B. messages 【台灣學測】

14. I threw a piece of meat to the dog and he _____ it in one go.

　　A. stripped　　B. swallowed 【台灣學測】

15. The sad story made my eyes _____ with tears.

　　A. dry　　B. moist 【台灣學測】

16. If you work _____, you won't waste time or energy.

　　A. sufficiently　　B. efficiently 【台灣學測】

17. She is so fond of taking selfies. What _____!

　　A. vanity　　B. contempt 【台灣學測】

18. After I helped her, she sent me a letter of _____.

　　A. application　　B. appreciation 【台灣學測】

19. Many people had died from drinking _____ water.

　　A. contaminated　　B. inevitable 【台灣學測】

20. Putting food into one's mouth with a knife is considered _____ in England.

　　A. illegal　　B. vulgar 【台灣學測】

TEST 31 詳解

1. **A** 【諺】不做虧心事，夜半敲門心不驚。

(A) **conscience**[4] ('kanʃəns) *n.* 良心

(B) confidence[4] ('kanfədəns) *n.* 信心

* soft[1] (sɔft) *adj.* 柔軟的　　pillow[2] ('pɪlo) *n.* 枕頭

2. **A** (A) **resolve**[4] (rɪ'zalv) *v.* 決心 (= *determine*
= *make up one's mind*)

(B) revolve[5] (rɪ'valv) *v.* 旋轉；公轉

* **go on a diet** 節食

3. **B** 令她鬆一口氣的是，她的兒子安然無恙地回來了。

(A) grief[4] (grif) *n.* 悲傷

(B) **relief**[3] (rɪ'lif) *n.* 放心；鬆了一口氣
to one's relief 令某人鬆一口氣的是

* **safe and sound** 安然無恙

4. **B** (A) transplant[6] (træns'plænt) *v.* 移植

(B) **transmit**[6] (træns'mɪt) *v.* 傳送；傳達 (= *send*)

5. **A** 他們是受一時的衝動所影響，而非理智。

(A) **impulse**[5] ('ɪmpʌls) *n.* 衝動 (= *urge* = *sudden desire*)

(B) logic[4] ('ladʒɪk) *n.* 邏輯

* guide[1] (gaɪd) *v.* 引導；影響　　**rather than** 而不是
reason[1] ('rizn̩) *n.* 理智；理性

6. **B** 約翰是唯一有資格擔任那個職位的專家。

(A) elegant[4] ('ɛləgənt) *adj.* 優雅的 (= *graceful*)

(B) **eligible**[6] ('ɛlɪdʒəbl̩) *adj.* 合格的 (= *qualified* = *suitable*)

* expert[2] ('ɛkspɜt) *n.* 專家　　position[1] (pə'zɪʃən) *n.* 職位

7. **A** 男孩對著那隻吠叫的狗丟<u>石頭</u>。

    (A) ***pebble***^{4}〔'pɛbḷ〕*n.* 小圓石   (B) bubble^3〔'bʌbḷ〕*n.* 氣泡

8. **B** 在工廠裏，機器人能幫忙搬起重<u>物</u>。

    (A) subject^2〔'sʌbdʒɪkt〕*n.* 科目；主題

    (B) ***object***^{2}〔'ɑbdʒɪkt〕*n.* 物品 (= *article* = *item*)

    * robot^1〔'robət〕*n.* 機器人   lift^1〔lɪft〕*v.* 抬起

    heavy^1〔'hɛvɪ〕*adj.* 重的

9. **A** 我弟弟像孔雀一樣<u>虛榮</u>。

    (A) ***vain***^{4}〔ven〕*adj.* 虛榮的；自負的 (= *conceited* = *proud*)

    (B) conservative^4〔kən'sɜvətɪv〕*adj.* 保守的

    * peacock^5〔'pi͵kɑk〕*n.* 孔雀

10. **B** 樂觀的人都會堅持保有<u>積極的</u>人生觀。

    (A) negative^2〔'nɛgətɪv〕*adj.* 負面的；消極的

    (B) ***positive***^{2}〔'pɑzətɪv〕*adj.* 正面的；積極的 (= *hopeful*)

    * optimistic^3〔͵ɑptə'mɪstɪk〕*adj.* 樂觀的   ***stick to*** 堅持

    philosophy^4〔fə'lɑsəfɪ〕*n.* 哲學；人生觀

11. **B** (A) resign^4〔rɪ'zaɪn〕*v.* 辭職 (B) ***design***^{2}〔dɪ'zaɪn〕*v.* 設計

    * complicated^4〔'kɑmplə͵ketɪd〕*adj.* 複雜的

12. **B** 不要再<u>耳語</u>；有什麼事就說出來。

    (A) yell^3〔jɛl〕*v.* 大叫

    (B) ***whisper***^{2}〔'hwɪspɚ〕*v.* 耳語；小聲說 (= *murmur*)

    * ***out loud*** 出聲地 (= *aloud*)

13. **B** 有了電子郵件，我們可以將<u>訊息</u>傳送給遠方的人。

    (A) package^2〔'pækɪdʒ〕*n.* 包裹

    (B) ***message***^{2}〔'mɛsɪdʒ〕*n.* 訊息

14. **B** (A) strip³ 〔 strɪp 〕 *v.* 剝掉；剝奪 (= *peel off* = *deprive*)

 (B) ***swallow*²** 〔'swɑlo〕 *v.* 吞 (= *eat*)　 *n.* 燕子

 * meat¹ 〔 mit 〕 *n.* 肉　 ***in one go*** 一次 (= *all at one time*)

15. **B** 這個傷心的故事使我淚濕眼眶。

 (A) dry¹ 〔 draɪ 〕 *adj.* 乾的

 (B) ***moist*³** 〔 mɔɪst 〕 *adj.* 潮濕的 (= *humid* = *damp* = *wet*)

 * tear² 〔 tɪr 〕 *n.* 眼淚

16. **B** (A) sufficiently³ 〔 sə'fɪʃəntlɪ 〕 *adv.* 充分地

 (B) ***efficiently*³** 〔 ə'fɪʃəntlɪ 〕 *adv.* 有效率地

 * energy² 〔'ɛnədʒɪ 〕 *n.* 精力

17. **A** 她超喜歡自拍。眞是虛榮！

 (A) ***vanity*⁵** 〔'vænətɪ 〕 *n.* 虛榮；自大 (= *emptiness* = *pride*)

 (B) contempt⁵ 〔 kən'tɛmpt 〕 *n.* 輕視

 * ***be fond of*** 喜歡　 selfie 〔'sɛlfɪ 〕 *n.* 自拍

18. **B** 在我幫助她之後，她寄了一封感謝函給我。

 (A) application⁴ 〔,æplə'keʃən 〕 *n.* 申請

 (B) ***appreciation*⁴** 〔 ə,priʃɪ'eʃən 〕 *n.* 感激

 (= *gratitude* = *thankfulness* = *thanks*)

19. **A** (A) ***contaminated*⁵** 〔 kən'tæmə,netɪd 〕 *adj.* 受污染的

 (= *polluted* = *tainted* = *dirty*)

 (B) inevitable⁶ 〔 ɪn'ɛvətəbḷ 〕 *adj.* 不可避免的

20. **B** 在英國，用刀子將食物送入口中，被認爲是很粗俗的。

 (A) illegal 〔 ɪ'ligḷ 〕 *adj.* 非法的 (↔ *legal* ²)

 (B) ***vulgar*⁶** 〔'vʌlgə 〕 *adj.* 粗俗的 (= *rude* = *unrefined*)

 * knife¹ 〔 naɪf 〕 *n.* 刀子　 consider² 〔 kən'sɪdə 〕 *v.* 認爲

TEST 32

Choose the one most suitable for filling in the blank.

1. You can increase your _____ by reading.
   A. emotion   B. vocabulary   【台灣學測】

2. The boss held a party to show his _____ to his staff.
   A. gratitude   B. aptitude   【台灣學測】

3. Candidates should _____ in a gentlemanly manner.
   A. complete   B. compete   【台灣學測】

4. You had better _____ the trouble from your mind.
   A. dismiss   B. devote   【台灣學測】

5. Work hard, and you will soon _____ your ambition.
   A. retain   B. attain   【台灣學測】

6. A well-balanced diet _____ nutrition for the body.
   A. contributes   B. provides   【台灣學測】

7. Our government welcomes _____ criticism.
   A. constructive   B. destructive   【台灣學測】

8. Man makes use of whatever is _____ to him.
   A. precise   B. available   【台灣學測】

9. May I have the _____ of your company at dinner?
   A. pleasure   B. presence   【台灣學測】

10. He was ill-mannered. It was _____ of him to be so rude.
    A. official   B. typical   【台灣學測】

11. His _____ was interrupted by applause.
   A. request　　B. performance　　【台灣學測】

12. To my relief, our son managed to _____ the difficulties.
   A. overpass　　B. overcome　　【台灣學測】

13. They were _____ to a ferry to the island.
   A. transferred　　B. interpreted　　【台灣學測】

14. The desk is easy to _____— all you need is a screwdriver.
   A. resent　　B. assemble　　【台灣學測】

15. She _____ for me as a secretary during my absence.
   A. replaced　　B. substituted　　【台灣學測】

16. The conference was to _____ better understanding between the two sides.
   A. promote　　B. arouse　　【台灣學測】

17. The important issue deserves special _____.
   A. emphasis　　B. premium　　【台灣學測】

18. The little boy looked at his mother _____.
   A. increasingly　　B. inquiringly　　【台灣學測】

19. The ambitious man did all he could to attain his _____.
   A. courtesy　　B. purpose　　【台灣學測】

20. He felt _____ when he didn't hand in his assignment.
   A. guilty　　B. casual　　【台灣學測】

TEST 32 詳解

1. **B** (A) emotion[2] 〔 ɪ'moʃən 〕 *n.* 情緒
   (B) ***vocabulary***[2] 〔 və'kæbjə,lɛrɪ 〕 *n.* 字彙

2. **A** 老板舉辦了一場派對，以表達他對員工的<u>感激</u>。
   (A) ***gratitude***[4] 〔'grætə,tjud 〕 *n.* 感激
      (= *appreciation* = *thanks*)
   (B) aptitude[6] 〔'æptə,tjud 〕 *n.* 性向；才能
   * hold[1] 〔 hold 〕 *v.* 舉行   staff[3] 〔 stæf 〕 *n.* 全體員工

3. **B** 候選人的<u>競爭</u>應該要有紳士風度。
   (A) complete[2] 〔 kəm'plit 〕 *v.* 完成
   (B) ***compete***[3] 〔 kəm'pit 〕 *v.* 競爭 (= *contend* = *contest*)
   * candidate[4] 〔'kændə,det 〕 *n.* 候選人
   gentlemanly[2] 〔'dʒɛntl̩mənlɪ 〕 *adj.* 紳士風度的；彬彬有禮的
   manner[2] 〔'mænɚ 〕 *n.* 態度；方式

4. **A** (A) ***dismiss***[4] 〔 dɪs'mɪs 〕 *v.* 摒除；忘卻 (= *reject*
      = *put out of your mind*)
   (B) devote[4] 〔 dɪ'vot 〕 *v.* 奉獻；致力 (= *dedicate*)

5. **B** (A) retain[4] 〔 rɪ'ten 〕 *v.* 保留 (= *keep* = *hold*)
   (B) ***attain***[6] 〔 ə'ten 〕 *v.* 達到 (= *achieve* = *accomplish*)
   * ambition[3] 〔 æm'bɪʃən 〕 *n.* 抱負

6. **B** 均衡的飲食<u>提供</u>我們身體營養。
   (A) contribute[4] 〔 kən'trɪbjut 〕 *v.* 貢獻；捐獻 < *to* > (= *donate*)
   (B) ***provide***[2] 〔 prə'vaɪd 〕 *v.* 提供 < *for* > (= *supply* = *offer*)
   * well-balanced 〔'wɛl'bælənst 〕 *adj.* 均衡的
   diet[3] 〔'daɪət 〕 *n.* 飲食   nutrition[6] 〔 nju'trɪʃən 〕 *n.* 營養

7. **A** (A) ***constructive***[4] 〔 kən'strʌktɪv 〕 *adj.* 有建設性的
　　 (B) destructive[5] 〔 dɪ'strʌktɪv 〕 *adj.* 破壞性的
　　 * criticism[4] 〔'krɪtə,sɪzəm 〕 *n.* 批評

8. **B** 人類會利用手邊<u>可獲得的</u>任何事物。
　　 (A) precise[4] 〔 prɪ'saɪs 〕 *adj.* 精確的 (= *accurate*)
　　 (B) ***available***[3] 〔 ə'veləbḷ 〕 *adj.* 可獲得的 < *to* >
　　　　 (= *obtainable* = *accessible*)
　　 * ***make use of*** 利用

9. **A** (A) ***pleasure***[2] 〔'plɛʒɚ 〕 *n.* 愉快；榮幸
　　 (B) presence[2] 〔'prɛzṇs 〕 *n.* 出席
　　 * company[2] 〔'kʌmpənɪ 〕 *n.* 同伴；陪伴

10. **B** (A) official[2] 〔 ə'fɪʃəl 〕 *adj.* 正式的 (= *formal*)
　　 (B) ***typical***[3] 〔'tɪpɪkḷ 〕 *adj.* 典型的；特有的 < *of* >
　　　　 (= *characteristic* = *representative*)
　　 * ill-mannered 〔'ɪl'mænɚd 〕 *adj.* 沒禮貌的
　　　 rude[2] 〔 rud 〕 *adj.* 無禮的

11. **B** (A) request[3] 〔 rɪ'kwɛst 〕 *n.* 要求
　　 (B) ***performance***[3] 〔 pɚ'fɔrməns 〕 *n.* 表演 (= *show*)
　　 * interrupt[3] 〔,ɪntə'rʌpt 〕 *v.* 打斷　　 applause[5] 〔 ə'plɔz 〕 *n.* 掌聲

12. **B** (A) overpass[2] 〔'ovɚ,pæs 〕 *n.* 天橋　 *cf.* underpass[4] *n.* 地下道
　　 (B) ***overcome***[4] 〔,ovɚ'kʌm 〕 *v.* 克服
　　　　 (= *conquer* = *triumph over*)
　　 * ***to one's relief*** 令某人感到放心的是
　　　 manage to V 設法做到～

13. **A** (A) ***transfer***[4] 〔 træns'fɝ 〕 *v.* 轉移；轉乘
　　 (B) interpret[4] 〔 ɪn'tɝprɪt 〕 *v.* 口譯；解釋 (= *explain*)
　　 * ferry[4] 〔'fɛrɪ 〕 *n.* 渡輪

14. **B** (A) resent[5] 〔 rɪˈzɛnt 〕 v. 憎恨 (= *hate* = *dislike*)

(B) ***assemble***[4] 〔 əˈsɛmbḷ 〕 v. 裝配 (= *put together*)

* screwdriver[4] 〔ˈskruˌdraɪvɚ 〕 n. 螺絲起子

15. **B** 我不在的期間，她代替我擔任祕書。

(A) replace[3] 〔 rɪˈples 〕 v. 取代【不加 for】

(B) ***substitute***[5] 〔ˈsʌbstəˌtjut 〕 v. 代替 < *for* >

* absence[2] 〔ˈæbsṇs 〕 n. 不在；缺席

16. **A** 這次會議的舉行，是為了促使雙方更加了解彼此。

(A) ***promote***[3] 〔 prəˈmot 〕 v. 促進 (= *encourage*)

(B) arouse[4] 〔 əˈrauz 〕 v. 喚起；激起 (= *stimulate*)

* conference[4] 〔ˈkɑnfərəns 〕 n. 會議

17. **A** 這項重要議題值得特別重視。

(A) ***emphasis***[4] 〔ˈɛmfəsɪs 〕 n. 重視 (= *stress*)

(B) premium 〔ˈprimɪəm 〕 n. 保險金

* issue[5] 〔ˈɪʃu 〕 n. 議題　　deserve[4] 〔 dɪˈzɝv 〕 v. 應得

18. **B** (A) increasingly[2] 〔 ɪnˈkrisɪŋlɪ 〕 *adv.* 愈來愈

(= *more and more*)

(B) ***inquiringly***[5] 〔 ɪnˈkwaɪrɪŋlɪ 〕 *adv.* 探詢地

(= *inquisitively* = *questioningly*)

19. **B** 那位有抱負的年輕人盡全力達成他的目的。

(A) courtesy[4] 〔ˈkɝtəsɪ 〕 n. 禮貌 (= *good manners*)

(B) ***purpose***[1] 〔ˈpɝpəs 〕 n. 目的 (= *target* = *aim* = *goal*
= *object* = *objective*)

* ambitious[4] 〔 æmˈbɪʃəs 〕 *adj.* 有抱負的

20. **A** (A) ***guilty***[4] 〔ˈgɪltɪ 〕 *adj.* 內疚的；心虛的

(B) casual[3] 〔ˈkæʒuəl 〕 *adj.* 偶然的；休閒的；非正式的

* ***hand in*** 繳交　　assignment[4] 〔 əˈsaɪnmənt 〕 n. 作業

TEST 33

Choose the one most suitable for filling in the blank.

1. My teacher _____ me on my essay.
   A. complimented　　B. complemented　　【台灣學測】

2. His father is a dealer in used cars by _____.
   A. vacation　　B. vocation　　【台灣學測】

3. Einstein is one of the greatest American _____.
   A. physicians　　B. physicists　　【台灣學測】

4. The _____ of the trees in the water was quite clear.
   A. shadow　　B. reflection　　【台灣學測】

5. A humorous person always sees things in _____.
   A. prospective　　B. perspective　　【台灣學測】

6. We can smell the _____ the blossoms send forth.
   A. fragrance　　B. incense　　【台灣學測】

7. She _____ an ice cube loudly in her mouth.
   A. crunched　　B. shattered　　【台灣學測】

8. I used to sit in cafés, _____ how people behaved.
   A. observing　　B. glancing　　【台灣學測】

9. It's a _____ that both of them are named Phil.
   A. consciousness　　B. coincidence　　【台灣學測】

10. He kept bragging, without noticing the _____ looks
    of the other people.
    A. scornful　　B. adorable　　【台灣學測】

11. The goods were _____ from the factory to the station.
    A. transported   B. transformed   【台灣學測】

12. Her eyes _____ when she learned that many children became orphans after the quake.
    A. marveled   B. moistened   【台灣學測】

13. _____ the issue from merely one angle will be unfair.
    A. Perceiving   B. Receiving   【台灣學測】

14. He felt much sympathy for them in their _____.
    A. apology   B. misfortune   【台灣學測】

15. The harbor offers vessels _____ from typhoons.
    A. shelter   B. finance   【台灣學測】

16. The prince _____ Sleeping Beauty with a kiss.
    A. awakened   B. arose   【台灣學測】

17. Preparing for the exam is hard work, but it's _____.
    A. exhausting   B. rewarding   【台灣學測】

18. Mr. Smith spoke at the meeting through an _____.
    A. rover   B. interpreter   【台灣學測】

19. Do you know the _____ of the grasshopper and the ant?
    A. fable   B. myth   【台灣學測】

20. Taiwan is one of the most _____ populated places in the world.
    A. conventionally   B. densely   【台灣學測】

TEST 33　詳解

1. **A** 我的老師<u>稱讚</u>我的文章。

　　(A) ***compliment***[5] 〔'kɑmplə,mɛnt 〕 *v.* 稱讚 (= *praise*)

　　(B) complement[6] 〔'kɑmplə,mɛnt 〕 *v.* 補充 (= *complete*)

　　* essay[4] 〔'ɛse 〕 *n.* 論說文；文章 (= *article*)

2. **B** (A) vacation[2] 〔 ve'keʃən 〕 *n.* 假期

　　(B) ***vocation***[6] 〔 vo'keʃən 〕 *n.* 職業 (= *occupation*)

　　　　by vocation 就職業而言 (= *by occupation*)

　　* dealer[3] 〔'dilɚ 〕 *n.* 商人　　used[2] 〔 just 〕 *adj.* 用過的；二手的

3. **B** (A) physician[4] 〔 fə'zɪʃən 〕 *n.* 內科醫生

　　(B) ***physicist***[4] 〔'fɪzəsɪst 〕 *n.* 物理學家

　　* Einstein 〔'aɪnstaɪn 〕 *n.* 愛因斯坦

4. **B** (A) shadow[3] 〔'ʃædo 〕 *n.* 影子

　　(B) ***reflection***[4] 〔 rɪ'flɛkʃən 〕 *n.* 倒影；反射

5. **B** 有幽默感的人總是能以<u>正確的眼光</u>來看事物。

　　(A) prospective[6] 〔 prə'spɛktɪv 〕 *adj.* 未來的；預期的

　　(B) ***perspective***[6] 〔 pɚ'spɛktɪv 〕 *n.* 正確的眼光

　　* humorous[3] 〔'hjumərəs 〕 *adj.* 幽默的

6. **A** 我們可以聞到花朵散發出來的<u>香味</u>。

　　(A) ***fragrance***[4] 〔'fregrəns 〕 *n.* 香味 (= *sweet smell* = *scent*)

　　(B) incense[5] 〔'ɪnsɛns 〕 *n.* 香；香料

　　* blossom[4] 〔'blɑsəm 〕 *n.* (果樹的) 花　　***send forth*** 散發出

7. **A** 她把一塊冰塊放到口中，大聲<u>咬得嘎吱作響</u>。

　　(A) ***crunch***[5] 〔 krʌntʃ 〕 *v.* (將食物) 咬得嘎吱作響

　　(B) shatter[5] 〔'ʃætɚ 〕 *v.* 使粉碎

　　* cube[4] 〔 kjub 〕 *n.* 立方體　　***ice cube*** 冰塊

8. **A** 我過去常常坐在咖啡廳裏，<u>觀察</u>人們的行爲舉止。

    (A) ***observe***³ 〔 əb'zɝv 〕 *v.* 觀察 (= *watch*)

    (B) glance³ 〔 glæns 〕 *v.* 看一眼 < *at* > (= *glimpse*)

    * ***used to V*** 以前常常   café² 〔 kæ'fe 〕 *n.* 咖啡廳

    behave³ 〔 bɪ'hev 〕 *v.* 行爲；舉止

9. **B** (A) consciousness³ 〔'kɑnʃəsnɪs 〕 *n.* 意識

    (B) ***coincidence***⁶ 〔 ko'ɪnsədəns 〕 *n.* 巧合

    * name¹ 〔 nem 〕 *v.* 命名

10. **A** 他一直在自誇，沒注意到其他人<u>輕蔑的</u>表情。

    (A) ***scornful***⁵ 〔'skɔrnfəl 〕 *adj.* 輕蔑的 (= *sneering*)

    (B) adorable⁵ 〔 ə'dorəbḷ 〕 *adj.* 可愛的 (= *lovely*)

    * brag 〔 bræg 〕 *v.* 自誇   notice¹ 〔'notɪs 〕 *v.* 注意到

    looks¹ 〔 lʊks 〕 *n. pl.* 表情

11. **A** (A) ***transport***³ 〔 træns'port 〕 *v.* 運送 (= *carry* = *ship*)

    (B) transform⁴ 〔 træns'fɔrm 〕 *v.* 轉變 (= *alter* = *change*)

    * goods⁴ 〔 gʊdz 〕 *n. pl.* 商品   factory¹ 〔'fæktrɪ 〕 *n.* 工廠

12. **B** 當她知道在地震過後，有很多兒童成了孤兒時，眼眶就<u>濕</u>了。

    (A) marvel⁵ 〔'mɑrvḷ 〕 *v.* 感到驚訝 < *at* > (= *wonder*)

    (B) ***moisten***³ 〔'mɔɪsn̩ 〕 *v.* 變潮濕 (= *dampen*)

    * learn¹ 〔 lɝn 〕 *v.* 知道   orphan³ 〔'ɔrfən 〕 *n.* 孤兒

    quake⁴ 〔 kwek 〕 *n.* 地震 (= *earthquake*)

13. **A** 只從一個角度來<u>了解</u>這個議題是不公平的。

    (A) ***perceive***⁵ 〔 pɚ'siv 〕 *v.* 察覺；了解

        (= *understand* = *sense* = *feel* = *notice*)

    (B) receive¹ 〔 rɪ'siv 〕 *v.* 收到

    * issue⁵ 〔'ɪʃu 〕 *n.* 議題   merely⁴ 〔'mɪrlɪ 〕 *adv.* 僅僅；只是

    angle³ 〔'æŋgḷ 〕 *n.* 角度   unfair² 〔 ʌn'fɛr 〕 *adj.* 不公平的

14. **B** 他對他們的<u>不幸</u>深表同情。
   - (A) apology⁴ 〔əˋpɑlədʒɪ〕 *n.* 道歉
   - (B) ***misfortune***⁴ 〔mɪsˋfɔrtʃən〕 *n.* 不幸 (= *ill luck*)
   - * sympathy⁴ 〔ˋsɪmpəθɪ〕 *n.* 同情

15. **A** 港口能提供船隻<u>保護</u>，以躲避颱風。
   - (A) ***shelter***⁴ 〔ˋʃɛltɚ〕 *n.* 避難；保護 (= *refuge* = *protection*)
   - (B) finance⁴ 〔ˋfaɪnæns〕 *n.* 財務
   - * harbor³ 〔ˋhɑrbɚ〕 *n.* 港口　　vessel⁴ 〔ˋvɛsḷ〕 *n.* 船
     typhoon² 〔taɪˋfun〕 *n.* 颱風

16. **A** 王子用一吻<u>喚醒</u>睡美人。
   - (A) ***awaken***³ 〔əˋwekən〕 *v.* 叫醒 (= *wake up*)
   - (B) arise⁴ 〔əˋraɪz〕 *v.* 發生 (= *come up* = *happen*)
   - * prince² 〔prɪns〕 *n.* 王子　　beauty¹ 〔ˋbjutɪ〕 *n.* 美女

17. **B**
   - (A) exhausting⁴ 〔ɪgˋzɔstɪŋ〕 *adj.* 令人筋疲力盡的
   - (B) ***rewarding***⁴ 〔rɪˋwɔrdɪŋ〕 *adj.* 有益的；值得的
     (= *fulfilling* = *satisfying* = *worthwhile*)

18. **B**
   - (A) rover 〔ˋrovɚ〕 *n.* 流浪的人
   - (B) ***interpreter***⁵ 〔ɪnˋtɝprɪtɚ〕 *n.* 口譯員

19. **A**
   - (A) ***fable***³ 〔ˋfebḷ〕 *n.* 寓言故事　　(B) myth⁵ 〔mɪθ〕 *n.* 神話
   - * grasshopper³ 〔ˋgræsˌhɑpɚ〕 *n.* 蚱蜢　　ant¹ 〔ænt〕 *n.* 螞蟻

20. **B** 台灣是全世界人口最<u>稠密</u>的地區之一。
   - (A) conventionally⁴ 〔kənˋvɛnʃənḷɪ〕 *adv.* 傳統地
   - (B) ***densely***⁴ 〔ˋdɛnslɪ〕 *adv.* 稠密地 (= *thickly*)
   - * populate⁶ 〔ˋpɑpjəˌlet〕 *v.* 居住於 (= *inhabit*)
     densely/thickly ***populated*** 人口稠密的

TEST 34

Choose the one most suitable for filling in the blank.

1. They are the sole _____ of this tragedy.
   A. explorers   B. survivors   【台灣學測】

2. Mutual understanding is _____ to a happy marriage.
   A. essential   B. miraculous   【台灣學測】

3. What you said is _____. Please make it clear.
   A. ambiguous   B. spectacular   【台灣學測】

4. He is _____ in his studies.
   A. assured   B. absorbed   【台灣學測】

5. Red is always _____ around the Chinese New Year.
   A. in   B. on   【台灣學測】

6. _____ demand decreased due to the recession.
   A. Capital   B. Consumer   【台灣學測】

7. They offer a wide range of services to their _____.
   A. clients   B. liquids   【台灣學測】

8. He has changed so much that I can hardly _____ him.
   A. reconcile   B. recognize   【台灣學測】

9. He didn't plan to celebrate his 8th wedding _____.
   A. anniversary   B. controversy   【台灣學測】

10. The new policy is to _____ the rate of economic growth.
    A. accelerate   B. overwhelm   【台灣學測】

11. Meters and grams are both units of _____.
    A. pronunciation　　B. measurement　　【台灣學測】

12. A young teacher tends to show great _____ for education.
    A. relevance　　B. enthusiasm　　【台灣學測】

13. The law must be enforced _____.
    A. strictly　　B. peacefully　　【台灣學測】

14. Alfred Nobel's greatness is _____.
    A. incredulous　　B. unequalled　　【台灣學測】

15. We must not _____ upon others' private property.
    A. translate　　B. trespass　　【台灣學測】

16. The police _____ his identity and arrested him.
    A. discovered　　B. denied　　【台灣學測】

17. He _____ that it would take less time to go there by plane.
    A. combined　　B. calculated　　【台灣學測】

18. Languages began when humans _____ sounds they heard around them.
    A. imagined　　B. imitated　　【台灣學測】

19. My parents are _____ to my decision.
    A. appreciative　　B. sympathetic　　【台灣學測】

20. More and more people are aware of the danger of _____ smoking.
    A. passive　　B. decisive　　【台灣學測】

TEST 34 詳解

1. **B** 他們是這場悲劇唯一的<u>生還者</u>。

(A) explorer[4] 〔 ɪkˈsplorɚ 〕 *n.* 探險家

(B) ***survivor***[3] 〔 səˈvaɪvɚ 〕 *n.* 生還者

* sole[5] 〔 sol 〕 *adj.* 唯一的   tragedy[4] 〔ˈtrædʒədɪ 〕 *n.* 悲劇

2. **A** 要有幸福的婚姻，<u>互相的</u>了解是<u>非常重要的</u>。

(A) ***essential***[4] 〔 əˈsɛnʃəl 〕 *adj.* 必要的；非常重要的 (= *vital*)

(B) miraculous[6] 〔 məˈrækjələs 〕 *adj.* 奇蹟般的

* mutual[4] 〔ˈmjutʃʊəl 〕 *adj.* 互相的

3. **A** 你說得很<u>含糊</u>。請說清楚。

(A) ***ambiguous***[6] 〔 æmˈbɪgjʊəs 〕 *adj.* 含糊的；模稜兩可的

(B) spectacular[6] 〔 spɛkˈtækjəlɚ 〕 *adj.* 壯觀的

4. **B** 他很<u>專心</u>於課業。

(A) assure[4] 〔 əˈʃʊr 〕 *v.* 向～保證 (= *guarantee*)

(B) ***absorb***[4] 〔 əbˈsɔrb 〕 *v.* 使專心   ***be absorbed in*** 專心於

5. **A** 紅色在農曆新年期間總是很<u>流行</u>。

(A) ***in***[1] *adj.* 流行的 (= *trendy*)   (B) on[1] *adj.* 上映中；進行中

* around[1] 〔 əˈraʊnd 〕 *prep.* 大約在

6. **B** 由於不景氣，<u>消費者</u>的需求也減少了。

(A) capital[3,4] 〔ˈkæpətl̩ 〕 *n.* 首都；資本；大寫字母

(B) ***consumer***[4] 〔 kənˈsumɚ 〕 *n.* 消費者

* demand[4] 〔 dɪˈmænd 〕 *n.* 需求 (= *need*)   ***due to*** 由於
recession[6] 〔 rɪˈsɛʃən 〕 *n.* 不景氣 (= *depression* = *slump*)

7. **A** 他們為<u>客戶</u>提供各種服務。

(A) ***client***[3] 〔ˈklaɪənt 〕 *n.* 客戶   (B) liquid[2] 〔ˈlɪkwɪd 〕 *n.* 液體

* ***a*** (***wide***) ***range of*** 各種；多種   service[1] 〔ˈsɝvɪs 〕 *n.* 服務

8. **B** 他改變很多，我幾乎<u>認</u>不<u>出</u>他。

　　(A) reconcile[6] (ˈrɛkənˌsaɪl) v. 和解 (= settle)

　　(B) *recognize*[3] (ˈrɛkəgˌnaɪz) v. 認出 (= identify = know)

　　* *so ~ that* 如此 ~ 以致於　　hardly[2] (ˈhɑrdlɪ) adv. 幾乎不

9. **A** 他沒有計畫慶祝他的結婚八<u>週年紀念</u>。

　　(A) *anniversary*[4] (ˌænəˈvɝsərɪ) n. 週年紀念

　　(B) controversy[6] (ˈkɑntrəˌvɝsɪ) n. 爭議 (= debate)

　　* celebrate[3] (ˈsɛləˌbret) v. 慶祝　　wedding[1] (ˈwɛdɪŋ) n. 結婚典禮

10. **A** 這個新政策是爲了<u>加快</u>經濟成長的速度。

　　(A) *accelerate*[6] (ækˈsɛləˌret) v. 加速 (= speed up)

　　(B) overwhelm[5] (ˌovɚˈhwɛlm) v. 壓倒；戰勝 (= overcome)

　　* policy[2] (ˈpɑləsɪ) n. 政策　　rate[3] (ret) n. 速度

　　economic[4] (ˌikəˈnɑmɪk) adj. 經濟的

　　growth[3] (groθ) n. 成長

11. **B** 公尺和公克兩者都是<u>測量</u>的單位。

　　(A) pronunciation[4] (prəˌnʌnsɪˈeʃən) n. 發音

　　(B) *measurement*[2] (ˈmɛʒɚmənt) n. 測量

　　* meter[2] (ˈmitɚ) n. 公尺　　gram[3] (græm) n. 公克

　　unit[1] (ˈjunɪt) n. 單位

12. **B** 年輕的老師通常對教育充滿<u>熱忱</u>。

　　(A) relevance[6] (ˈrɛləvəns) n. 關連 (= connection)

　　(B) *enthusiasm*[4] (ɪnˈθjuzɪˌæzəm) n. 熱忱 (= passion = zeal)

　　* *tend to V* 傾向於；通常

13. **A** 法律必須<u>嚴格</u>執行。

　　(A) *strictly*[2] (ˈstrɪktlɪ) adv. 嚴格地 (= rigorously)

　　(B) peacefully[2] (ˈpisfəlɪ) adv. 和平地

　　* enforce[4] (ɪnˈfors) v. 執行

14. **B** 阿弗烈德‧諾貝爾的偉大是<u>無與倫比的</u>。

    (A) incredulous〔ɪnˋkrɛdʒələs〕*adj.* 不信的（= *disbelieving*）

    (B) ***unequalled***[1]〔ʌnˋikwəld〕*adj.* 無與倫比的（= *matchless*）

15. **B** 我們不可以<u>侵入</u>別人的私有財產。

    (A) translate[4]〔trænsˋlet〕*v.* 翻譯

    (B) ***trespass***[6]〔ˋtrɛspəs〕*v.* 侵入（= *intrude* = *invade*）

    * private[2]〔ˋpraɪvɪt〕*adj.* 私人的　property[3]〔ˋprɑpɚtɪ〕*n.* 財產

16. **A** 警方<u>發現</u>他的身份逮捕了他。

    (A) ***discover***[1]〔dɪˋskʌvɚ〕*v.* 發現（= *find out* = *learn*）

    (B) deny[2]〔dɪˋnaɪ〕*v.* 否認

    * identity[3]〔aɪˋdɛntətɪ〕*n.* 身份　arrest[2]〔əˋrɛst〕*v.* 逮捕

17. **B** 他<u>估算</u>，搭飛機去那裏，花的時間比較少。

    (A) combine[3]〔kəmˋbaɪn〕*v.* 結合

    (B) ***calculate***[4]〔ˋkælkjəˏlet〕*v.* 計算；估算（= *estimate*）

18. **B** 人類<u>模仿</u>在其周圍所聽到的聲音，是語言的開始。

    (A) imagine[2]〔ɪˋmædʒɪn〕*v.* 想像（= *fancy*）

    (B) ***imitate***[4]〔ˋɪməˏtet〕*v.* 模仿（= *mimic* = *copy*）

    * human[1]〔ˋhjumən〕*n.* 人類

19. **B** 我的父母<u>同意</u>我的決定。

    (A) appreciative[3]〔əˋpriʃɪˏetɪv〕*adj.* 感激的 < *of* >

    (B) ***sympathetic***[4]〔ˏsɪmpəˋθɛtɪk〕*adj.* 贊成的；有同感的 < *to* >

20. **A** 越來越多人察覺到<u>二手煙</u>的危險。

    (A) ***passive***[4]〔ˋpæsɪv〕*adj.* 被動的（↔ *active* *adj.* 主動的）

      passive smoking 二手煙（= *secondhand smoke*）

    (B) decisive[6]〔dɪˋsaɪsɪv〕*adj.* 決定性的

    * ***be aware of*** 知道；察覺到

TEST 35

Choose the one most suitable for filling in the blank.

1. The actress is gaining a lot of _____.
   A. publication　　B. publicity　　　　【台灣學測】

2. Our receptionists are almost _____ female.
   A. invariably　　B. tremendously　　　【台灣學測】

3. We need leaders of real _____ to guide us.
   A. vision　　B. victory　　　　　　　【台灣學測】

4. They _____ the room with insecticide.
   A. spring　　B. spray　　　　　　　　【台灣學測】

5. He _____ his father.
   A. resembles　　B. reserves　　　　　【台灣學測】

6. Their wedding _____ was held at a famous church.
   A. formality　　B. ceremony　　　　　【台灣學測】

7. They have got a general idea, but nothing _____.
   A. concrete　　B. executive　　　　　【台灣學測】

8. The angry father shook his fist at his son _____.
   A. heartily　　B. threateningly　　　　【台灣學測】

9. A telephone rang and _____ our conversation.
   A. intercepted　　B. interrupted　　　【台灣學測】

10. They felt _____ to hear that all the passengers were safe.
    A. relieved　　B. worried　　　　　　【台灣學測】

11. The two great powers are in _____ with each other with regard to nuclear weapons.
    A. competition   B. completion   【台灣學測】

12. Residents complained about the _____ caused by traffic.
    A. disturbance   B. intonation   【台灣學測】

13. Just be _____ with me and tell me how you feel.
    A. fussy   B. straight   【台灣學測】

14. She should take proper exercise to recover her _____.
    A. vitality   B. texture   【台灣學測】

15. I wish I could go, but I have a _____ engagement.
    A. practical   B. previous   【台灣學測】

16. People _____ to the construction of the new nuclear power plant
    A. oppress   B. object   【台灣學測】

17. Her teeth _____ because they were not taken good care of.
    A. decayed   B. defined   【台灣學測】

18. I can't stand your _____. Buy less, please.
    A. extravagance   B. diligence   【台灣學測】

19. One of the greatest _____ in life is a happy family.
    A. margins   B. blessings   【台灣學測】

20. The doctor _____ some medicine for me.
    A. prescribed   B. ascribed   【台灣學測】

TEST 35 詳解

1. **B** 那位女演員得到越來越多的<u>關注</u>。
   (A) population[2] 〔ˌpɑpjə'leʃən 〕 *n.* 人口
   (B) ***publicity***[4] 〔 pʌb'lɪsətɪ 〕 *n.* 知名度;關注 (= *attention*)
   * actress[1] 〔'æktrɪs 〕 *n.* 女演員　　gain[2] 〔 gen 〕 *v.* 獲得

2. **A** 我們的接待員幾乎<u>一定</u>是女的。
   (A) ***invariably***[6] 〔 ɪn'vɛrɪəblɪ 〕 *adv.* 不變地;一定 (= *always*)
   (B) tremendously[4] 〔 trɪ'mɛndəslɪ 〕 *adv.* 巨大地
   * receptionist[4] 〔 rɪ'sɛpʃənɪst 〕 *n.* 接待員
     female[2] 〔'fimel 〕 *adj.* 女性的

3. **A** 我們需要真正有<u>洞察力</u>的領導者來引導我們。
   (A) ***vision***[3] 〔'vɪʒən 〕 *n.* 先見;洞察力 (= *foresight*)
   (B) victory[2] 〔'vɪktərɪ 〕 *n.* 勝利 (= *triumph* = *success*)
   * guide[1] 〔 gaɪd 〕 *v.* 引導

4. **B** (A) spring[1,2] 〔 sprɪŋ 〕 *v.* 跳躍　　(B) ***spray***[3] 〔 spre 〕 *v.* 噴灑
   * insecticide 〔 ɪn'sɛktəˌsaɪd 〕 *n.* 殺蟲劑 (= *pesticide*)

5. **A** (A) ***resemble***[4] 〔 rɪ'zɛmbl̩ 〕 *v.* 相像 (= *be*/*look like*)
   (B) reserve[3] 〔 rɪ'zɝv 〕 *v.* 預訂 (= *book*)

6. **B** (A) formality[6] 〔 fɔr'mælətɪ 〕 *n.* 拘泥形式;正式
   (B) ***ceremony***[3] 〔'sɛrəˌmonɪ 〕 *n.* 典禮
      wedding ceremony 結婚典禮
   * hold[1] 〔 hold 〕 *v.* 舉行

7. **A** 他們已經有了大致的想法,但是還不<u>具體</u>。
   (A) ***concrete***[4] 〔'kɑnkrit 〕 *adj.* 具體的 (= *solid* = *real*)
   (B) executive[5] 〔 ɪg'zɛkjutɪv 〕 *adj.* 執行的;行政的
   * general[1,2] 〔'dʒɛnərəl 〕 *adj.* 大致的;概略的

8. **B** 這位憤怒的父親對著他的兒子<u>威脅地</u>揮舞拳頭。

(A) heartily[5] 〔'hɑrtɪlɪ 〕 *adv.* 衷心地（= *wholeheartedly*）

(B) ***threateningly***[3] 〔'θrɛtn̩ɪŋlɪ 〕 *adv.* 威脅地（= *menacingly*）

* shake[1] 〔 ʃek 〕 *v.* 揮動　　fist[3] 〔 fɪst 〕 *n.* 拳頭

9. **B** 電話鈴聲響，<u>打斷</u>了我們的談話。

(A) intercept 〔ˌɪntɚ'sɛpt 〕 *v.* 攔截

(B) ***interrupt***[3] 〔ˌɪntə'rʌpt 〕 *v.* 打斷（= *disrupt* = *stop*）

* ring[1] 〔 rɪŋ 〕 *v.* （鈴）響

10. **A** 聽到所有的乘客都平安，他們覺得<u>鬆了一口氣</u>。

(A) ***relieved***[4] 〔 rɪ'livd 〕 *adj.* 鬆了一口氣的；放心的

（= *reassured* = *comforted*）

(B) worried[1] 〔'wɝɪd 〕 *adj.* 擔心的（= *concerned*）

* passenger[2] 〔'pæsn̩dʒɚ 〕 *n.* 乘客

11. **A** 這兩大強國在核子武器方面，互相在<u>競爭</u>。

(A) ***competition***[4] 〔ˌkɑmpə'tɪʃən 〕 *n.* 競爭（= *rivalry*）

(B) completion[2] 〔 kəm'pliʃən 〕 *n.* 完成（= *conclusion* = *end*）

* power[1] 〔'paʊɚ 〕 *n.* 強國　　nuclear[4] 〔'njuklɪɚ 〕 *adj.* 核子的

with regard to 關於　　weapon[2] 〔'wɛpən 〕 *n.* 武器

12. **A** 居民們抱怨來往車輛造成的<u>騷擾</u>。

(A) ***disturbance***[6] 〔 dɪ'stɝbəns 〕 *n.* 騷擾；打擾（= *annoyance*）

(B) intonation[4] 〔ˌɪnto'neʃən 〕 *n.* 語調（= *tone* = *pitch*）

* resident[5] 〔'rɛzədənt 〕 *n.* 居民（= *inhabitant*）

complain[2] 〔 kəm'plen 〕 *v.* 抱怨

13. **B** 對我<u>直率</u>點，告訴我你的感覺。

(A) fussy[5] 〔'fʌsɪ 〕 *adj.* 大驚小怪的；挑剔的（= *picky*）

(B) ***straight***[2] 〔 stret 〕 *adj.* 直率的；誠實的（= *frank* = *honest*）

14. **A** 她應該做適當的運動以恢復<u>活力</u>。

    (A) ***vitality***[6] ﹝vaɪˋtælətɪ﹞ *n.* 活力;生命力 (= *energy*)

    (B) texture[6] ﹝ˋtɛkstʃɚ﹞ *n.* 質地;口感

    * proper[3] ﹝ˋprɑpɚ﹞ *adj.* 適當的　　recover[3] ﹝rɪˋkʌvɚ﹞ *v.* 恢復

15. **B** 我真希望能去,但是我已有<u>約</u>在<u>先</u>。

    (A) practical[3] ﹝ˋpræktɪkl﹞ *adj.* 實際的

    (B) ***previous***[3] ﹝ˋprivɪəs﹞ *adj.* 先前的 (= *prior* = *earlier*)

    * engagement[3] ﹝ɪnˋgedʒmənt﹞ *n.* 約會 (= *appointment*)

16. **B** 人們<u>反對</u>建造新的核能發電廠。

    (A) oppress[4] ﹝əˋprɛs﹞ *v.* 壓迫 (= *suppress*)

    (B) ***object***[6] ﹝əbˋdʒɛkt﹞ *v.* 反對 < *to* > (= *oppose* = *be against*)

    * construction[1] ﹝kənˋstrʌkʃən﹞ *n.* 建造

    nuclear[4] ﹝ˋnjuklɪr﹞ *adj.* 核子的　　plant[1] ﹝plænt﹞ *n.* 工廠

    power plant 發電廠　　***nuclear power plant*** 核能發電廠

17. **A** 她的牙齒因沒有妥善照顧,所以<u>蛀</u>掉了。

    (A) ***decay***[5] ﹝dɪˋke﹞ *v.* 腐爛　(B) define[4] ﹝dɪˋfaɪn﹞ *v.* 下定義

    * teeth[1] ﹝tiθ﹞ *n. pl.* 牙齒【單數是 tooth 】　　***take care of*** 照顧

18. **A** 我無法忍受你的<u>奢侈</u>。少買一點,拜託。

    (A) ***extravagance*** ﹝ɪkˋstrævəgəns﹞ *n.* 奢侈(= *overspending*)

    (B) diligence[4] ﹝ˋdɪlədʒəns﹞ *n.* 勤勉 (= *industry*)

    * stand[1] ﹝stænd﹞ *v.* 忍受 (= *endure* = *tolerate*)

19. **B** 人生最大的<u>幸福</u>之一,就是有個快樂的家庭。

    (A) margin[4] ﹝ˋmɑrdʒɪn﹞ *n.* 頁邊的空白;差距

    (B) ***blessing***[4] ﹝ˋblɛsɪŋ﹞ *n.* 幸福 (= *lucky thing*)

20. **A** (A) ***prescribe***[6] ﹝prɪˋskraɪb﹞ *v.* 開藥方

    (B) ascribe ﹝əˋskraɪb﹞ *v.* 歸因於 < *to* > (= *attribute*)

TEST 36

Choose the one most suitable for filling in the blank.

1. They worked so _____ that there was no time to talk.
   A. feverishly   B. violently   【台灣學測】

2. A(n) _____ studies the human mind.
   A. psychologist   B. egoist   【台灣學測】

3. Helen _____ turned up the radio while I was studying.
   A. deliberately   B. automatically   【台灣學測】

4. It was _____ that he would pass the examination.
   A. apparent   B. prudent   【台灣學測】

5. Intelligence does not _____ means success.
   A. necessarily   B. merely   【台灣學測】

6. He had difficulty _____ himself to a new environment.
   A. adapting   B. adepting   【台灣學測】

7. A jet _____ in a residential area near the airport.
   A. crushed   B. crashed   【台灣學測】

8. The police _____ the whole area for the criminal.
   A. searched   B. improved   【台灣學測】

9. The theater was filled to _____.
   A. capacity   B. brim   【台灣學測】

10. Giving children a proper _____ teaches them to use their money wisely.
    A. excellence   B. allowance   【台灣學測】

11. Are you getting an _____ wage for the work you are doing?

   A. efficient　　B. adequate　　　　【台灣學測】

12. The _____ I have of the principal is that of a very gentle person.

   A. message　　B. image　　　　【台灣學測】

13. A few _____ friends are better than many whose faces are all you know.

   A. intimate　　B. accurate　　　　【台灣學測】

14. We tried to _____ her when her dog died.

   A. congratulate　　B. console　　　　【台灣學測】

15. Marie happily showed us her diamond _____ ring.

   A. vanity　　B. engagement　　　　【台灣學測】

16. We should have _____ for the poor and those who are in need.

   A. compassion　　B. compression　　　　【台灣學測】

17. _____, he planned to stay there a year.

   A. Initially　　B. Exactly　　　　【台灣學測】

18. After two sleepless nights, my head is now _____.

   A. sweltering　　B. throbbing　　　　【台灣學測】

19. Women are said to be more _____ in negotiations.

   A. diplomatic　　B. spontaneous　　　　【台灣學測】

20. He is _____; he thinks he is the best at everything.

   A. conceited　　B. tangible　　　　【台灣學測】

TEST 36　詳解

1. **A** 他們瘋狂地工作，根本沒時間講話。
   (A) ***feverishly***² (ˈfivərɪʃlɪ) *adv.* 狂熱地 (= *excitedly* = *busily*)
   (B) violently³ (ˈvaɪələntlɪ) *adv.* 激烈地 (= *fiercely*)

2. **A** (A) ***psychologist***⁴ (saɪˈkɑlədʒɪst) *n.* 心理學家
   (B) egoist⁵ (ˈigoɪst) *n.* 利己主義者；自私自利的人

3. **A** 海倫故意在我唸書時，將收音機開大聲。
   (A) ***deliberately***⁶ (dɪˈlɪbərɪtlɪ) *adv.* 故意地 (= *on purpose*)
   (B) automatically³ (ˌɔtəˈmætɪklɪ) *adv.* 自動地
   * ***turn up*** 開大聲

4. **A** (A) ***apparent***³ (əˈpærənt) *adj.* 明顯的 (= *evident* = *clear*)
   (B) prudent (ˈprudn̩t) *adj.* 謹慎的 (= *cautious* = *careful*)

5. **A** 聰明並不一定就表示會成功。
   (A) ***necessarily***² (ˈnɛsəˌsɛrəlɪ) *adv.* 必定地 (= *certainly*)
   not necessarily 未必 (= *not always*)
   (B) merely⁴ (ˈmɪrlɪ) *adv.* 只是 (= *only* = *just* = *simply*)
   * intelligence⁴ (ɪnˈtɛlədʒəns) *n.* 智力；聰明

6. **A** 他要使自己適應新環境有些困難。
   (A) ***adapt***⁴ (əˈdæpt) *v.* 使適應 (= *adjust* = *alter*)
   adapt oneself to 使自己適應 (= *adjust to*)
   (B) adept (əˈdɛpt) *adj.* 熟練的 (= *skillful*)
   * environment² (ɪnˈvaɪrənmənt) *n.* 環境

7. **B** 有一架噴射機在機場附近的住宅區墜毀。
   (A) crush⁴ (krʌʃ) *v.* 壓碎　　(B) ***crash***³ (kræʃ) *v.* 墜毀
   * jet³ (dʒɛt) *n.* 噴射機
   residential⁶ (ˌrɛzəˈdɛnʃəl) *adj.* 居住的

8. **A** 警方<u>搜索</u>整個地區要找到那名罪犯。

　　(A) **search**^{2}〔sɝtʃ〕 v. 搜索（ = *examine* = *check* ）

　　(B) improve^2〔ɪmˈpruv〕 v. 改善（ = *get/make better* ）

　　* criminal^3〔ˈkrɪmənḷ〕 n. 罪犯

9. **A** 戲院已經<u>客滿</u>。

　　(A) **capacity**^{4}〔kəˈpæsətɪ〕 n. 容量；最大容量

　　　　be filled to capacity 客滿

　　(B) brim〔brɪm〕 n. （容器的）邊緣（ = *edge* ）

10. **B** 給孩子適度的<u>零用錢</u>，可以教他們聰明地使用錢。

　　(A) excellence^2〔ˈɛksḷəns〕 n. 優秀（ = *brilliance* ）

　　(B) **allowance**^{4}〔əˈlaʊəns〕 n. 零用錢（ = *pocket money* ）

　　* proper^3〔ˈprɑpɚ〕 adj. 適當的（ = *appropriate* = *suitable* ）

　　　wisely^2〔ˈwaɪzlɪ〕 adv. 聰明地

11. **B** 你現在做的工作，所得到的工資<u>足夠</u>嗎？

　　(A) efficient^3〔əˈfɪʃənt〕 adj. 有效率的

　　(B) **adequate**^{4}〔ˈædəkwɪt〕 adj. 適當的；足夠的

　　　　（ = *sufficient* = *enough* ）

　　* wage^3〔wedʒ〕 n. 工資

12. **B** 我對那位校長的<u>印象</u>就是，他是一位非常溫和的人。

　　(A) message^2〔ˈmɛsɪdʒ〕 n. 訊息

　　(B) **image**^{3}〔ˈɪmɪdʒ〕 n. 形象；印象（ = *impression* ）

　　* principal^2〔ˈprɪnsəpḷ〕 n. 校長

　　　gentle^2〔ˈdʒɛntḷ〕 adj. 溫和的（ = *kind* ）

13. **A** 有幾位<u>親密的</u>朋友，比擁有許多你只認得臉的朋友要來得好。

　　(A) **intimate**^{4}〔ˈɪntəmɪt〕 adj. 親密的（ = *close* ）

　　(B) accurate^3〔ˈækjərɪt〕 adj. 正確的（ = *precise* = *exact* ）

14. **B** 當她的狗死掉的時候，我們都試著要<u>安慰</u>她。

    (A) congratulate[4] 〔 kən'grætʃə,let 〕 *v.* 恭喜

    (B) ***console*[5]** 〔 kən'sol 〕 *v.* 安慰 (= *comfort* = *soothe*)

15. **B** 瑪麗很開心地把她的鑽石<u>訂婚</u>戒指秀給我們看。

    (A) vanity[5] 〔'vænətɪ 〕 *n.* 虛榮心；虛幻

    (B) ***engagement*[3]** 〔 ɪn'gedʒmənt 〕 *n.* 訂婚

    * diamond[2] 〔'daɪ(ə)mənd 〕 *n.* 鑽石   ring[1] 〔 rɪŋ 〕 *n.* 戒指

16. **A** 我們對窮人及有困難的人應該要有<u>同情心</u>。

    (A) ***compassion*[5]** 〔 kəm'pæʃən 〕 *n.* 同情 (= *sympathy*)

    (B) compression 〔 kəm'prɛʃən 〕 *n.* 壓縮

    * ***in need*** 貧窮；有需求；有困難

17. **A** <u>起初</u>，他計畫在那裡待一年。

    (A) ***initially*[4]** 〔 ɪ'nɪʃəlɪ 〕 *adv.* 起初 (= *at first* = *originally*)

    (B) exactly[2] 〔 ɪg'zæktlɪ 〕 *adv.* 確切地；正好 (= *precisely*)

18. **B** 失眠兩個晚上之後，我的頭現在<u>隱隱作痛</u>。

    (A) swelter 〔'swɛltə 〕 *v.* 熱得要命；汗流浹背

    (B) ***throb*[6]** 〔 θrɑb 〕 *v.* 跳動 (= *beat*)；陣陣作痛

    * sleepless[1] 〔'sliplɪs 〕 *adj.* 睡不著的；失眠的

19. **A** 據說女性在談判時較<u>圓滑</u>。

    (A) ***diplomatic*[6]** 〔,dɪplə'mætɪk 〕 *adj.* 圓滑的；有交際手腕的

    (B) spontaneous[6] 〔 spɑn'tenɪəs 〕 *adj.* 自動自發的

    * ***be said to V*** 據說   negotiation[6] 〔 nɪ,goʃɪ'eʃən 〕 *n.* 談判

20. **A** 他很<u>自負</u>；他認為自己在各方面都是最好的。

    (A) ***conceited*[6]** 〔 kən'sitɪd 〕 *adj.* 自負的 (= *proud* = *arrogant*)

    (B) tangible 〔'tændʒəbḷ 〕 *adj.* 可觸摸到的；有形的

TEST 37

Choose the one most suitable for filling in the blank.

1. You should keep in _____ with him all the time.
   A. contact　　B. conduct　　　　　【台灣學測】

2. The _____ of love differs from person to person.
   A. definition　　B. location　　　　【台灣學測】

3. The switch is used to _____ the gas flow.
   A. experiment　　B. regulate　　　　【台灣學測】

4. He _____ to join our party.
   A. reclined　　B. declined　　　　　【台灣學測】

5. When we are ill, we should _____ a doctor.
   A. consult　　B. analyze　　　　　【台灣學測】

6. What is the _____ of earthquakes here in Taiwan?
   A. complexion　　B. frequency　　　【台灣學測】

7. Mr. Wu won a _____ victory in the election.
   A. helpless　　B. landslide　　　　　【台灣學測】

8. Mr. Wang's arguments were very _____.
   A. artificial　　B. persuasive　　　　【台灣學測】

9. Many people prefer to live in the _____ of Taipei.
   A. departments　　B. suburbs　　　【台灣學測】

10. The _____ slaughter of the poor child is a shock to the society.
    A. chemical　　B. brutal　　　　　【台灣學測】

11. Make sure to inspect your car _____ before you set off.

    A. thoroughly   B. theoretically   【台灣學測】

12. A _____ smile does wonders.

    A. grim   B. radiant   【台灣學測】

13. Bill was punished because he _____ lied to his mother.

    A. intentionally   B. strongly   【台灣學測】

14. A man's _____ lies not in what he has but in what he is.

    A. tolerance   B. dignity   【台灣學測】

15. He was _____ with lung cancer.

    A. diagnosed   B. prevailed   【台灣學測】

16. _____ is one percent inspiration and ninety-nine percent perspiration.

    A. Genius   B. Generation   【台灣學測】

17. A(n) _____ ticket to the art show costs NT$150.

    A. admission   B. reception   【台灣學測】

18. The band's new album received very good _____.

    A. reviews   B. relics   【台灣學測】

19. In order to _____ public safety, stores must meet safety requirements.

    A. assign   B. assure   【台灣學測】

20. These questions are _____ easy.

    A. protectively   B. relatively   【台灣學測】

TEST 37 詳解

1. **A** 你應該一直和他保持<u>連絡</u>。
   (A) ***contact*** [2] [ˈkɑntækt] *n.* 接觸；連絡 (= *touch*)
   keep in contact/touch with 和～保持連絡
   (B) conduct [5] [ˈkɑndʌkt] *n.* 行為 (= *behavior*)
   * ***all the time*** 一直

2. **A** 對愛的<u>定義</u>因人而異。
   (A) ***definition*** [3] [ˌdɛfəˈnɪʃən] *n.* 定義 (= *meaning*)
   (B) location [4] [loˈkeʃən] *n.* 地點 (= *place = site*)
   * ***differ from person to person*** 每個人都不相同

3. **B** 這個開關被用來<u>調節</u>瓦斯的流量。
   (A) experiment [3] [ɪkˈspɛrəˌmɛnt] *v.* 實驗
   (B) ***regulate*** [4] [ˈrɛgjəˌlet] *v.* 管制；調節 (= *control*)
   * switch [3] [swɪtʃ] *n.* 開關   flow [2] [flo] *n.* 流動

4. **B** 他<u>拒絕</u>加入我們的政黨。
   (A) recline [rɪˈklaɪn] *v.* 斜倚
   (B) ***decline*** [6] [dɪˈklaɪn] *v.* 拒絕 (= *refuse = reject*)
   * join [1] [dʒɔɪn] *v.* 加入   party [1] [ˈpɑrtɪ] *n.* 政黨

5. **A** 我們生病時，應該去<u>看</u>醫生。
   (A) ***consult*** [4] [kənˈsʌlt] *v.* 請教 (= *ask = talk to*)
   (B) analyze [4] [ˈænlˌaɪz] *v.* 分析 (= *examine = study*)

6. **B** 台灣這裡發生地震的<u>頻率</u>有多高？
   (A) complexion [6] [kəmˈplɛkʃən] *n.* 膚色
   (B) ***frequency*** [4] [ˈfrikwənsɪ] *n.* 頻率 (= *rate*)

7. **B** 吳先生在選舉中，贏得<u>壓倒性的</u>勝利。

    (A) helpless[1]〔ˈhɛlplɪs〕*adj.* 無助的

    (B) ***landslide***[4]〔ˈlændˌslaɪd〕*n.* 山崩；壓倒性的勝利

        a landslide victory 壓倒性的勝利

    * victory[2]〔ˈvɪktərɪ〕*n.* 勝利   election[3]〔ɪˈlɛkʃən〕*n.* 選舉

8. **B** (A) artificial[4]〔ˌɑrtəˈfɪʃəl〕*adj.* 人造的 (= *manmade*)

    (B) ***persuasive***[4]〔pɚˈswesɪv〕*adj.* 有說服力的 (= *convincing*)

    * argument[2]〔ˈɑrgjəmənt〕*n.* 論點

9. **B** 有很多人比較喜歡住在台北的<u>郊區</u>。

    (A) department[2]〔dɪˈpartmənt〕*n.* 部門

    (B) ***suburbs***[3]〔ˈsʌbɝbz〕*n. pl.* 郊區 (= *outskirts*)

        in the suburbs 在郊區 (= *on the outskirts*)

    * prefer[2]〔prɪˈfɝ〕*v.* 比較喜歡

10. **B** 這個可憐的孩子遭到<u>殘忍的</u>屠殺，震驚社會。

    (A) chemical[2]〔ˈkɛmɪkl̩〕*adj.* 化學的

    (B) ***brutal***[4]〔ˈbrutl̩〕*adj.* 殘忍的 (= *cruel* = *ruthless*)

    * slaughter[5]〔ˈslɔtɚ〕*n.* 屠殺   shock[2]〔ʃak〕*n.* 震驚

11. **A** 在你出發前，一定要<u>徹底</u>檢查你的車。

    (A) ***thoroughly***[4]〔ˈθɝolɪ〕*adv.* 徹底地 (= *completely*)

    (B) theoretically[6]〔ˌθiəˈrɛtɪkəlɪ〕*adv.* 理論上 (= *in theory*)

    * inspect[3]〔ɪnˈspɛkt〕*v.* 檢查   ***set off*** 出發

12. **B** (A) grim[5]〔grɪm〕*adj.* 冷酷的；嚴厲的 (= *stern* = *unkind*)

    (B) ***radiant***[6]〔ˈredɪənt〕*adj.* 燦爛的 (= *bright* = *dazzling*)

    * ***do*/work *wonders*** 創造奇蹟 (= *do/work miracles*)

13. **A** 比爾受到處罰，因為他<u>故意</u>對他母親說謊。

    (A) ***intentionally***[4]〔ɪnˈtɛnʃənlɪ〕*adv.* 故意地 (= *on purpose*)

    (B) strongly[1]〔ˈstrɔŋlɪ〕*adv.* 強烈地

14. **B** 一個人的<u>尊嚴</u>不在於他的財富，而是在於他的人格。

    (A) tolerance[4] 〔'tɑlərəns 〕 *n.* 容忍 (= *acceptance*)

    (B) ***dignity***[4] 〔'dɪgnətɪ 〕 *n.* 尊嚴 (= *self-respect*)

    * ***lie in*** 在於　　***not A but B*** 不是 A 而是 B
    what *sb.* ***has*** 某人的財富　　***what*** *sb.* ***is*** 某人的人格

15. **A** 他被<u>診斷</u>罹患肺癌。

    (A) ***diagnose***[6] 〔,daɪəg'nos , -'noz 〕 *v.* 診斷 (= *identify*)

    (B) prevail[5] 〔 prɪ'vel 〕 *v.* 盛行；獲勝 (= *triumph*)

16. **A** <u>天才</u>是百分之 1 的靈感，加上百分之 99 的努力。

    (A) ***genius***[4] 〔'dʒinjəs 〕 *n.* 天才；天分 (= *talent* = *gift*)

    (B) generation[4] 〔,dʒɛnə'reʃən 〕 *n.* 世代

    * inspiration[4] 〔,ɪnspə'reʃən 〕 *n.* 靈感
    perspiration 〔,pɝspə'reʃən 〕 *n.* 流汗 (= *sweat*)；努力

17. **A** 那場藝術展的<u>入場</u>門票是新台幣 150 元。

    (A) ***admission***[4] 〔 əd'mɪʃən 〕 *n.* 准許進入；入場

    (B) reception[4] 〔 rɪ'sɛpʃən 〕 *n.* 接受；接待；歡迎會

18. **A** 這個樂團的新專輯受到好<u>評</u>。

    (A) ***review***[3] 〔 rɪ'vju 〕 *n.* 評論 (= *asssessment* = *judgment*)

    (B) relics[5] 〔'rɛlɪks 〕 *n. pl.* 遺物；遺跡 (= *remains* = *ruins*)

    * band[3] 〔 bænd 〕 *n.* 樂團　　album[3] 〔'ælbəm 〕 *n.* 專輯

19. **B** 爲了<u>確保</u>公共安全，商店必須符合安全規定。

    (A) assign[4] 〔 ə'saɪn 〕 *v.* 指派 (= *give*)

    (B) ***assure***[4] 〔 ə'ʃur 〕 *v.* 向～保證；確保 (= *guarantee* = *ensure*)

    * meet[1] 〔 mit 〕 *v.* 符合　　safety[2] 〔'seftɪ 〕 *n.* 安全
    requirement[2] 〔 rɪ'kwaɪrmənt 〕 *n.* 要求；規定

20. **B**   (A) protectively[3] 〔 prə'tɛktɪvlɪ 〕 *adv.* 保護地

    (B) ***relatively***[4] 〔'rɛlətɪvlɪ 〕 *adv.* 相當地 (= *rather* = *quite*)

TEST 38

Choose the one most suitable for filling in the blank.

1. You had better wear a _____. It's chilly outside.
   A. scarf   B. necklace 【台灣學測】

2. His father is a(n) _____ who drinks liquor every day.
   A. alcoholic   B. cavalry 【台灣學測】

3. He is not a close friend of mine, just a nodding _____.
   A. acquaintance   B. distribution 【台灣學測】

4. Don't be so _____ with him. He is just a kid.
   A. harsh   B. gentle 【台灣學測】

5. We don't have _____ materials to complete the task.
   A. deficient   B. sufficient 【台灣學測】

6. E-mail plays a _____ role in modern communication.
   A. vital   B. violent 【台灣學測】

7. "You have done a good job!" he said _____.
   A. sarcastically   B. disconnectedly 【台灣學測】

8. I _____ accept your plan, but it needs revising.
   A. basically   B. properly 【台灣學測】

9. Don't trust him; he is a _____.
   A. sprinter   B. hypocrite 【台灣學測】

10. There is no _____ for hard work if you want to succeed.
    A. survey   B. substitute 【台灣學測】

11. The _____ of this piece of cloth is coarse.
　　A. content　　B. texture　　　　【台灣學測】

12. This book is _____ more difficult than that one.
　　A. considerably　　B. favorably　　　　【台灣學測】

13. A pregnant woman shouldn't smoke because it
　　endangers her _____.
　　A. ancestors　　B. offspring　　　　【台灣學測】

14. She has been a strong _____ of women's liberation.
　　A. component　　B. proponent　　　　【台灣學測】

15. He will be _____ from all his duties until the
　　investigation is completed.
　　A. measured　　B. suspended　　　　【台灣學測】

16. The _____ of Linda's love for music made her
　　enter a music school.
　　A. quantity　　B. intensity　　　　【台灣學測】

17. At the closing ceremony, all the athletes _____
　　good-bye to the audience.
　　A. waved　　B. gazed　　　　【台灣學測】

18. The problem is universal, not _____ to one country.
　　A. protected　　B. restricted　　　　【台灣學測】

19. This poem may be _____ in several different ways.
　　A. negotiated　　B. interpreted　　　　【台灣學測】

20. I am in a hurry, so we can only discuss it _____.
　　A. mainly　　B. briefly　　　　【台灣學測】

TEST 38 詳解

1. **A** 你最好戴條圍巾。外面很冷。

(A) ***scarf***[3] 〔skɑrf〕 *n.* 圍巾 (B) necklace[2] 〔'nɛklɪs〕 *n.* 項鍊

* chilly[3] 〔'tʃɪlɪ〕 *adj.* 寒冷的 (= *cold*)

2. **A** 他的父親是個天天喝酒的酒鬼。

(A) ***alcoholic***[6] 〔͵ælkə'hɔlɪk〕 *n.* 酒鬼 (= *alcohol addict*)

(B) cavalry[6] 〔'kævl̩rɪ〕 *n.* 騎兵隊 (= *horse soldiers*)

* liquor[4] 〔'lɪkɚ〕 *n.* 酒 (= *alcohol*)

3. **A** 他不是我的密友，只是點頭之交。

(A) ***acquaintance***[4] 〔ə'kwentəns〕 *n.* 認識；認識的人

   nodding acquaintance 點頭之交

(B) distribution[4] 〔͵dɪstrə'bjuʃən〕 *n.* 分配 (= *sharing*)；分布

4. **A** 不要對他這麼嚴厲。他只是個孩子。

(A) ***harsh***[4] 〔hɑrʃ〕 *adj.* 嚴厲的 (= *stern* = *severe*)

(B) gentle[2] 〔'dʒɛntl̩〕 *adj.* 溫柔的 (= *tender* = *calm*)

5. **B** 我們沒有足夠的材料來完成這項任務。

(A) deficient[6] 〔dɪ'fɪʃənt〕 *adj.* 不足的 (= *inadequate*)

(B) ***sufficient***[3] 〔sə'fɪʃənt〕 *adj.* 足夠的(= *adequate* = *enough*)

* material[2,6] 〔mə'tɪrɪəl〕 *n.* 材料

   complete[2] 〔kəm'plit〕 *v.* 完成   task[2] 〔tæsk〕 *n.* 任務

6. **A** 電子郵件在現代通訊中，扮演非常重要的角色。

(A) ***vital***[4] 〔'vaɪtl̩〕 *adj.* 非常重要的 (= *important* = *crucial*)

(B) violent[3] 〔'vaɪələnt〕 *adj.* 暴力的 (= *fierce*)

* e-mail[4] 〔'i͵mel〕 *n.* 電子郵件   role[2] 〔rol〕 *n.* 角色

   communication[4] 〔kə͵mjunə'keʃən〕 *n.* 通訊

7. **A** 「你做得真好！」他諷刺地說。
- (A) ***sarcastically***〔sɑr'kæstɪkəlɪ〕*adv.* 諷刺地（＝*mockingly*）
- (B) disconnectedly〔ˌdɪskə'nɛktɪdlɪ〕*adv.* 分離地；不連貫地
（＝*detachedly*）

8. **A** <u>基本上</u>，我接受你的計畫，但需要修改一下。
- (A) ***basically***[1]〔'besɪkḷɪ〕*adv.* 基本上（＝*essentially*）
- (B) properly[3]〔'prɑpəlɪ〕*adv.* 適當地（＝*appropriately*）
- * accept[2]〔ək'sɛpt〕*v.* 接受　　revise[4]〔rɪ'vaɪz〕*v.* 修改

9. **B**
- (A) sprinter[5]〔'sprɪntɚ〕*n.* 短跑選手
- (B) ***hypocrite***[6]〔'hɪpəˌkrɪt〕*n.* 偽君子（＝*pretender*）

10. **B** 如果你想成功，除了努力工作，沒有<u>其他方法</u>。
- (A) survey[3]〔'sɝve〕*n.* 調查（＝*review* ＝*study*）
- (B) ***substitute***[5]〔'sʌbstəˌtjut〕*n.* 代替物＜*for*＞
（＝*replacement*）

11. **B** 這塊布的<u>質</u>地很粗糙。
- (A) content[4]〔'kɑntɛnt〕*n.* 內容（物）；含量
- (B) ***texture***[6]〔'tɛkstʃɚ〕*n.* 質地（＝*feel* ＝*touch*）
- * cloth[2]〔klɔθ〕*n.* 布　　coarse[4]〔kors〕*adj.* 粗糙的

12. **A** 這本書比那一本難<u>很多</u>。
- (A) ***considerably***[3]〔kən'sɪdərəblɪ〕*adv.* 相當大地
（＝*significantly* ＝*greatly*）
- (B) favorably[4]〔'fevərəblɪ〕*adv.* 有利地（＝*advantageously*）

13. **B**
- (A) ancestor[4]〔'ænsɛstɚ〕*n.* 祖先（＝*forefather*）
- (B) ***offspring***[6]〔'ɔfˌsprɪŋ〕*n.* 子孫（＝*children*）
- * pregnant[4]〔'prɛgnənt〕*adj.* 懷孕的
  endanger[4]〔ɪn'dendʒɚ〕*v.* 危害

14. **B** (A) component[6] 〔kəm'ponənt〕 n. 成分；零件（= part）

(B) **proponent** 〔prə'ponənt〕 n. 支持者（= supporter）

* liberation[6] 〔,lıbə're∫ən〕 n. 解放

15. **B** 他將被暫時停職，直到調查結束爲止。

(A) measure[2,4] 〔'mɛʒɚ〕 v. 測量

(B) **suspend**[5] 〔sə'spɛnd〕 v. 使暫停；使停職（= stop）

* duties[2] 〔'djutız〕 n. pl. 職務

investigation[4] 〔ın,vɛstə'ge∫ən〕 n. 調查

16. **B** 琳達對音樂有強烈的喜愛，所以她進入一所音樂學校就讀。

(A) quantity[2] 〔'kwɑntətı〕 n. 數量（= amount）

(B) **intensity**[4] 〔ın'tɛnsətı〕 n. 強烈（= strength）

17. **A** 在閉幕典禮上，所有的運動員向觀衆揮手道別。

(A) **wave**[2] 〔wev〕 v. 揮手表示   (B) gaze[4] 〔gez〕 v. 凝視

* closing[1] 〔'klozıŋ〕 adj. 閉幕的（= finishing）

ceremony[5] 〔'sɛrə,monı〕 n. 典禮

athlete[3] 〔'æθlit〕 n. 運動員   audience[3] 〔'ɔdıəns〕 n. 觀衆

18. **B** 這個問題非常普遍，並不僅限於一個國家。

(A) protect[2] 〔prə'tɛkt〕 v. 保護

(B) **restrict**[3] 〔rı'strıkt〕 v. 限制；限定（= limit）

* universal[4] 〔,junə'vɝsḷ〕 adj. 普遍的（= widespread）

19. **B** 這首詩可以用好幾種不同的方式來解釋。

(A) negotiate[4] 〔nı'go∫ı,et〕 v. 談判；協商（= discuss）

(B) **interpret**[4] 〔ın'tɝprıt〕 v. 解釋（= explain）

* poem[2] 〔'po·ım〕 n. 詩

20. **B** (A) mainly[2] 〔'menlı〕 adv. 主要地（= primarily）

(B) **briefly**[2] 〔'briflı〕 adv. 簡短地（= in brief）

* **in a hurry** 匆忙；趕時間

TEST 39

Choose the one most suitable for filling in the blank.

1. Jack is _____; he always respects others.
   A. courteous　　B. hateful　　　　【台灣學測】

2. The traffic was _____ today, so Jane got home earlier.
   A. heavy　　B. light　　　　【台灣學測】

3. John gave up the _____ of medicine for writing.
   A. practice　　B. consumption　　【台灣學測】

4. I think this new plan will be _____ of your effort.
   A. worthy　　B. patient　　　　【台灣學測】

5. We should _____ of garbage or trash properly.
   A. impose　　B. dispose　　　　【台灣學測】

6. The ballet dancer moves in a(n) _____ manner.
   A. convincing　　B. elegant　　　【台灣學測】

7. One advantage of this car is its _____ use of gasoline.
   A. affectionate　　B. efficient　　【台灣學測】

8. If I can help, don't _____ to call me.
   A. concern　　B. hesitate　　　　【台灣學測】

9. His order was _____, so everyone followed it easily.
   A. explicit　　B. informal　　　　【台灣學測】

10. The committee voted _____ for him to take charge of the sales department.
    A. customarily　　B. unanimously　　【台灣學測】

11. They _____ quarrel whenever they meet.
    A. horizontally   B. inevitably   【台灣學測】

12. After hiking all day, they sat by the stream to quench their _____.
    A. thirst   B. nutrition   【台灣學測】

13. _____ between good friends should be resolved, not ignored.
    A. Conflicts   B. Connections   【台灣學測】

14. Environmental protection really _____ our attention.
    A. obtains   B. deserves   【台灣學測】

15. Ladies and gentlemen, it is my _____ to be here.
    A. dignity   B. privilege   【台灣學測】

16. Despite his success, the young man showed great _____.
    A. modesty   B. identity   【台灣學測】

17. A person of _____ can achieve his goal.
    A. determination   B. imitation   【台灣學測】

18. Peter is physically strong, yet _____ weak.
    A. emotionally   B. passionately   【台灣學測】

19. Why did he _____ to obey his commanding officer's order?
    A. refuse   B. regret   【台灣學測】

20. She _____ their only son.
    A. adorns   B. adores   【台灣學測】

TEST 39 詳解

1. **A** (A) ***courteous***[4] ﹝'kɜtɪəs ﹞ *adj.* 有禮貌的 (= *polite*)
   (B) hateful[2] ﹝'hetfəl ﹞ *adj.* 憎恨的 (= *disgusting*)
   * respect[2] ﹝ rɪ'spɛkt ﹞ *v.* 尊敬

2. **B** 今天交通流量<u>不大</u>，所以珍提早到家。
   (A) heavy[1] ﹝'hɛvɪ ﹞ *adj.* (交通流量) 大的
   (B) ***light***[1] ﹝ laɪt ﹞ *adj.* (交通流量) 小的

3. **A** 約翰為了寫作放棄了開業行醫。
   (A) ***practice***[1] ﹝'præktɪs ﹞ *n.* (醫生、律師等的) 業務；營業
   (B) consumption[6] ﹝ kən'sʌmpʃən ﹞ *n.* 消耗；吃 (喝)
   * ***give up*** 放棄　medicine[2] ﹝'mɛdəsn̩ ﹞ *n.* 醫學

4. **A** 我認為這個新計劃非常<u>值得</u>你努力。
   (A) ***worthy***[5] ﹝'wɜðɪ ﹞ *adj.* 值得的 < *of* >
   (B) patient[2] ﹝'peʃənt ﹞ *adj.* 有耐心的
   * effort[2] ﹝'ɛfət ﹞ *n.* 努力

5. **B** 我們應該妥善地<u>處理</u>垃圾。
   (A) impose[5] ﹝ ɪm'poz ﹞ *v.* 施加
   (B) ***dispose***[5] ﹝ dɪ'spoz ﹞ *v.* 處置；處理 < *of* > (= *discard*)
   * garbage[2] ﹝'ɡɑrbɪdʒ ﹞ *n.* 垃圾 (= *trash* = *litter*)
   　properly[3] ﹝'prɑpəlɪ ﹞ *adv.* 適當地；妥善地

6. **B** 這位芭蕾舞者動作<u>優雅</u>。
   (A) convincing[4] ﹝ kən'vɪnsɪŋ ﹞ *adj.* 有說服力的
   (B) ***elegant***[4] ﹝'ɛləɡənt ﹞ *adj.* 優雅的 (= *graceful*)
   * ballet[4] ﹝ bæ'le ﹞ *n.* 芭蕾舞　move[1] ﹝ muv ﹞ *v.* 移動；活動
   　manner[2] ﹝'mænə ﹞ *n.* 方式；樣子 (= *style*)

7. **B** 這輛車的優點之一，就是能<u>有效率地</u>使用汽油。

    (A) affectionate[6] 〔 ə'fɛkʃənɪt 〕 adj. 摯愛的 (= loving)

    (B) ***efficient***[3] 〔 ə'fɪʃənt 〕 adj. 有效率的

    * advantage[3] 〔 əd'væntɪdʒ 〕 n. 優點 (= benefit)

    gasoline[3] 〔'gæsḷ,in 〕 n. 汽油 (= gas = petrol)

8. **B** 如果我可以幫得上忙，儘管打電話給我，不要<u>猶豫</u>。

    (A) concern[3] 〔 kən'sɜn 〕 v. 擔心 (= worry)

    (B) ***hesitate***[3] 〔'hɛzə,tet 〕 v. 猶豫 (= falter = be uncertain)

9. **A** (A) ***explicit***[6] 〔 ɪk'splɪsɪt 〕 adj. 明確的 (= definite)

    (B) informal[3] 〔 ɪn'fɔrmḷ 〕 adj. 不正式的 (= casual)

    * order[1] 〔'ɔrdɚ 〕 n. 命令   follow[1] 〔'falo 〕 v. 遵守

10. **B** 委員會<u>一致</u>投票贊成他負責管理業務部。

    (A) customarily[6] 〔'kʌstəm,ɛrəlɪ 〕 adv. 習慣上 (= habitually)

    (B) ***unanimously***[6] 〔 ju'nænəməslɪ 〕 adv. 全體一致地

      (= with one voice = as one)

    * committee[3] 〔 kə'mɪtɪ 〕 n. 委員會   ***vote for*** 投票贊成

    take charge of 負責管理   ***sales department*** 業務部

11. **B** 他們每次碰面<u>必</u>吵架。

    (A) horizontally[5] 〔,hɔrə'zɑntḷɪ 〕 adv. 水平地

    (B) ***inevitably***[6] 〔 ɪn'ɛvətəblɪ 〕 adv. 不可避免地；必然地

      (= unavoidably = certainly)

    * quarrel[3] 〔'kwɔrəl 〕 v. 吵架 (= argue = fight)

12. **A** 徒步旅行了一整天之後，他們坐在小溪旁解<u>渴</u>。

    (A) ***thirst***[3] 〔 θɜst 〕 n. 口渴

    (B) nutrition[6] 〔 nju'trɪʃən 〕 n. 營養

    * hike[3] 〔 haɪk 〕 v. 健行；徒步旅行   stream[2] 〔 strim 〕 n. 小溪

    quench[6] 〔 kwɛntʃ 〕 v. 解 (渴)

13. **A** 好友之間的衝突，應該要解決，不容忽視。

(A) ***conflict***[2]〔'kɑnflɪkt〕*n.* 衝突（= *battle* = *clash*）

(B) connection[3]〔kə'nɛkʃən〕*n.* 連接；(*pl.*) 關係（= *links*）

* resolve[4]〔rɪ'zɑlv〕*v.* 解決   ignore[2]〔ɪg'nor〕*v.* 忽視

14. **B** 環境保護真的值得我們注意。

(A) obtain[4]〔əb'ten〕*v.* 獲得 (B) ***deserve***[4]〔dɪ'zɝv〕*v.* 應得

* environmental[3]〔ɪn,vaɪrən'mɛntḷ〕*adj.* 環境的

15. **B** (A) dignity[4]〔'dɪgnətɪ〕*n.* 尊嚴

(B) ***privilege***[4]〔'prɪvlɪdʒ〕*n.* 特權；榮幸（= *honor*）

16. **A** 儘管很成功，這位年輕人還是非常謙虛。

(A) ***modesty***[4]〔'mɑdəstɪ〕*n.* 謙虛（= *humility*）

(B) identity[3]〔aɪ'dɛntətɪ〕*n.* 身分；身分證件

* despite[4]〔dɪ'spaɪt〕*prep.* 儘管（= *in spite of*）

17. **A** (A) ***determination***[4]〔dɪ,tɝmə'neʃən〕*n.* 決心（= *willpower*）

(B) imitation[4]〔,ɪmə'teʃən〕*n.* 模仿（= *copy* = *reproduction*）

* achieve[3]〔ə'tʃiv〕*v.* 達到   goal[2]〔gol〕*n.* 目標

18. **A** 彼得身體上很強壯，然而在感情上很軟弱。

(A) ***emotionally***[4]〔ɪ'moʃənḷɪ〕*adv.* 感情上

(B) passionately[5]〔'pæʃənɪtlɪ〕*adv.* 熱情地（= *keenly*）

* physically[4]〔'fɪzɪkḷɪ〕*adv.* 身體上   yet[1]〔jɛt〕*conj.* 然而

19. **A** 他為何拒絕服從其指揮官的命令呢？

(A) ***refuse***[2]〔rɪ'fjuz〕*v.* 拒絕（= *reject* = *turn down*）

(B) regret[3]〔rɪ'grɛt〕*v.* 後悔（= *be*/*feel sorry*）

* ***commanding officer*** 指揮官   order[1]〔'ɔrdɚ〕*n.* 命令

20. **B** (A) adorn〔ə'dɔrn〕*v.* 裝飾（= *decorate*）

(B) ***adore***[5]〔ə'dor〕*v.* 非常喜愛；崇拜（= *love* = *worship*）

TEST 40

Choose the one most suitable for filling in the blank.

1. Please sign your full names. _____ are not valid.
   A. Signatures　　B. Initials　　　　【台灣學測】

2. Under no _____ should we waste our time.
   A. circumstances　　B. environment　　【台灣學測】

3. Follow the _____ closely, and you will find it easy.
   A. diagnoses　　B. instructions　　【台灣學測】

4. Mr. Wang is _____ changing his mind.
   A. piously　　B. constantly　　【台灣學測】

5. It's hard to concentrate when holidays are _____.
   A. approaching　　B. dismissing　　【台灣學測】

6. What a small computer! Does it really _____?
   A. type　　B. work　　【台灣學測】

7. The _____ girl cried when she heard the story.
   A. casual　　B. sentimental　　【台灣學測】

8. The territorial dispute can be _____ back to 1917.
   A. recalled　　B. traced　　【台灣學測】

9. We _____ believe that you will pass the exam easily.
   A. firmly　　B. strictly　　【台灣學測】

10. Walking at this slow _____, we'll never get there on time.
    A. pace　　B. mood　　【台灣學測】

11. Have a _____ goal first and then do your best to
attain it.
A. passive   B. definite   【台灣學測】

12. Stepmothers are often _____ as wicked women.
A. stereotyped   B. decorated   【台灣學測】

13. _____ fibers are used extensively in industry for
the production of clothing.
A. Helpful   B. Synthetic   【台灣學測】

14. Traveling helps to _____ our horizons.
A. broaden   B. soften   【台灣學測】

15. This library is famous for its wide _____ of books.
A. variety   B. amazement   【台灣學測】

16. He is very _____. He won't just sit there and wait.
A. expressive   B. active   【台灣學測】

17. After dinner, May insisted that they pay the bill _____.
A. separately   B. completely   【台灣學測】

18. For your own _____, please don't open the door.
A. safety   B. liberty   【台灣學測】

19. Many old people feel themselves _____ from the
society.
A. conceited   B. alienated   【台灣學測】

20. Computers greatly _____ our work, making many
things easier.
A. integrate   B. facilitate   【台灣學測】

TEST 40 詳解

1. **B** 請簽全名。<u>姓名的起首字母</u>是無效的。

    (A) signature[4] ('sɪɡnətʃə) *n.* 簽名

    (B) ***initial***[4] (ɪ'nɪʃəl) *n.* 姓名的起首字母

    * sign[2] (saɪn) *v.* 簽（名）   valid[6] ('vælɪd) *adj.* 有效的

2. **A** 在任何<u>情況</u>下，我們絕不該浪費時間。

    (A) ***circumstance***[4] ('sɝkəm͵stæns) *n.* 情況 (= *condition*)

        under no circumstances 在任何情況下絕不

    (B) environment[2] (ɪn'vaɪrənmənt) *n.* （自然）環境

3. **B** 只要嚴格遵照<u>指示</u>，你就會發現事情很容易。

    (A) diagnosis[6] (͵daɪəɡ'nosɪs) *n.* 診斷【diagnoses 是複數形】

    (B) ***instructions***[3] (ɪn'strʌkʃənz) *n. pl.* 指示 (= *directions*)

    * follow[1] ('falo) *v.* 遵循   closely[1] ('kloslɪ) *adv.* 嚴格地

4. **B** 王先生<u>老是改變心意</u>。

    (A) piously[3] ('paɪəslɪ) *adv.* 虔誠地 (= *religiously*)

    (B) ***constantly***[3] ('kɑnstəntlɪ) *adv.* 不斷地 (= *endlessly*)

5. **A** 假期<u>接近</u>時要專心很困難。

    (A) ***approach***[3] (ə'protʃ) *v.* 接近 (= *draw near*)

    (B) dismiss[4] (dɪs'mɪs) *v.* 解散 (= *release*)；解雇 (= *fire*)

    * concentrate[4] ('kɑnsn͵tret) *v.* 專心 (= *focus*)

6. **B** (A) type[2] (taɪp) *v.* 打字

    (B) ***work***[1] (wɝk) *v.* （機器）正常運作 (= *function*)

7. **B** (A) casual[3] ('kæʒʊəl) *adj.* 休閒的；非正式的 (= *informal*)

    (B) ***sentimental***[6] (͵sɛntə'mɛntl̩) *adj.* 多愁善感的

        (= *emotional*)

8. **B** 這場領土之爭可<u>追溯</u>至 1917 年。

(A) recall[4] 〔rɪ'kɔl〕 v. 回想起　　(B) ***trace***[3] 〔tres〕 v. 追溯

* territorial[3] 〔ˌtɛrə'torɪəl〕 adj. 領土的

dispute[4] 〔dɪ'spjut〕 n. 爭論 (= *argument* = *quarrel*)

9. **A** 我們<u>堅信</u>，你一定很容易就可以通過考試。

(A) ***firmly***[2] 〔'fɝmlɪ〕 adv. 堅定地 (= *decisively* = *resolutely*)

(B) strictly[2] 〔'strɪktlɪ〕 adv. 嚴格地 (= *sternly* = *harshly*)

10. **A** 走路的<u>速度</u>這麼慢的話，我們絕不可能準時到達那裡。

(A) ***pace***[4] 〔pes〕 n. 步調；速度　　(B) mood[3] 〔mud〕 n. 心情

* ***on time*** 準時

11. **B** 先有<u>明確</u>的目標，然後再盡力去達成目標。

(A) passive[4] 〔'pæsɪv〕 adj. 被動的；消極的 (= *inactive*)

(B) ***definite***[4] 〔'dɛfənɪt〕 adj. 明確的 (= *distinct* = *clear*)

* goal[2] 〔gol〕 n. 目標　　***do one's best*** 盡力

attain[6] 〔ə'ten〕 v. 達到 (= *achieve* = *accomplish*)

12. **A** 後母經常被<u>定型</u>爲邪惡的女人。

(A) ***stereotype***[5] 〔'stɛrɪəˌtaɪp〕 v. 使定型　n. 刻板印象

(B) decorate[2] 〔'dɛkəˌret〕 v. 裝飾 (= *adorn*)

* stepmother 〔'stɛpˌmʌðɚ〕 n. 繼母；後母

wicked[3] 〔'wɪkɪd〕 adj. 邪惡的 (= *evil*)

13. **B** <u>合成</u>纖維被廣泛地使用在工業上，用來生產衣服。

(A) helpful[2] 〔'hɛlpfəl〕 adj. 有幫助的

(B) ***synthetic***[6] 〔sɪn'θɛtɪk〕 adj. 合成的 (= *artificial*)

* fiber[5] 〔'faɪbɚ〕 n. 纖維

extensively[5] 〔ɪk'stɛnsɪvlɪ〕 adv. 廣泛地

industry[2] 〔'ɪndəstrɪ〕 n. 工業

14. **A** 旅行有助於<u>拓展</u>我們的視野。

(A) **broaden**[5] 〔'brɔdn̩〕v. 拓展；擴展（= widen = expand）

(B) soften[5] 〔'sɔfən〕v. 使柔軟

* horizon[4] 〔hə'raɪzn̩〕n. 地平線；(pl.) 知識範圍；眼界

15. **A** 這個圖書館以其藏書的<u>多樣性</u>而聞名。

(A) **variety**[3] 〔və'raɪətɪ〕n. 多樣性（= diversity）

(B) amazement[3] 〔ə'mezmənt〕n. 驚訝（= astonishment）

* **be famous for** 以～（特點）聞名

16. **B** 他非常<u>主動</u>。他不會只是坐在那裏等。

(A) expressive[3] 〔ɪk'sprɛsɪv〕adj. 表情豐富的

(B) **active**[2] 〔'æktɪv〕adj. 主動的（↔ passive adj. 被動的）

17. **A** 晚餐後，梅堅持要<u>各自</u>付帳。

(A) **separately**[2] 〔'sɛpərɪtlɪ〕adv. 個別地（= individually）

(B) completely[2] 〔kəm'plitlɪ〕adv. 完全地（= entirely）

* insist[2] 〔ɪn'sɪst〕v. 堅持　　**pay the bill** 付帳

18. **A** 爲了您自身的<u>安全</u>，請勿打開此門。

(A) **safety**[2] 〔'seftɪ〕n. 安全

(B) liberty[3] 〔'lɪbɚtɪ〕n. 自由（= freedom）

19. **B** 很多老人覺得自己<u>被</u>社會<u>孤立</u>。

(A) conceited[6] 〔kən'sitɪd〕adj. 自負的（= arrogant）

(B) **alienated**[6] 〔'eljən,etɪd〕adj. 被隔離的；被孤立的
　　　（= separated = cut off）

20. **B** 電腦能使許多事情更容易，<u>讓</u>我們的工作大爲<u>便利</u>。

(A) integrate[6] 〔'ɪntə,gret〕v. 整合（= mix = combine）

(B) **facilitate**[6] 〔fə'sɪlə,tet〕v. 使便利（= make easy）

TEST 41

Choose the one most suitable for filling in the blank.

1. The cancer has _____ his lung.
   A. invaded　　B. invented　　　　【台灣學測】

2. The economic crisis is very _____ to many of us.
   A. dominating　B. disturbing　　【台灣學測】

3. We are grateful for his _____ donations.
   A. generous　　B. genetic　　　　【台灣學測】

4. How events will turn out is often not _____.
   A. predictable　B. fashionable　　【台灣學測】

5. An average person _____ sleeps eight hours a day.
   A. partially　　B. normally　　　　【台灣學測】

6. Don't be _____. The train is coming.
   A. independent　　B. impatient　　【台灣學測】

7. _____, the drowning boy was saved from the river.
   A. Generally　　B. Fortunately　　【台灣學測】

8. This plan is in _____ with marketing strategies.
   A. connection　　B. possession　　【台灣學測】

9. The effects of the drug have been _____ studied.
   A. extensively　　B. sincerely　　【台灣學測】

10. A _____ rushed here to perform an operation on
    the patient.
    A. conductor　　B. surgeon　　　　【台灣學測】

11. Seeing the home run, many people _____ stood up and cheered.

A. traditionally   B. spontaneously   【台灣學測】

12. You should be a bit more _____ in yourself.

A. honorable   B. confident   【台灣學測】

13. They live in an _____ mansion.

A. imposing   B. exchangeable   【台灣學測】

14. This performance really _____ all of us.

A. delivered   B. delighted   【台灣學測】

15. Many businessmen have been under great _____ lately.

A. pressure   B. greed   【台灣學測】

16. The _____ of this empire led to many wars.

A. expansion   B. exception   【台灣學測】

17. In a democratic society, we have to _____ different opinions.

A. participate   B. tolerate   【台灣學測】

18. It's difficult to _____ and reach an agreement with him.

A. negotiate   B. liberate   【台灣學測】

19. She speaks English with correct _____.

A. indication   B. intonation   【台灣學測】

20. The bus lane is designed to facilitate the traffic _____.

A. discount   B. flow   【台灣學測】

TEST 41　詳解

1. **A**　(A) ***invade***[4]〔ɪn'ved〕v. 入侵；侵入（= attack = enter）
   (B) invent[2]〔ɪn'vɛnt〕v. 發明

2. **B**　經濟危機使我們許多人覺得很<u>不安</u>。
   (A) dominating[4]〔'dɑmə,netɪŋ〕adj. 支配的
   (B) ***disturbing***[4]〔dɪ'stɝbɪŋ〕adj. 令人不安的（= troubling）
   * economic[4]〔,ikə'nɑmɪk〕adj. 經濟上的
     crisis[2]〔'kraɪsɪs〕n. 危機（= disaster）

3. **A**　我們很感激他<u>慷慨的</u>捐贈。
   (A) ***generous***[2]〔'dʒɛnərəs〕adj. 慷慨的（= big-hearted）
   (B) genetic[6]〔dʒə'nɛtɪk〕adj. 遺傳的（= hereditary）
   * grateful[4]〔'gretfəl〕adj. 感激的（= thankful）
     donation[6]〔do'neʃən〕n. 捐贈

4. **A**　事情的結果會如何，常常是<u>不可預測的</u>。
   (A) ***predictable***[4]〔prɪ'dɪktəbl̩〕adj. 可預測的（= expectable）
   (B) fashionable[3]〔'fæʃənəbl̩〕adj. 時髦的；流行的
     （= in vogue = stylish）
   * event[2]〔ɪ'vɛnt〕n. 事件　***turn out*** 結果（變成）

5. **B**　(A) partially[4]〔'parʃəlɪ〕adv. 部分地（= partly = in part）
   (B) ***normally***[3]〔'nɔrml̩ɪ〕adv. 通常（= usually = generally）
   * average[3]〔'ævərɪdʒ〕adj. 一般的；普通的（= ordinary）

6. **B**　(A) independent[2]〔,ɪndɪ'pɛndənt〕adj. 獨立的
   (B) ***impatient***[2]〔ɪm'peʃənt〕adj. 不耐煩的（= intolerant）

7. **B**　(A) generally[1,2]〔'dʒɛnərəlɪ〕adv. 一般地；通常（= usually）
   (B) ***fortunately***[4]〔'fɔrtʃənɪtlɪ〕adv. 幸運地（= luckily）
   * drowning[3]〔'draʊnɪŋ〕adj. 溺水的；快淹死的

8. **A** 這個計畫與行銷策略<u>有關</u>。

(A) **connection**[3] 〔kə'nɛkʃən〕 *n.* 關連 (= *association*)

in connection with 與~有關 (= *in association with*)

(B) possession[4] 〔pə'zɛʃən〕 *n.* 擁有

* marketing[1] 〔'markɪtɪŋ〕 *n.* 行銷

strategy[3] 〔'strætədʒɪ〕 *n.* 策略 (= *plan* = *scheme*)

9. **A** 這種藥的效果已經被<u>廣泛地</u>研究過。

(A) **extensively**[5] 〔ɪk'stɛnsɪvlɪ〕 *adv.* 廣泛地 (= *widely*)

(B) sincerely[3] 〔sɪn'sɪrlɪ〕 *adv.* 真誠地 (= *earnestly*)

* effect[2] 〔ɪ'fɛkt〕 *n.* 效果　　study[1] 〔'stʌdɪ〕 *v.* 研究

10. **B** 一位<u>外科醫生</u>趕來此地，為病人動手術。

(A) conductor[4] 〔kən'dʌktɚ〕 *n.* 指揮家；車掌；導體

(B) **surgeon**[4] 〔'sɝdʒən〕 *n.* 外科醫生

* rush[2] 〔rʌʃ〕 *v.* 趕往　　perform[3] 〔pɚ'fɔrm〕 *v.* 施行

operation[4] 〔ˌapə'reʃən〕 *n.* 手術　　patient[2] 〔'peʃənt〕 *n.* 病人

11. **B** 看到那支全壘打，很多人<u>自動</u>起立歡呼。

(A) traditionally[2] 〔trə'dɪʃənḷɪ〕 *adv.* 傳統上

(B) **spontaneously**[6] 〔span'tenɪəslɪ〕 *adv.* 自動自發地

(= *impulsively* = *naturally*)

* **home run** 全壘打　　cheer[3] 〔tʃɪr〕 *v.* 歡呼

12. **B** 你應該對你自己更<u>有自信</u>一點。

(A) honorable[4] 〔'anərəbḷ〕 *adj.* 光榮的 (= *respectable*)

(B) **confident**[3] 〔'kanfədənt〕 *adj.* 有信心的 (= *self-assured*)

13. **A** (A) **imposing**[6] 〔ɪm'pozɪŋ〕 *adj.* 宏偉的；壯觀的 (= *grand*)

(B) exchangeable[3] 〔ɪks'tʃendʒəbḷ〕 *adj.* 可交換的

* mansion[5] 〔'mænʃən〕 *n.* 豪宅

14. **B** 這場表演真的<u>使我們都很開心</u>。
　　(A) deliver² 〔 dɪˈlɪvɚ 〕 v. 遞送 (= send = bring)
　　(B) ***delight***⁴ 〔 dɪˈlaɪt 〕 v. 使高興 (= please = amuse)
　　* performance³ 〔 pɚˈfɔrməns 〕 n. 表演

15. **A** 許多生意人最近都承受相當大的<u>壓力</u>。
　　(A) ***pressure***³ 〔ˈprɛʃɚ 〕 n. 壓力 (= stress)
　　(B) greed⁵ 〔 grid 〕 n. 貪心
　　* lately⁴ 〔ˈletlɪ 〕 adv. 最近 (= recently)

16. **A** 這個帝國的<u>擴張</u>引起許多戰爭。
　　(A) ***expansion***⁴ 〔 ɪkˈspænʃən 〕 n. 擴張 (= enlargement)
　　(B) exception⁴ 〔 ɪkˈsɛpʃən 〕 n. 例外
　　* empire⁴ 〔ˈɛmpaɪr 〕 n. 帝國　　***lead to*** 導致;造成

17. **B** 在民主社會裡,我們必須<u>包容</u>不同的意見。
　　(A) participate³ 〔 parˈtɪsəˌpet 〕 v. 參加 (= take part)
　　(B) ***tolerate***⁴ 〔ˈtaləˌret 〕 v. 包容;容忍 (= endure = bear)
　　* democratic³ 〔ˌdɛməˈkrætɪk 〕 adj. 民主的

18. **A** 要與他<u>談判</u>並達成協議很困難。
　　(A) ***negotiate***⁴ 〔 nɪˈgoʃɪˌet 〕 v. 談判;協商 (= discuss)
　　(B) liberate⁶ 〔ˈlɪbəˌret 〕 v. 使自由 (= set free)
　　* reach¹ 〔 ritʃ 〕 v. 達成　　agreement¹ 〔 əˈgrimənt 〕 n. 協議

19. **B** 她說英文的<u>語調</u>很正確。
　　(A) indication⁴ 〔ˌɪndəˈkeʃən 〕 n. 跡象 (= sign)
　　(B) ***intonation***⁴ 〔ˌɪntoˈneʃən 〕 n. 語調 (= pitch = tone)

20. **B** 公車專用道被設計來使車<u>流</u>更順暢。
　　(A) discount³ 〔ˈdɪskaʊnt 〕 n. 折扣　　(B) ***flow***² 〔 flo 〕 n. 流量
　　* lane² 〔 len 〕 n. 車道　　design² 〔 dɪˈzaɪn 〕 v. 設計
　　facilitate⁶ 〔 fəˈsɪləˌtet 〕 v. 使便利;推動;促進 (= smooth)

TEST 42

Choose the one most suitable for filling in the blank.

1. We are helping the kids _____ an interest in art.
   A. communicate   B. cultivate   【台灣學測】

2. I'm sure I am not at _____ in this matter.
   A. fault   B. deal   【台灣學測】

3. People feel _____ for the rabbit caught in a snare.
   A. fragrance   B. sympathy   【台灣學測】

4. She has a sunny _____ and everyone likes her.
   A. disposition   B. distance   【台灣學測】

5. It's _____ to sit with a person who talks too much.
   A. unpleasant   B. impolite   【台灣學測】

6. The candidate is _____ to the public for support.
   A. demanding   B. appealing   【台灣學測】

7. She looks O.K. _____, her anger is gone.
   A. Extremely   B. Apparently   【台灣學測】

8. Slimming pills are _____ dangerous to human health.
   A. apologetically   B. potentially   【台灣學測】

9. Tastes differ. There is no _____ about tastes.
   A. disturbing   B. disputing   【台灣學測】

10. There has been _____ growth in smartphone development.
    A. expressive   B. explosive   【台灣學測】

11. I _____ labels to my trunks.

    A. attached   B. stretched   【台灣學測】

12. The minister fell into _____ because he supported the use of force.

    A. exception   B. disfavor   【台灣學測】

13. Wet weather is a _____ of life in this country.

    A. feature   B. violence   【台灣學測】

14. The water was polluted by _____ waste from the nearby factory.

    A. alien   B. toxic   【台灣學測】

15. Joe often _____ with others over small things.

    A. succumbs   B. contends   【台灣學測】

16. He was the victim of a _____ attack.

    A. gleeful   B. vicious   【台灣學測】

17. It is said that the criminal has _____ to a foreign country.

    A. escaped   B. doubled   【台灣學測】

18. Bus and subway services have been fully _____.

    A. edited   B. integrated   【台灣學測】

19. The new teacher had trouble maintaining classroom _____.

    A. disciple   B. discipline   【台灣學測】

20. All of us should be concerned with public _____.

    A. contests   B. affairs   【台灣學測】

TEST 42 詳解

1. **B** 我們正在幫助孩子們<u>培養</u>對藝術的興趣。

    (A) communicate[3] 〔 kə'mjunə,ket 〕 v. 溝通

    (B) ***cultivate***[6] 〔'kʌltə,vet 〕 v. 培養 (= *develop* = *nurture*)

2. **A**   (A) ***fault***[2] 〔 fɔlt 〕 *n.* 過錯   ***be at fault*** 有過錯;有責任

    (B) deal[1] 〔 dil 〕 *n.* 交易

    * matter[1] 〔'mætə 〕 *n.* 事情

3. **B** 人們對被陷阱捕獲的兔子感到<u>同情</u>。

    (A) fragrance[4] 〔'fregrəns 〕 *n.* 芳香 (= *perfume* = *scent*)

    (B) ***sympathy***[4] 〔'sɪmpəθɪ 〕 *n.* 同情 (= *compassion*)

    * snare[6] 〔 snɛr 〕 *n.* 陷阱 (= *trap*)

4. **A** 她<u>性情</u>開朗,人人都喜歡她。

    (A) ***disposition*** 〔,dɪspə'zɪʃən 〕 *n.* 性情 (= *personality*)

    (B) distance[2] 〔'dɪstəns 〕 *n.* 距離

    * sunny[2] 〔'sʌnɪ 〕 *adj.* 晴朗的;開朗的 (= *cheerful*)

5. **A** 和太多話的人一起坐,會<u>令人不愉快</u>。

    (A) ***unpleasant***[2] 〔 ʌn'plɛzn̩t 〕 *adj.* 令人不愉快的

        (= *disagreeable* = *unfriendly*)

    (B) impolite[2] 〔,ɪmpə'laɪt 〕 *adj.* 不禮貌的 (= *ill-mannered*)

6. **B** 該候選人<u>懇求</u>民眾的支持。

    (A) demand[4] 〔 dɪ'mænd 〕 *v.* 要求 (= *request forcefully*)

    (B) ***appeal***[3] 〔 ə'pil 〕 *v.* 懇求 < *to* > (= *request*)

    appeal to sb. for sth. 請求某人給予某物

    * candidate[4] 〔'kændədɪt 〕 *n.* 候選人   ***the public*** 大眾

7. **B**   (A) extremely[3] 〔 ɪk'strimlɪ 〕 *adv.* 極度地;非常地 (= *very*)

    (B) ***apparently***[3] 〔 ə'pɛrəntlɪ 〕 *adv.* 顯然 (= *obviously*)

8. **B** 減肥藥<u>可能</u>對人體健康有危險。

(A) apologetically〔ə͵pɑləˈdʒɛtɪk!ɪ〕*adv.* 抱歉地

(B) ***potentially***[5]〔pəˈtɛnʃəlɪ〕*adv.* 可能地（ = *possibly* ）

* slim[2]〔slɪm〕*v.* 減肥　　pill[3]〔pɪl〕*n.* 藥丸

9. **B** 人各有所好。喜好不可<u>爭論</u>。

(A) disturb[4]〔dɪˈstɝb〕*v.* 擾亂（ = *bother* = *annoy* ）

(B) ***dispute***[4]〔dɪˈspjut〕*v. n.* 爭論（ = *quarrel* ）

* ***Tastes differ.***　【諺】喜好各有不同；人各有所好。

　 taste[1]〔test〕*n.* 愛好　　***There is no + V-ing***　不可能~

10. **B** 智慧型手機的發展已有<u>爆炸性的</u>成長。

(A) expressive[3]〔ɪkˈsprɛsɪv〕*adj.* 表達的；表情豐富的

(B) ***explosive***[4]〔ɪkˈsplosɪv〕*adj.* 爆炸性的；急遽的

* development[2]〔dɪˈvɛləpmənt〕*n.* 發展

11. **A** 我將標籤<u>貼</u>在我的大皮箱上。

(A) ***attach***[4]〔əˈtætʃ〕*v.* 貼上 < *to* > （ = *fix* = *stick* = *connect* ）

(B) stretch[2]〔strɛtʃ〕*v.* 伸展（ = *extend* ）

* label[3]〔ˈleb!〕*n.* 標籤　　trunk[3]〔trʌŋk〕*n.* 大皮箱

12. **B** 那位部長因為贊成使用武力而遭人<u>嫌惡</u>。

(A) exception[4]〔ɪkˈsɛpʃən〕*n.* 例外

(B) ***disfavor***[2]〔dɪsˈfevɚ〕*n.* 失寵；失眾望（ = *unpopularity* ）

　 fall into disfavor　失寵；不受歡迎

* minister[4]〔ˈmɪnɪstɚ〕*n.* 部長　　support[2]〔səˈport〕*v.* 支持

　 force[1]〔ˈfors〕*n.* 武力

13. **A** 潮溼的天氣是這個國家生活的<u>特色</u>。

(A) ***feature***[3]〔ˈfitʃɚ〕*n.* 特色（ = *characteristic* = *trait* ）

(B) violence[3]〔ˈvaɪələns〕*n.* 暴力（ = *force* ）

14. **B** 這裡的水受到附近工廠排放的<u>有毒</u>廢料的污染。

    (A) alien[5] 〔'eljən 〕 *adj.* 外國的 (= *foreign*)

    (B) ***toxic*[5]** 〔'tɑksɪk 〕 *adj.* 有毒的 (= *poisonous*)

    * pollute[3] 〔 pə'lut 〕 *v.* 污染   waste[1] 〔 west 〕 *n.* 廢料

    nearby[2] 〔'nɪr,baɪ 〕 *adj.* 附近的   factory[1] 〔'fæktrɪ 〕 *n.* 工廠

15. **B** 喬常會爲了小事和別人<u>爭論</u>。

    (A) succumb 〔 sə'kʌm 〕 *v.* 屈服 (= *give in* = *yield* = *submit*)

    (B) ***contend*[5]** 〔 kən'tɛnd 〕 *v.* 爭論 (= *argue* = *dispute*)

16. **B** 他是一場<u>惡意</u>攻擊的受害者。

    (A) gleeful[5] 〔'glifəl 〕 *adj.* 高興的 (= *delighted* = *joyful*)

    (B) ***vicious*[6]** 〔'vɪʃəs 〕 *adj.* 邪惡的；惡意的 (= *spiteful* = *mean*)

    * victim[3] 〔'vɪktɪm 〕 *n.* 受害者   attack[2] 〔 ə'tæk 〕 *n.* 攻擊

17. **A** 據說那名罪犯已經<u>逃</u>到國外。

    (A) ***escape*[3]** 〔 ə'skep 〕 *v.* 逃走   (B) double[2] 〔'dʌbl̩ 〕 *v.* 加倍

    * ***It is said that*…** 據說…   criminal[3] 〔'krɪmənl̩ 〕 *n.* 罪犯

18. **B** 公車和地鐵服務已經被完全<u>整合</u>在一起。

    (A) edit[3] 〔'ɛdɪt 〕 *v.* 編輯

    (B) ***integrate*[6]** 〔'ɪntə,gret 〕 *v.* 整合 (= *mix* = *combine*)

19. **B** 這位新老師很難維持教室的<u>紀律</u>。

    (A) disciple[5] 〔 dɪ'saɪpl̩ 〕 *n.* 弟子；門徒 (= *student* = *pupil*)

    (B) ***discipline*[4]** 〔'dɪsəplɪn 〕 *n.* 紀律 (= *self-control*)

    * ***have trouble* + *V-ing*** 做～有困難

    maintain[2] 〔 men'ten 〕 *v.* 維持 (= *keep*)

20. **B** (A) contest[4] 〔'kɑntɛst 〕 *n.* 比賽 (= *competition*)

    (B) ***affair*[2]** 〔 ə'fɛr 〕 *n.* 事情；事務 (= *matter*)

    * ***be concerned with*** 關心

TEST 43

Choose the one most suitable for filling in the blank.

1. The total price is 2,000 dollars, _____ of delivery.
   A. marginal　　B. inclusive　　　　【台灣學測】

2. Doctors traditionally enjoy high social _____.
   A. status　　B. regret　　　　【台灣學測】

3. Why did you say so? Are you _____ something?
   A. imposing　　B. implying　　　　【台灣學測】

4. The _____ "32.5" is read as thirty-two point five.
   A. figure　　B. finance　　　　【台灣學測】

5. Don't strike a match. All the liquid here is _____.
   A. fragile　　B. flammable　　　　【台灣學測】

6. We must both accept a(n) _____ of the blame.
   A. portion　　B. powder　　　　【台灣學測】

7. _____ your seat belt as soon as you get into the car.
   A. Protest　　B. Fasten　　　　【台灣學測】

8. Mrs. Lin was _____ by their reactions to the event.
   A. appointed　　B. puzzled　　　　【台灣學測】

9. Putting some oil on the surface can reduce _____.
   A. fiction　　B. friction　　　　【台灣學測】

10. In order for a new product to sell well, manufacturers often invest a large sum of money in its _____.
    A. liberation　　B. promotion　　　　【台灣學測】

11. Patients with similar symptoms were kept in _____.
    A. chamber   B. isolation   【台灣學測】

12. There are all sorts of _____ to explain this phenomenon.
    A. hypotheses   B. transcripts   【台灣學測】

13. This course is aimed _____ at beginners.
    A. primarily   B. enormously   【台灣學測】

14. In the end, good shall _____ over evil.
    A. triumph   B. precede   【台灣學測】

15. You should _____ yourself with the rules first.
    A. disagree   B. acquaint   【台灣學測】

16. Here you can see some magnificent and _____ palaces.
    A. legal   B. immense   【台灣學測】

17. "Can I have your _____?" he said to his idol.
    A. autograph   B. autonomy   【台灣學測】

18. This hotel _____ only NT$800 per night for a single room.
    A. charges   B. changes   【台灣學測】

19. You look _____. Have we met before?
    A. emotional   B. familiar   【台灣學測】

20. A _____ person can usually get along with other people well.
    A. noticeable   B. flexible   【台灣學測】

TEST 43　詳解

1. **B**　總價是 2,000 元，<u>包含運費</u>。

　　(A) marginal[5] 〔'mɑrdʒɪnḷ〕*adj.* 邊緣的；非常小的

　　(B) ***inclusive***[6] 〔ɪn'klusɪv〕*adj.* 包含的

　　　　inclusive of 包含；包括 (= *including*)

　　* total[1] 〔'totḷ〕*adj.* 全部的　　delivery[3] 〔dɪ'lɪvərɪ〕*n.* 運費

2. **A**　(A) ***status***[4] 〔'stetəs〕*n.* 地位　　(B) regret[3] 〔rɪ'grɛt〕*n.* 後悔

　　* traditionally[2] 〔trə'dɪʃənḷɪ〕*adv.* 傳統上

3. **B**　(A) impose[5] 〔ɪm'poz〕*v.* 強加　　(B) ***imply***[4] 〔ɪm'plaɪ〕*v.* 暗示

4. **A**　32.5 這個<u>數字</u>要讀成三十二點五。

　　(A) ***figure***[2] 〔'fɪgjɚ〕*n.* 數字 (= *number*)

　　(B) finance[4] 〔'faɪnæns〕*n.* 財務 (= *business*)

　　* point[1] 〔pɔɪnt〕*n.* 點

5. **B**　別劃火柴。這裡所有的液體都是<u>易燃物</u>。

　　(A) fragile[6] 〔'frædʒəl〕*adj.* 易碎的 (= *breakable*)

　　(B) ***flammable*** 〔'flæməbḷ〕*adj.* 易燃的 (= *inflammable*)

　　* strike[2] 〔straɪk〕*v.* 劃 (火柴)　　match[2,1] 〔mætʃ〕*n.* 火柴

　　liquid[2] 〔'lɪkwɪd〕*n.* 液體

6. **A**　我們雙方都必須承擔<u>部份</u>的責任。

　　(A) ***portion***[3] 〔'porʃən〕*n.* 部份 (= *part* = *section*)

　　(B) powder[3] 〔'paʊdɚ〕*n.* 粉末

　　* blame[3] 〔blem〕*n.* 責備；(過錯的) 責任

　　accept the blame 承擔責任

7. **B**　(A) protest[4] 〔prə'tɛst〕*v.* 抗議 (= *complain*)

　　(B) ***fasten***[3] 〔'fæsn̩〕*v.* 繫上 (= *tie* = *secure*)

　　* ***seat belt*** 安全帶　　***as soon as*** 一…就

8. **B** 他們對此事的反應使林太太很<u>困惑</u>。
  (A) appoint[4] 〔 ə'pɔɪnt 〕 *v.* 指派；指定 (= *select*)
  (B) *puzzle*[2] 〔'pʌzl̩ 〕 *v.* 使困惑 (= *confuse* = *bewilder*)
  * reaction[3] 〔 rɪ'ækʃən 〕 *n.* 反應　　event[2] 〔 ɪ'vɛnt 〕 *n.* 事件

9. **B** 在表面上一點油可以減少<u>摩擦力</u>。
  (A) fiction[4] 〔'fɪkʃən 〕 *n.* 小說 (= *novels*)
  (B) *friction*[6] 〔'frɪkʃən 〕 *n.* 摩擦力 (= *rubbing*)
  * surface[2] 〔'sɝfɪs 〕 *n.* 表面　　reduce[3] 〔 rɪ'djus 〕 *v.* 減少

10. **B** 為了讓新產品暢銷，製造商常會投資大筆錢<u>促銷</u>。
  (A) liberation[6] 〔ˌlɪbə'reʃən 〕 *n.* 解放 (= *release*)
  (B) *promotion*[4] 〔 prə'moʃən 〕 *n.* 促銷；宣傳 (= *advertising*)
  * manufacturer[4] 〔ˌmænjə'fæktʃərə 〕 *n.* 製造業者
  　invest[4] 〔 ɪn'vɛst 〕 *v.* 投資　　sum[3] 〔 sʌm 〕 *n.* 金額；一筆 (錢)

11. **B** 有類似症狀的病人被<u>隔離</u>起來。
  (A) chamber[4] 〔'tʃembə 〕 *n.* 房間 (= *room*)
  (B) *isolation*[4] 〔ˌaɪsl̩'eʃən 〕 *n.* 隔離 (= *separation*)
  * patient[2] 〔'peʃənt 〕 *n.* 病人　　symptom[6] 〔'sɪmptəm 〕 *n.* 症狀

12. **A** 有各種<u>假說</u>來解釋這個現象。
  (A) *hypothesis* 〔 haɪ'pɑθəsɪs 〕 *n.* 假說【複數：hypotheses】
  　　(= *assumption* = *theory*)
  (B) transcript[6] 〔'træn,skrɪpt 〕 *n.* 謄本；成績單
  * sort[2] 〔 sɔrt 〕 *n.* 種類　　explain[2] 〔 ɪk'splen 〕 *v.* 解釋
  　phenomenon[4] 〔 fə'nɑmə,nɑn 〕 *n.* 現象

13. **A** 這門課<u>主要</u>是針對初學者。
  (A) *primarily*[3] 〔'praɪ,mɛrəlɪ 〕 *adv.* 主要地 (= *chiefly*)
  (B) enormously[4] 〔 ɪ'nɔrməslɪ 〕 *adv.* 巨大地 (= *vastly*)
  * *be aimed at* 針對　　beginner[2] 〔 bɪ'gɪnə 〕 *n.* 初學者

14. **A** 到最後，善良將會<u>戰勝</u>邪惡。

(A) **triumph**[4] 〔'traɪəmf〕*v.* 獲勝（= *be victorious*）

　　 triumph over 戰勝；擊敗（= *conquer* = *defeat*）

(B) precede[6] 〔 prɪ'sid〕*v.* 在～之前（= *go before*）

15. **B** 你應該先<u>熟悉</u>一下規則。

(A) disagree[2] 〔,dɪsə'gri〕*v.* 不同意（= *not agree* = *differ*）

(B) **acquaint**[4] 〔 ə'kwent〕*v.* 使認識；使熟悉（= *familiarize*）

　　 acquaint/familiarize *oneself with* 認識；熟悉

16. **B** (A) legal[2] 〔'ligl̩〕*adj.* 合法的（= *lawful* = *legitimate*）

(B) **immense**[5] 〔 ɪ'mɛns〕*adj.* 廣大的（= *huge* = *massive*）

　　 * magnificent[4] 〔 mæg'nɪfəsn̩t〕*adj.* 宏偉的（= *grand*）

　　　 palace[3] 〔'pælɪs〕*n.* 宮殿

17. **A** 「你可以幫我<u>簽名</u>嗎？」他對他的偶像說。

(A) **autograph**[6] 〔'ɔtə,græf〕*n.* 親筆簽名（= *signature*）

(B) autonomy[6] 〔 ɔ'tɑnəmɪ〕*n.* 自治（= *self-government*）

　　 * idol[4] 〔'aɪdl̩〕*n.* 偶像

18. **A** 這家旅館單人房每晚<u>收費</u>只要新台幣八百元。

(A) **charge**[2] 〔 tʃɑrdʒ〕*v.* 收費

(B) change[2] 〔 tʃendʒ〕*v.* 改變

　　 * per[2] 〔 pɚ〕*prep.* 每一　　 single[2] 〔'sɪŋgl̩〕*adj.* 單人的

19. **B** (A) emotional[4] 〔 ɪ'moʃənl̩〕*adj.* 感情的；情緒的

(B) **familiar**[3] 〔 fə'mɪljɚ〕*adj.* 熟悉的（= *acquainted*）

20. **B** <u>懂得變通的</u>人通常能和別人相處得很好。

(A) noticeable[5] 〔'notɪsəbl̩〕*adj.* 顯著的（= *visible* = *evident*）

(B) **flexible**[4] 〔'flɛksəbl̩〕*adj.* 有彈性的；可變通的（= *open*）

　　 * **get along with** 和～相處

TEST 44

Choose the one most suitable for filling in the blank.

1. A(n) _____ attitude won't do you any good.
   A. negative   B. individual   【台灣學測】

2. Mr. Wang _____ lots of time and energy to his teaching.
   A. preserves   B. devotes   【台灣學測】

3. He was _____ for his violent behavior.
   A. notorious   B. enormous   【台灣學測】

4. The vendor's asking price is simply _____.
   A. ridiculous   B. additional   【台灣學測】

5. After the terrible crash, Mike's sports car was a _____.
   A. wreck   B. yarn   【台灣學測】

6. This car is very _____ on gas.
   A. affordable   B. economical   【台灣學測】

7. One of my New Year's _____ is to lose weight.
   A. resolutions   B. privileges   【台灣學測】

8. On his _____ he encountered a charming lady.
   A. experiment   B. journey   【台灣學測】

9. Betty was _____ and tortured with depression.
   A. fascinated   B. plagued   【台灣學測】

10. Intelligence and diligence are _____ important to one's success.
    A. equally   B. primarily   【台灣學測】

11. Love is a powerful _____ for hatred and mental wounds.
　　A. atmosphere　　B. remedy　　　　【台灣學測】

12. The train is packed with _____ during rush hour.
　　A. commuters　　B. carpenters　　　【台灣學測】

13. An imaginative writer often draws _____ from his daily life.
　　A. institution　　B. inspiration　　　【台灣學測】

14. The student _____ in law at college.
　　A. majored　　B. persisted　　　　【台灣學測】

15. Through the help of a travel _____, he traveled abroad.
　　A. control　　B. agency　　　　　【台灣學測】

16. Taiwanese is a _____ in Taiwan.
　　A. dialogue　　B. dialect　　　　　【台灣學測】

17. The _____ of the late president was hung on the wall.
　　A. storage　　B. portrait　　　　　【台灣學測】

18. On some special occasions, we _____ our national flag.
　　A. declare　　B. display　　　　　【台灣學測】

19. There were 50 _____ or so invited to the wedding.
　　A. guests　　B. porters　　　　　【台灣學測】

20. To _____ his vocabulary, my brother reads a lot.
　　A. swear　　B. expand　　　　　【台灣學測】

TEST 44 詳解

1. **A** (A) *negative*[2] ('nɛgətɪv) *adj.* 負面的 (= *bad* = *harmful*)
   (B) individual[3] (,ɪndə'vɪdʒʊəl) *adj.* 個別的 (= *separate*)
   * attitude[3] ('ætə,tjud) *n.* 態度　　***do sb. good*** 對某人有好處

2. **B** 王老師投注大量的時間和精力在他的教學上。
   (A) preserve[4] (prɪ'zɝv) *v.* 保存 (= *conserve* = *keep*)
   (B) *devote*[4] (dɪ'vot) *v.* 奉獻；投入 (= *dedicate*)
   * energy[2] ('ɛnədʒɪ) *n.* 精力 (= *vigor*)

3. **A** 他暴力的行為惡名昭彰。
   (A) *notorious*[6] (no'torɪəs) *adj.* 惡名昭彰的 (= *infamous*)
   (B) enormous[4] (ɪ'nɔrməs) *adj.* 巨大的 (= *vast* = *huge*)
   * violent[3] ('vaɪələnt) *adj.* 暴力的
     behavior[4] (bɪ'hevjə) *n.* 行為

4. **A** 那名小販的要價眞是太荒謬了。
   (A) *ridiculous*[5] (rɪ'dɪkjələs) *adj.* 荒謬的 (= *absurd*)
   (B) additional[3] (ə'dɪʃənl̩) *adj.* 額外的 (= *extra*)
   * vendor[6] ('vɛndə) *n.* 小販　　***asking price*** 要價；索價

5. **A** 在那場嚴重的車禍後，麥克的跑車就成了一堆殘骸。
   (A) *wreck*[3] (rɛk) *n.* 殘骸　　(B) yarn[5] (jɑrn) *n.* 紗線；毛線
   * crash[3] (kræʃ) *n.* 碰撞；車禍　　***sports car*** 跑車

6. **B** (A) affordable[3] (ə'fɔrdəbl̩) *adj.* 負擔得起的 (= *inexpensive*)
   (B) *economical*[4] (,ikə'nɑmɪkl̩) *adj.* 節省的
   * gas[1] (gæs) *n.* 汽油

7. **A** 我的新年新希望之一就是減肥。
   (A) *resolution*[4] (,rɛzə'luʃən) *n.* 決心 (= *decision*)
   (B) privilege[4] ('prɪvlɪdʒ) *n.* 特權

8. **B** 他在<u>旅途</u>中遇見了一位迷人的女士。

(A) experiment[3] 〔ɪk'spɛrəmənt 〕 *n.* 實驗

(B) ***journey***[3] 〔'dʒɝnɪ 〕 *n.* 旅程 (= *tour* = *trip*)

* encounter[4] 〔ɪn'kaʊntɚ 〕 *v.* 遇見 (= *meet*)
charming[3] 〔'tʃɑrmɪŋ 〕 *adj.* 迷人的 (= *attractive*)

9. **B** 貝蒂因憂鬱症而<u>苦惱</u>。

(A) fascinate[5] 〔'fæsn̩‚et 〕 *v.* 使著迷 (= *charm* = *captivate*)

(B) ***plague***[5] 〔 pleg 〕 *v.* 使苦惱 (= *trouble* = *torture*)

* depression[4] 〔dɪ'prɛʃən 〕 *n.* 沮喪；憂鬱症 (= *dejection*)

10. **A** 想成功，聰明和勤勉<u>同樣</u>重要。

(A) ***equally***[1] 〔'ikwəlɪ 〕 *adv.* 同樣地

(B) primarily[3] 〔'praɪ‚mɛrəlɪ 〕 *adv.* 主要地 (= *mainly*)

* intelligence[4] 〔ɪn'tɛlədʒəns 〕 *n.* 聰明；智力 (= *cleverness*)
diligence[4] 〔'dɪlədʒəns 〕 *n.* 勤勉 (= *industry*)

11. **B** 愛是仇恨以及心靈創傷最強有力的<u>治療法</u>。

(A) atmosphere[4] 〔'ætməs‚fɪr 〕 *n.* 氣氛；大氣層

(B) ***remedy***[4] 〔'rɛmədɪ 〕 *n.* 治療法 (= *cure* = *therapy*)

* powerful[2] 〔'paʊɚfəl 〕 *adj.* 強有力的　　hatred[4] 〔'hetrɪd 〕 *n.* 恨
mental[3] 〔'mɛntl̩ 〕 *adj.* 心理的　　wound[2] 〔 wund 〕 *n.* 傷

12. **A** 在尖峰時間，火車上擠滿了<u>通勤者</u>。

(A) ***commuter***[5] 〔kə'mjutɚ 〕 *n.* 通勤者

(B) carpenter[3] 〔'kɑrpəntɚ 〕 *n.* 木匠

* ***be packed with*** 擠滿　　***rush hour*** 尖峰時間

13. **B** 想像力豐富的作家，常能從日常生活中汲取<u>靈感</u>。

(A) institution[6] 〔‚ɪnstə'tjuʃən 〕 *n.* 機構 (= *organization*)

(B) ***inspiration***[4] 〔‚ɪnspə'reʃən 〕 *n.* 靈感 (= *idea*)

* imaginative[4] 〔ɪ'mædʒə‚netɪv 〕 *adj.* 想像力豐富的

14. **A** (A) *major*[3] 〔'medʒ♂〕 *v.* 主修 < *in* >

(B) persist[5] 〔p♦'zɪst〕 *v.* 堅持 < *in* > (= *insist* < *on* >)

15. **B** 透過旅行<u>社</u>的協助，他出國去旅行。

(A) control[2] 〔k♦n'trol〕 *n.* 控制

(B) *agency*[4] 〔'edʒ♦nsɪ〕 *n.* 代辦處　　*travel agency* 旅行社

* abroad[2] 〔♦'br♦d〕 *adv.* 到國外 (= *overseas*)

16. **B** 台語是台灣的<u>方言</u>。

(A) dialogue[3] 〔'daɪ♦,l♦g〕 *n.* 對話 (= *conversation*)

(B) *dialect*[5] 〔'daɪ♦,lɛkt〕 *n.* 方言 (= *language*)

17. **B** 已故總統的<u>肖像</u>被掛在牆上。

(A) storage[5] 〔'storɪdʒ〕 *n.* 儲藏 (= *storing* = *putting away*)

(B) *portrait*[3] 〔'portret〕 *n.* 肖像 (= *picture*)

* late[1] 〔let〕 *adj.* 已故的　　hang[2] 〔hæŋ〕 *v.* 懸掛

18. **B** 在某些特殊的節日，我們會<u>懸掛</u>國旗。

(A) declare[4] 〔dɪ'klɛr〕 *v.* 宣布 (= *announce*)

(B) *display*[2] 〔dɪ'sple〕 *v.* 展示 (= *show* = *exhibit*)

display the national flag 懸掛國旗

* occasion[3] 〔♦'keʒ♦n〕 *n.* 場合；節日

19. **A** 大約有 50 位<u>客人</u>受邀參加婚禮。

(A) *guest*[1] 〔gɛst〕 *n.* 客人

(B) porter[4] 〔'port♂〕 *n.* (行李) 搬運員

* *or so* 大約　　wedding[1] 〔'wɛdɪŋ〕 *n.* 婚禮

20. **B** 為了要<u>增加</u>字彙，我哥哥大量閱讀。

(A) swear[3] 〔swɛr〕 *v.* 發誓 (= *vow*)；詛咒 (= *curse*)

(B) *expand*[4] 〔ɪk'spænd〕 *v.* 擴大 (= *enlarge* = *increase*)

* vocabulary[2] 〔v♦'kæbj♦,lɛrɪ〕 *n.* 字彙

TEST 45

Choose the one most suitable for filling in the blank.

1. Last week the minister submitted his _____.
   A. resignation　　B. population　　【台灣學測】

2. It is strange that the twin sisters have little in _____.
   A. shape　　B. common　　【台灣學測】

3. I have a _____ for Japanese food.
   A. preference　　B. reflection　　【台灣學測】

4. Confucius is _____ the greatest teacher in Chinese history.
   A. politely　　B. undoubtedly　　【台灣學測】

5. Don't carry too much _____ when you travel.
   A. handkerchief　　B. baggage　　【台灣學測】

6. For more information, please visit our _____ website.
   A. religious　　B. official　　【台灣學測】

7. The little boy dropped the glass _____.
   A. successfully　　B. accidentally　　【台灣學測】

8. _____ skills are especially important in teamwork.
   A. Communication　　B. Correspondent　　【台灣學測】

9. The training program covers every _____ of the job.
   A. attitude　　B. aspect　　【台灣學測】

10. The war ended and the soldiers celebrated their _____.
    A. championship　　B. victory　　【台灣學測】

11. One of the advantages of exercise is that it can help you lose _____.
    A. weight   B. weigh   【台灣學測】

12. Some _____ drivers disregard road laws.
    A. law-abiding   B. reckless   【台灣學測】

13. Don't believe his story. It's full of _____.
    A. expression   B. exaggeration   【台灣學測】

14. It takes _____ to create great works of art.
    A. courtesy   B. originality   【台灣學測】

15. His judgement is _____ to mine. I don't agree with him.
    A. close   B. opposite   【台灣學測】

16. Everyone's fingerprints are _____.
    A. unique   B. personal   【台灣學測】

17. What money can't buy is actually more _____ than money.
    A. valuable   B. valueless   【台灣學測】

18. You will benefit _____ from this course.
    A. enormously   B. geographically   【台灣學測】

19. It was a(n) _____ working day; nothing special happened.
    A. ordinary   B. particular   【台灣學測】

20. The small country finally _____ independence.
    A. forsook   B. declared   【台灣學測】

TEST 45 詳解

1. **A** 上週該部長提出辭呈。
   - (A) ***resignation***[4] 〔͵rɛzɪg'neʃən 〕 *n.* 辭職；辭呈
   - (B) population[2] 〔͵pɑpjə'leʃən 〕 *n.* 人口
   - * minister[4] 〔'mɪnɪstɚ 〕 *n.* 部長　　submit[5] 〔 səb'mɪt 〕 *v.* 提出

2. **B** 很奇怪，那對雙胞胎姐妹沒什麼共同點。
   - (A) shape[1] 〔 ʃep 〕 *n.* 形狀 (= *form* = *outline*)
   - (B) ***common***[1] 〔'kɑmən 〕 *adj.* 共同的 (= *shared*)
     have ~ in common 有 ~ 共同點
   - * twin[3] 〔 twɪn 〕 *adj.* 雙胞胎的

3. **A** 我偏愛日本料理。
   - (A) ***preference***[5] 〔'prɛfərəns 〕 *n.* 比較喜歡；偏愛
     (= *fondness* = *liking*)
   - (B) reflection[4] 〔 rɪ'flɛkʃən 〕 *n.* 反射；影像

4. **B** 孔子無疑是中國歷史上最偉大的老師。
   - (A) politely[2] 〔 pə'laɪtlɪ 〕 *adv.* 有禮貌地 (= *courteously*)
   - (B) ***undoubtedly***[5] 〔 ʌn'daʊtɪdlɪ 〕 *adv.* 無疑地 (= *certainly*)
   - * Confucius[2] 〔 kən'fjuʃəs 〕 *n.* 孔子

5. **B** 旅行時別帶太多行李。
   - (A) handkerchief[2] 〔'hæŋkɚtʃɪf 〕 *n.* 手帕
   - (B) ***baggage***[3] 〔'bægɪdʒ 〕 *n.* 行李 (= *luggage* = *bag*)
   - * carry[1] 〔'kærɪ 〕 *v.* 攜帶

6. **B** 想要了解更多的訊息，請上我們的官方網站。
   - (A) religious[3] 〔 rɪ'lɪdʒəs 〕 *adj.* 宗教的；虔誠的
   - (B) ***official***[2] 〔 ə'fɪʃəl 〕 *adj.* 正式的；官方的 (= *formal*)
   - * website[4] 〔'wɛb͵saɪt 〕 *n.* 網站

7. **B** (A) successfully² (səkˈsɛsfəlɪ) *adv.* 成功地 (= *well*)

(B) ***accidentally***⁴ (ˌæksəˈdɛntḷɪ) *adv.* 意外地 (= *by accident*)

* drop² (drɑp) *v.* 掉落

8. **A** 溝通的技巧在團隊合作時特別重要。

(A) ***communication***⁴ (kəˌmjunəˈkeʃən) *n.* 溝通

(B) correspondent⁶ (ˌkɔrəˈspɑndənt) *n.* 通訊記者

* skill¹ (skɪl) *n.* 技巧　　especially² (əˈspɛʃəlɪ) *adv.* 特別地
teamwork (ˈtimˌwɝk) *n.* 團隊合作

9. **B** 這項訓練計劃涵蓋了這份工作的各個方面。

(A) attitude³ (ˈætəˌtjud) *n.* 態度

(B) ***aspect***⁴ (ˈæspɛkt) *n.* 方面 (= *phase* = *side*)

* program³ (ˈprogræm) *n.* 計劃　　cover¹ (ˈkʌvɚ) *v.* 涵蓋

10. **B** 戰爭結束了，士兵們慶祝他們的勝利。

(A) championship⁴ (ˈtʃæmpɪənˌʃɪp) *n.* 冠軍 (資格)

(B) ***victory***² (ˈvɪktərɪ) *n.* 勝利 (= *triumph* = *success*)

* soldier² (ˈsoldʒɚ) *n.* 士兵；軍人

11. **A** 運動的優點之一就是可以幫助你減重。

(A) ***weight***¹ (wet) *n.* 體重　　***lose weight*** 減重

(B) weigh¹ (we) *v.* 重～

12. **B** 有些魯莽的駕駛人忽視道路交通法規。

(A) law-abiding (ˈlɔəˌbaɪdɪŋ) *adj.* 守法的 (= *honest*)

(B) ***reckless***⁵ (ˈrɛklɪs) *adj.* 魯莽的 (= *careless* = *thoughtless*)

* disregard⁶ (ˌdɪsrɪˈgɑrd) *v.* 忽視 (= *ignore*)

13. **B** 不要相信他的說法，都是誇大其詞。

(A) expression³ (ɪkˈsprɛʃən) *n.* 表情；表達

(B) ***exaggeration***⁵ (ɪgˌzædʒəˈreʃən) *n.* 誇張；誇大
(= *overstatement*)

14. **B** 要創造出偉大的藝術品必須要有<u>創意</u>。

    (A) courtesy〔'kɝtəsɪ〕n. 禮貌 (= politeness)

    (B) ***originality***[6]〔ə,rɪdʒə'nælətɪ〕n. 創意 (= creativity)

    * take[1]〔tek〕v. 需要　　work[1]〔wɝk〕n. 作品

15. **B** 他的判斷和我的<u>相反</u>。我不同意他的看法。

    (A) close[1]〔klos〕adj. 接近的；親密的 (= near = intimate)

    (B) ***opposite***[3]〔'ɑpəzɪt〕adj. 相反的 (= contrary)

    * judg(e)ment[2]〔'dʒʌdʒmənt〕n. 判斷

16. **A** (A) ***unique***[4]〔ju'nik〕adj. 獨特的；獨一無二的 (= matchless)

    (B) personal[2]〔'pɝsn̩l〕adj. 個人的 (= individual)

    * fingerprint〔'fɪŋgɚ,prɪnt〕n. 指紋

17. **A** 錢所買不到的東西，其實比錢還<u>珍貴</u>。

    (A) ***valuable***[3]〔'væljʊəbl̩〕adj. 有價值的；珍貴的

       (= precious = invaluable = priceless)

    (B) valueless[2]〔'væljʊlɪs〕adj. 無價值的 (= worthless)

    * actually[3]〔'æktʃʊəlɪ〕adv. 事實上 (= in fact)

18. **A** 你將從這個課程中獲益<u>良多</u>。

    (A) ***enormously***[4]〔ɪ'nɔrməslɪ〕adv. 龐大地 (= a lot)

    (B) geographically[5]〔,dʒiə'græfɪklɪ〕adv. 地理上

    * benefit[3]〔'bɛnəfɪt〕v. 獲益　　course[1]〔kors〕n. 課程

19. **A** 那是個<u>平常</u>的工作日；沒發生什麼特別的事。

    (A) ***ordinary***[2]〔'ɔrdn̩,ɛrɪ〕adj. 平常的；一般的 (= common)

    (B) particular[2]〔pɚ'tɪkjəlɚ〕adj. 特別的 (= special)

20. **B** (A) forsake[6]〔fɚ'sek〕v. 拋棄 (= abandon = desert)

    (B) ***declare***[4]〔dɪ'klɛr〕v. 宣布 (= announce)

    * independence[2]〔,ɪndɪ'pɛndəns〕n. 獨立

TEST 46

Choose the one most suitable for filling in the blank.

1. Oranges are a good _____ of vitamin C.
   A. account   B. source   【台灣學測】

2. Cuba _____ plenty of sugar to many countries.
   A. imports   B. exports   【台灣學測】

3. Her work is highly _____ by her coworkers.
   A. esteemed   B. escorted   【台灣學測】

4. The foreigner _____ us with a friendly "Hello!"
   A. scolded   B. greeted   【台灣學測】

5. The tailor took my _____ before making me a coat.
   A. remarks   B. measurements   【台灣學測】

6. Their taste is _____. The design is too modern.
   A. conservative   B. magnetic   【台灣學測】

7. Acid rain damages buildings and _____.
   A. statues   B. stature   【台灣學測】

8. Watches _____ in Switzerland are famous worldwide.
   A. manufactured   B. operated   【台灣學測】

9. Two jet fighters were _____ and destroyed.
   A. incited   B. intercepted   【台灣學測】

10. Have you ever heard of the _____ "survival of the fittest"?
    A. phrase   B. phase   【台灣學測】

11. Since all the contestants were good, the competition was _____.

　　A. sincere　　B. fierce　　　　　　【台灣學測】

12. Much of the _____ in the lab is made of glass.

　　A. equipment　　B. furniture　　　【台灣學測】

13. The car _____ mud on me when it passed by.

　　A. splashed　　B. sparkled　　　　【台灣學測】

14. The traffic in the city is _____ serious.

　　A. successively　　B. increasingly　【台灣學測】

15. She _____ her secrets with her intimate friends.

　　A. requires　　B. shares　　　　　【台灣學測】

16. Mr. Lee gave his wife a ring as a(n) _____ of his love.

　　A. token　　B. ornament　　　　　【台灣學測】

17. Many birds _____ south for the winter.

　　A. migrate　　B. mediate　　　　　【台灣學測】

18. Robert is very _____ in his behavior.

　　A. plentiful　　B. peculiar　　　　【台灣學測】

19. The police cannot find any _____ to charge the suspect with.

　　A. motive　　B. evidence　　　　　【台灣學測】

20. The accident happened due to the _____ of the driver.

　　A. nuisance　　B. negligence　　　【台灣學測】

TEST 46 詳解

1. **B** (A) account[3] 〔 ə'kaʊnt 〕 *n.* 帳戶；說明 (= *explanation*)
    (B) ***source***[2] 〔 sors 〕 *n.* 來源 (= *origin*)
    * vitamin[3] 〔'vaɪtəmɪn 〕 *n.* 維他命

2. **B** (A) import[3] 〔 ɪm'port 〕 *v.* 輸入；進口 (= *bring in*)
    (B) ***export***[3] 〔 ɪks'port 〕 *v.* 輸出；出口 (= *sell abroad*)
    * Cuba 〔'kjubə 〕 *n.* 古巴　　***plenty of*** 許多

3. **A** 她的工作受到她同事高度推崇。
    (A) ***esteem***[5] 〔 ə'stim 〕 *v.* 尊敬；敬重 (= *respect* = *admire*)
    (B) escort[5] 〔 ɪ'skɔrt 〕 *v.* 護送 (= *accompany*)
    * coworker 〔 ko'wɜkə 〕 *n.* 同事 (= *colleague*)

4. **B** 那位外國人很友善地說一聲「哈囉！」和我們打招呼。
    (A) scold[4] 〔 skold 〕 *v.* 責罵 (= *blame* = *tell off*)
    (B) ***greet***[2] 〔 grit 〕 *v.* 迎接；和~打招呼 (= *talk to*)
    * foreigner[2] 〔'fɔrɪnə 〕 *n.* 外國人

5. **B** 裁縫師在替我做外套之前，先量我的尺寸。
    (A) remark[4] 〔 rɪ'mark 〕 *n.* 評論；話 (= *comment*)
    (B) ***measurements***[2] 〔'mɛʒəmənts 〕 *n. pl.* 尺寸 (= *size*)
    * tailor[3] 〔'telə 〕 *n.* 裁縫師

6. **A** 他們的品味很保守。這個設計太新潮了。
    (A) ***conservative***[4] 〔 kən'sɜvətɪv 〕 *adj.* 保守的 (= *traditional*)
    (B) magnetic[4] 〔 mæg'nɛtɪk 〕 *adj.* 有磁性的 (= *attractive*)
    * taste[1] 〔 test 〕 *n.* 品味　　design[2] 〔 dɪ'zaɪn 〕 *n.* 設計

7. **A** (A) ***statue***[3] 〔'stætʃʊ 〕 *n.* 雕像　(B) stature[6] 〔'stætʃə 〕 *n.* 身高
    * acid[4] 〔'æsɪd 〕 *adj.* 酸性的　　***acid rain*** 酸雨

8. **A**　瑞士<u>製造</u>的手錶舉世聞名。

(A) ***manufacture***[4] 〔͵mænjə'fæktʃɚ 〕*v.* 製造（ = *produce* ）

(B) operate[2]〔'ɑpə͵ret 〕*v.* 操作（ = *function* = *work* ）

*　Switzerland〔'swɪtsɚlənd 〕*n.* 瑞士

worldwide〔'wɝld'waɪd 〕*adv.* 全世界（ = *around the world* ）

9. **B**　兩架噴射戰鬥機被<u>攔截</u>並摧毀。

(A) incite〔ɪn'saɪt 〕*v.* 激起（ = *stir up* = *cause* ）

(B) ***intercept***〔͵ɪntɚ'sɛpt 〕*v.* 攔截（ = *catch* = *stop* ）

*　***jet fighter*** 噴射戰鬥機　　destroy[3]〔dɪ'strɔɪ 〕*v.* 破壞；摧毀

10. **A**　你聽過「最適者生存」這個<u>說法</u>嗎？

(A) ***phrase***[2]〔frez 〕*n.* 片語；說法（ = *idiom* = *expression* ）

(B) phase[6]〔fez 〕*n.* 階段（ = *stage* ）

*　survival[3]〔sɚ'vaɪvḷ 〕*n.* 生存　　fit[2]〔fɪt 〕*adj.* 適合的

11. **B**　因為所有的參賽者都非常棒，所以競爭很<u>激烈</u>。

(A) sincere[3]〔sɪn'sɪr 〕*adj.* 真誠的（ = *honest* = *earnest* ）

(B) ***fierce***[4]〔fɪrs 〕*adj.* 激烈的；兇猛的（ = *intense* ）

*　contestant[6]〔kən'tɛstənt 〕*n.* 參賽者（ = *competitor* ）

competition[4]〔͵kɑmpə'tɪʃən〕*n.* 競爭（ = *rivalry* ）

12. **A**　實驗室的許多<u>設備</u>都是玻璃做的。

(A) ***equipment***[4]〔ɪ'kwɪpmənt 〕*n.* 設備（ = *tools* ）

(B) furniture[3]〔'fɝnɪtʃɚ 〕*n.* 傢俱

*　lab[4]〔læb 〕*n.* 實驗室（ = *laboratory* ）

be made of 由~製成　　glass[1]〔glæs 〕*n.* 玻璃

13. **A**　那部車經過時，將泥巴<u>濺</u>到我身上。

(A) ***splash***[3]〔splæʃ 〕*v.* 濺起　(B) sparkle[4]〔'spɑrkḷ 〕*v.* 閃爍

*　mud[1]〔mʌd 〕*n.* 泥巴　　***pass by*** 經過

14. **B** 這個都市的交通越來越嚴重了。

(A) successively[6] 〔 sək'sɛsɪvlɪ 〕 *adv.* 連續地 (= *in a row*)

(B) ***increasingly***[2] 〔 ɪn'krisɪŋlɪ 〕 *adv.* 越來越 (= *gradually*)

15. **B** (A) require[2] 〔 rɪ'kwaɪr 〕 *v.* 需要 (= *need*)

(B) ***share***[2] 〔 ʃɛr 〕 *v.* 分享

* secret[2] 〔'sikrɪt 〕 *n.* 祕密

intimate[4] 〔'ɪntəmɪt 〕 *adj.* 親密的 (= *close*)

16. **A** 李先生送了一枚戒指給他的太太，表示愛意。

(A) ***token***[5] 〔'tokən 〕 *n.* 表示；象徵 (= *symbol* = *sign*)

(B) ornament[5] 〔'ɔrnəmənt 〕 *n.* 裝飾品 (= *decoration*)

* ring[1] 〔 rɪŋ 〕 *n.* 戒指

17. **A** (A) ***migrate***[6] 〔'maɪgret 〕 *v.* 遷移 (= *move*)

(B) mediate[5] 〔'midɪˌet 〕 *v.* 調解

* south[1] 〔 saʊθ 〕 *adv.* 向南方

18. **B** (A) plentiful[4] 〔'plɛntɪfəl 〕 *adj.* 豐富的 (= *abundant*)

(B) ***peculiar***[4] 〔 pɪ'kjuljə 〕 *adj.* 獨特的 (= *particular* = *unique*)；怪異的 (= *odd* = *strange*)

* behavior[4] 〔 bɪ'hevjə 〕 *n.* 行為

19. **B** 警方找不到任何可以指控嫌犯的證據。

(A) motive[5] 〔'motɪv 〕 *n.* 動機 (= *motivation* = *reason*)

(B) ***evidence***[4] 〔'ɛvədəns 〕 *n.* 證據 (= *proof*)

* charge[2] 〔 tʃɑrdʒ 〕 *v.* 指控　　suspect[3] 〔'sʌspɛkt 〕 *n.* 嫌疑犯

20. **B** 這場意外發生是因為駕駛人的疏忽。

(A) nuisance[6] 〔'njusn̩s 〕 *n.* 討厭的人或物 (= *annoyance*)

(B) ***negligence***[ ] 〔'nɛglədʒəns 〕 *n.* 疏忽 (= *carelessness*)

* ***due to*** 因為；由於 (= *owing to* = *because of*)

TEST 47

Choose the one most suitable for filling in the blank.

1. Lack of education _____ progress.
   A. rotates　　B. retards　　　　　　【台灣聯考】

2. People in that country live under _____.
   A. oppression　　B. organism　　　　【台灣聯考】

3. A _____ tried to persuade me to become a Christian.
   A. pottery　　B. missionary　　　　　【台灣聯考】

4. It's _____ to wash your hands before you eat.
   A. merciful　　B. sanitary　　　　　【台灣聯考】

5. It's _____ to say such rude words in public.
   A. appealing　　B. insulting　　　　【台灣聯考】

6. The robber made an _____ upon Jane with a knife.
   A. imperial　　B. assault　　　　　　【台灣聯考】

7. I had a haircut at the _____ yesterday.
   A. barber's　　B. grocer's　　　　　【台灣聯考】

8. Everything looks _____ in a fog.
   A. vogue　　B. vague　　　　　　　【台灣聯考】

9. The mirror can create an _____ of greater space.
   A. installation　　B. illusion　　　　【台灣聯考】

10. Fire engines and ambulances have _____ over other traffic.
    A. perception　　B. priority　　　　【台灣聯考】

11. They chose the second plan because it was the most
_____ one.
A. pleasant   B. feasible   【台灣學測】

12. There will be a _____ ceremony in this church.
A. religious   B. manual   【台灣聯考】

13. It was a relief to learn that he had _____ the
accident.
A. promised   B. survived   【台灣學測】

14. There are only three _____ for the job.
A. posters   B. candidates   【台灣聯考】

15. He doesn't give in easily; he is an _____ person.
A. obstinate   B. obscure   【台灣聯考】

16. Galileo was the first to _____ the traditional view.
A. enact   B. challenge   【台灣聯考】

17. To make ends meet, we have to _____ our living
expenses.
A. popularize   B. minimize   【台灣學測】

18. Astronauts travel through space by _____.
A. spacecraft   B. stake   【台灣聯考】

19. Tom was once rich and lived an _____ life.
A. extravagant   B. external   【台灣聯考】

20. There should be no _____ against women in
promotion.
A. discrimination   B. delegation   【台灣聯考】

TEST 47　詳解

1. **B** (A) rotate[6] ﹝'rotet﹞ *v.* 旋轉；自轉 (= *revolve* = *turn*)

　　(B) ***retard*** ﹝rɪ'tɑrd﹞ *v.* 使遲緩；妨礙

　　　(= *hold back* = *slow down* = *delay*)

　　*lack[1] ﹝læk﹞ *n.* 缺乏　　progress[2] ﹝'prɑgrɛs﹞ *n.* 進步

2. **A** 那個國家的人民生活在<u>壓迫</u>之中。

　　(A) ***oppression***[6] ﹝ə'prɛʃən﹞ *n.* 壓迫

　　　(= *domination* = *tyranny* = *repression*)

　　(B) organism[6] ﹝'ɔrgən͵ɪzəm﹞ *n.* 有機體；生物

3. **B** 一名<u>傳教士</u>試著說服我成為基督徒。

　　(A) pottery[3] ﹝'pɑtərɪ﹞ *n.* 陶器類；陶藝

　　(B) ***missionary***[6] ﹝'mɪʃən͵ɛrɪ﹞ *n.* 傳教士

　　*persuade[3] ﹝pə'swed﹞ *v.* 說服 (= *convince*)

　　Christian ﹝'krɪstʃən﹞ *n.* 基督徒

4. **B** (A) merciful ﹝'mɜsɪfəl﹞ *adj.* 慈悲的 (= *humane*)

　　(B) ***sanitary*** ﹝'sænə͵tɛrɪ﹞ *adj.* 衛生的

　　　(= *hygienic* = *clean* = *healthy*)

5. **B** 當眾說這種粗魯的話非常<u>侮辱人</u>。

　　(A) appealing[3] ﹝ə'pilɪŋ﹞ *adj.* 有吸引力的 (= *attractive*)

　　(B) ***insulting***[4] ﹝ɪn'sʌltɪŋ﹞ *adj.* 侮辱人的

　　　(= *abusive* = *offensive*)

6. **B** (A) imperial[5] ﹝ɪm'pɪrɪəl﹞ *adj.* 帝國的

　　(B) ***assault***[5] ﹝ə'sɔlt﹞ *n.* 攻擊；襲擊 (= *attack*)

　　*robber[3] ﹝'rɑbə﹞ *n.* 搶匪　　knife[1] ﹝naɪf﹞ *n.* 刀子

7. **A** (A) ***barber***[1] ﹝'bɑrbə﹞ *n.* 理髮師　　***barber's*** (***shop***) 理髮店

　　(B) grocer[6] ﹝'grosə﹞ *n.* 雜貨商　　grocer's (shop) 雜貨店

8. **B** 所有的東西在霧裡看起來都是<u>模糊的</u>。

    (A) vogue[6] (vog) *n.* 流行；時尚 (= *fashion*)

    (B) ***vague***[5] (veg) *adj.* 模糊的

        (= *obscure* = *unclear* = *indistinct*)

    * fog[1] (fɑg) *n.* 霧

9. **B** 鏡子可以產生空間較大的<u>錯覺</u>。

    (A) installation[6] (ˌɪnstə'leʃən) *n.* 安裝；安裝設備

    (B) ***illusion***[6] (ɪ'luʒən) *n.* 幻覺；錯覺

        (= *delusion* = *impression*)

    * mirror[2] ('mɪrɚ) *n.* 鏡子   create[2] (krɪ'et) *v.* 創造；產生

    space[1] (spes) *n.* 空間；太空

10. **B** 消防車和救護車比其他車輛擁有<u>優先權</u>。

    (A) perception[6] (pɚ'sɛpʃən) *n.* 知覺；感覺 (= *awareness*)

    (B) ***priority***[5] (praɪ'ɔrətɪ) *n.* 優先權 (= *precedence*)

    * ***fire engine*** 消防車   ambulance[6] ('æmbjələns) *n.* 救護車

11. **B** 他們選了第二個計畫，因為它是<u>最確實可行的</u>。

    (A) pleasant[2] ('plɛznt) *adj.* 令人愉快的 (= *agreeable*)

    (B) ***feasible***[6] ('fizəbl̩) *adj.* 可實行的 (= *practicable*)

12. **A** 這座教堂將舉行一場<u>宗教</u>儀式。

    (A) ***religious***[3] (rɪ'lɪdʒəs) *adj.* 宗教的

    (B) manual[4] ('mænjuəl) *adj.* 手的；手工的   *n.* 手冊

    * ceremony[5] ('sɛrəˌmonɪ) *n.* 儀式；典禮

13. **B** 得知他在意外中<u>生還</u>，令人鬆了一口氣。

    (A) promise[2] ('prɑmɪs) *v.* 答應；承諾 (= *swear* = *pledge*)

    (B) ***survive***[2] (sɚ'vaɪv) *v.* 從~中生還 (= *live through*)

    * relief[3] (rɪ'lif) *n.* 減輕；鬆了一口氣

14. **B** (A) poster[3] 〔'postɚ 〕 *n.* 海報

(B) ***candidate***[4] 〔'kændə,det 〕 *n.* 候選人；應徵者（= *applicant*）

15. **A** 他不輕易屈服；他是個<u>固執的</u>人。

(A) ***obstinate***[5] 〔'ɑbstənɪt 〕 *adj.* 頑固的；固執的（= *stubborn*）

(B) obscure[6] 〔 əb'skjʊr 〕 *adj.* 模糊的（= *vague* = *unclear*）

* ***give in*** 屈服；讓步（= *submit* = *yield*）

16. **B** 伽利略是第一個<u>質疑</u>傳統觀念的人。

(A) enact[6] 〔 ɪn'ækt 〕 *v.* 制定（法律等）

(B) ***challenge***[3] 〔'tʃælɪndʒ 〕 *v.* 挑戰；質疑（= *confront*）

* Galileo 〔,gælə'lio 〕 *n.* 伽利略【義大利天文、物理學家】
  traditional[2] 〔 trə'dɪʃənḷ 〕 *adj.* 傳統的　　view[1] 〔 vju 〕 *n.* 看法

17. **B** 為了能收支相抵，我們必須把生活費<u>減至最低</u>。

(A) popularize 〔'pɑpjələ,raɪz 〕 *v.* 使流行；宣傳

(B) ***minimize***[6] 〔'mɪnə,maɪz 〕 *v.* 使減到最低

* ***make (both) ends meet*** 使收支相抵
  expense[3] 〔 ɪk'spɛns 〕 *n.* 費用

18. **A** 太空人乘坐<u>太空船</u>在太空中行進。

(A) ***spacecraft***[5] 〔'spes,kræft 〕 *n.* 太空船（= *spaceship*）

(B) stake[5] 〔 stek 〕 *n.* 木樁；賭注

* astronaut[5] 〔'æstrə,nɔt 〕 *n.* 太空人　　space[1] 〔 spes 〕 *n.* 太空

19. **A** (A) ***extravagant*** 〔 ɪk'strævəgənt 〕 *adj.* 浪費的；奢侈的

（= *wasteful* = *spendthrift*）

(B) external[5] 〔 ɪk'stɝnḷ 〕 *adj.* 外部的（= *outside*）

20. **A** 對於女性的升遷不應該有<u>差別待遇</u>。

(A) ***discrimination***[6] 〔 dɪ,skrɪmə'neʃən 〕 *n.* 歧視；差別待遇

(B) delegation[5] 〔,dɛlə'geʃən 〕 *n.* 代表團

* promotion[4] 〔 prə'moʃən 〕 *n.* 升遷

TEST 48

Choose the one most suitable for filling in the blank.

1. It is wrong to _____ in the exam.
   A. cease　　B. cheat 　　　　　【台灣段考】

2. He never beats about the bush. He is very _____.
   A. straightforward　　B. delicate 　　【台灣聯考】

3. I _____ two files to the e-mail to Mr. Smith.
   A. attached　　B. assumed 　　　【台灣學測】

4. What a marvelous _____ you've treated us to!
   A. patent　　B. feast 　　　　　【台灣學測】

5. The play has been _____ from the French novel.
   A. adapted　　B. prolonged 　　　【台灣學測】

6. Our suitcases are in the _____ of the car.
   A. trunk　　B. tunnel 　　　　　【台灣段考】

7. You can see the stars _____ in the sky.
   A. twinkling　　B. hatching 　　　【台灣段考】

8. Have you ever _____ studying abroad?
   A. constituted　　B. contemplated 　【台灣聯考】

9. His diligence _____ for lack of ability.
   A. compensates　　B. compels 　　【台灣聯考】

10. Under his leadership, the company became very _____.
    A. prosperous　　B. militant 　　　【台灣聯考】

11. The wind blew hard, so all the tables were _____.
　　A. classic　　B. dusty　　　　　　【台灣段考】

12. His unusual and strange behavior aroused his wife's _____.
　　A. suspicion　　B. alliance　　　　【台灣聯考】

13. CEO stands for chief _____ officer.
　　A. executive　　B. economic　　　【台灣聯考】

14. Buying such a beautiful skirt is a _____ for me.
　　A. knuckle　　B. luxury　　　　　【台灣聯考】

15. The Greater Taipei area is the largest _____ area in Taiwan.
　　A. defensive　　B. metropolitan　　【台灣聯考】

16. The kids are playing house, _____ to be king and queen.
　　A. pretending　　B. deserving　　　【台灣學測】

17. The girl was _____ at the sight of the tiger.
　　A. enclosed　　B. frightened　　　【台灣段考】

18. He _____ the car into the garage.
　　A. reversed　　B. revolved　　　　【台灣聯考】

19. The demanding boss expected _____ from his employees.
　　A. impatience　　B. perfection　　　【台灣學測】

20. Our country is a(n) _____ country.
　　A. democratic　　B. initial　　　　【台灣段考】

TEST 48 詳解

1. **B** (A) cease⁴〔sis〕v. 停止（= stop = end = finish）
   (B) *cheat*²〔tʃit〕v. 欺騙；作弊（= deceive = trick）

2. **A** (A) *straightforward*⁵〔ˌstret'fɔrwəd〕adj. 直率的
      （= direct = frank = straight）
   (B) delicate⁴〔'dɛləkɪt〕adj. 細緻的
   * *beat about/around the bush* 拐彎抹角

3. **A** 在給史密斯先生的電子郵件中，我附加了二個檔案。
   (A) *attach*⁴〔ə'tætʃ〕v. 貼上；附加（= fix = stick）
   (B) assume⁴〔ə's(j)um〕v. 假定；認為（= suppose）
   * file³〔faɪl〕n. 檔案

4. **B** 你請我們吃的真是很棒的大餐！
   (A) patent⁵〔'pætṇt〕n. 專利權　　(B) *feast*⁴〔fist〕n. 盛宴
   * marvelous³〔'mɑrvḷəs〕adj. 很棒的
   treat sb. to~ 請某人吃~

5. **A** 這齣戲改編自那本法國小說。
   (A) *adapt*⁴〔ə'dæpt〕v. 改編（= alter = revise）；使適應
   (B) prolong⁵〔prə'lɔŋ〕v. 延長（= extend = lengthen）
   * play¹〔ple〕n. 戲劇　　novel²〔'nɑvḷ〕n. 小說

6. **A** (A) *trunk*³〔trʌŋk〕n.（汽車）後車廂；行李箱；樹幹
   (B) tunnel²〔'tʌnḷ〕n. 隧道；地道
   * suitcase⁵〔'sut,kes〕n. 手提箱；小行李箱

7. **A** 你可以看到星星在天空閃耀。
   (A) *twinkle*⁴〔'twɪŋkḷ〕v. 閃爍；閃耀（= shine = sparkle）
   (B) hatch³〔hætʃ〕v. 孵化

8. **B** (A) constitute[4] (ˈkɑnstəˌtjut) v. 組成；構成 (= *make up*)

(B) ***contemplate***[5] (ˈkɑntəmˌplet) v. 考慮；沈思

(= *consider* = *think about*)

* abroad[2] (əˈbrɔd) *adv.* 到國外

9. **A** 他的勤奮彌補了能力的不足。

(A) ***compensate***[6] (ˈkɑmpənˌset) v. 彌補 < *for* >

(= *make up for* = *offset*)

(B) compel[5] (kəmˈpɛl) v. 強迫 (= *force*)

* diligence[4] (ˈdɪlədʒəns) n. 勤奮

10. **A** 在他的領導之下，公司生意變得非常興隆。

(A) ***prosperous***[4] (ˈprɑspərəs) *adj.* 繁榮的；興盛的

(= *flourishing* = *thriving* = *successful*)

(B) militant[6] (ˈmɪlətənt) *adj.* 好戰的 (= *combative*)

* leadership[2] (ˈlidɚˌʃɪp) n. 領導；領導能力

11. **B** 風很大，所以全部的桌子都滿是灰塵。

(A) classic[2] (ˈklæsɪk) *adj.* 第一流的；經典的 (= *first-class*)

(B) ***dusty***[4] (ˈdʌstɪ) *adj.* 滿是灰塵的

* blow[1] (blo) v. (風) 吹　　hard[1] (hɑrd) *adv.* 猛烈地

12. **A** 他不尋常且怪異的行為引起他太太的懷疑。

(A) ***suspicion***[3] (səˈspɪʃən) n. 懷疑 (= *doubt* = *distrust*)

(B) alliance[6] (əˈlaɪəns) n. 聯盟；同盟 (= *association*)

* arouse[4] (əˈraʊz) v. 喚起；引起

13. **A** CEO 代表執行長。

(A) ***executive***[5] (ɪgˈzɛkjʊtɪv) *adj.* 執行的；行政的

(B) economic[4] (ˌikəˈnɑmɪk) *adj.* 經濟的

* ***stand for*** 代表　　chief[1] (tʃif) *adj.* 主要的

officer[1] (ˈɔfəsɚ) n. 長官

14. **B** 買這麼一條美麗的裙子對我來說是<u>奢侈</u>。

    (A) knuckle⁴ 〔'nʌkḷ 〕 *n.* 指關節

    (B) *luxury*⁴ 〔'lʌkʃərɪ 〕 *n.* 奢侈 (品)；奢侈之事

15. **B** 大台北地區是台灣最大的<u>都會區</u>。

    (A) defensive⁴ 〔 dɪ'fɛnsɪv 〕 *adj.* 防禦的 (= *protecting*)

    (B) *metropolitan*⁶ 〔ˌmɛtrə'pɑlətṇ 〕 *adj.* 大都市的

16. **A** 孩子們正在玩家家酒，<u>假裝</u>他們是國王和皇后。

    (A) *pretend*³ 〔 prɪ'tɛnd 〕 *v.* 假裝 (= *make believe*)

    (B) deserve⁴ 〔 dɪ'zɜv 〕 *v.* 應得 (= *be worthy of*)

    * *play house* 玩家家酒

17. **B** (A) enclose⁴ 〔 ɪn'kloz 〕 *v.* (隨函) 附寄 (= *send with*)

    (B) *frightened*² 〔'fraɪtṇd 〕 *adj.* 害怕的

       (= *afraid* = *scared* = *terrified* = *horrified*)

    * *at the sight of* 一看到

18. **A** 他<u>倒</u>車進入車庫。

    (A) *reverse*⁵ 〔 rɪ'vɜs 〕 *v.* 使顛倒；使倒退 (= *move backward*)

    (B) revolve⁵ 〔 rɪ'vɑlv 〕 *v.* 旋轉；公轉；循環 (= *turn*)

    * garage² 〔 gə'rɑʒ 〕 *n.* 車庫

19. **B** 這位嚴苛的老闆對員工要求<u>完美</u>。

    (A) impatience³ 〔 ɪm'peʃəns 〕 *n.* 沒耐心；不耐煩

    (B) *perfection*⁴ 〔 pɚ'fɛkʃən 〕 *n.* 完美 (= *flawlessness*)

    * demanding⁴ 〔 dɪ'mændɪŋ 〕 *adj.* 過分要求的；苛求的

     expect² 〔 ɪk'spɛkt 〕 *v.* 期待；預期

     employee³ 〔ˌɛmplɔɪ'i 〕 *n.* 員工

20. **A** (A) *democratic*³ 〔ˌdɛmə'krætɪk 〕 *adj.* 民主的

    (B) initial⁴ 〔 ɪ'nɪʃəl 〕 *adj.* 最初的 (= *first* = *original*)

TEST 49

Choose the one most suitable for filling in the blank.

1. Citizens are encouraged to use public _____.
   A. transportation   B. inflation   【台灣段考】

2. He used a _____ to cover his mouth when he coughed.
   A. handkerchief   B. packet   【台灣段考】

3. It is _____ of you to say such rude words.
   A. impolite   B. functional   【台灣段考】

4. Tourism is a growing _____ in that city.
   A. irony   B. industry   【台灣段考】

5. The policeman blew his _____ to stop the car.
   A. whistle   B. orbit   【台灣段考】

6. "Have you finished?" "On the _____. I haven't begun yet."
   A. contrast   B. contrary   【台灣段考】

7. Three feet make a _____.
   A. yard   B. pound   【台灣段考】

8. Ch'in Shi Huang was a notorious _____.
   A. pirate   B. tyrant   【台灣段考】

9. He is a mechanic by _____.
   A. occupation   B. punishment   【台灣段考】

10. The _____ between the two points is ten meters.
    A. development   B. distance   【台灣段考】

11. This famous _____ drew beautiful pictures for the book.
    A. illustrator   B. interpreter   【台灣學測】

12. I didn't read the article; I just glanced at the _____.
    A. province   B. headline   【台灣段考】

13. The tickets to the rock _____ sold out within hours.
    A. concerts   B. rehearsals   【台灣段考】

14. Studies _____ that whales, like humans, also have emotions.
    A. revealed   B. remained   【台灣學測】

15. You can _____ your weight by exercising regularly.
    A. reduce   B. proceed   【台灣段考】

16. Sunglasses can _____ your eyes from the sun.
    A. drill   B. protect   【台灣段考】

17. A lunar _____ is based upon the monthly cycles of the moon's phases.
    A. calendar   B. eclipse   【台灣段考】

18. Try and be a bit more _____ with your sister.
    A. amiable   B. ample   【台灣段考】

19. We went to the _____ to see my uncle off.
    A. curriculum   B. airport   【台灣段考】

20. His _____ became more and more serious as he listened.
    A. expression   B. recreation   【台灣學測】

TEST 49 詳解

1. **A** 市民被鼓勵要利用大眾運輸工具。
   (A) ***transportation***[4] 〔͵trænspɚ'teʃən 〕 *n.* 運輸；運輸工具
   (= *transport* 〔'trænsport 〕)
   (B) inflation[4] 〔 ɪn'fleʃən 〕 *n.* 通貨膨脹；膨脹 (= *swelling*)
   * citizen[2] 〔'sɪtəzn̩ 〕 *n.* 市民；國民；公民

2. **A** (A) ***handkerchief***[2] 〔'hæŋkɚtʃɪf 〕 *n.* 手帕 (= *hankie*)
   (B) packet[5] 〔'pækɪt 〕 *n.* 小包；包裹 (= *parcel*)
   * cover[1] 〔'kʌvɚ 〕 *v.* 蓋住　　cough[2] 〔 kɔf 〕 *v.* 咳嗽

3. **A** 你說出如此粗魯的話真是<u>不禮貌</u>。
   (A) ***impolite***[2] 〔͵ɪmpə'laɪt 〕 *adj.* 不禮貌的
   (= *ill-mannered* = *rude* = *offensive*)
   (B) functional[4] 〔'fʌŋkʃənl̩ 〕 *adj.* 功能的
   * rude[2] 〔 rud 〕 *adj.* 無禮的；粗魯的 (= *offensive*)

4. **B** 在那個都市，觀光業是逐漸成長的<u>產業</u>。
   (A) irony[6] 〔'aɪrənɪ 〕 *n.* 諷刺；反諷 (= *sarcasm*)
   (B) ***industry***[2] 〔'ɪndəstrɪ 〕 *n.* 工業；產業
   * tourism[3] 〔'tʊrɪzəm 〕 *n.* 觀光業

5. **A** (A) ***whistle***[3] 〔'hwɪsl̩ 〕 *n.* 哨子
   (B) orbit[4] 〔'ɔrbɪt 〕 *n.* 軌道　 *v.* 沿軌道運行
   * blow[1] 〔 blo 〕 *v.* 吹

6. **B** (A) contrast[4] 〔'kɑntræst 〕 *n.* 對比 (= *difference*)
   (B) ***contrary***[4] 〔'kɑntrɛrɪ 〕 *n.* 相反 (= *opposite*)

7. **A** 三呎為一<u>碼</u>。
   (A) ***yard***[2] 〔 jɑrd 〕 *n.* 碼　　 (B) pound[2] 〔 paʊnd 〕 *n.* 磅

8. **B** 秦始皇是一個惡名昭彰的<u>暴君</u>。

(A) pirate[4] (ˈpaɪrət) *n.* 海盜 (= *sea robber*)

(B) ***tyrant***[5] (ˈtaɪrənt) *n.* 暴君 (= *dictator*)

* notorious[6] (noˈtorɪəs) *adj.* 惡名昭彰的 (= *infamous*)

9. **A** 他的<u>職業</u>是個技工。

(A) ***occupation***[4] (ˌɑkjəˈpeʃən) *n.* 職業 (= *vocation* = *job*)

(B) punishment[2] (ˈpʌnɪʃmənt) *n.* 處罰 (= *penalty*)

* mechanic[4] (məˈkænɪk) *n.* 技工

10. **B** (A) development[2] (dɪˈvɛləpmənt) *n.* 發展；進展

(B) ***distance***[2] (ˈdɪstəns) *n.* 距離

* point[1] (pɔɪnt) *n.* 點　　meter[2] (ˈmitɚ) *n.* 公尺

11. **A** 這位知名<u>插畫家</u>為這本書畫了美麗的插圖。

(A) ***illustrator***[4] (ˈɪləsˌtretɚ) *n.* 插畫家

(B) interpreter[5] (ɪnˈtɝprɪtɚ) *n.* 口譯人員

12. **B** 我沒有看文章；我只是看一眼<u>標題</u>。

(A) province[5] (ˈprɑvɪns) *n.* 省

(B) ***headline***[3] (ˈhɛdˌlaɪn) *n.* 標題

* article[2,4] (ˈɑrtɪkl̩) *n.* 文章　　glance[3] (glæns) *n. v.* 看一眼

13. **A** 這搖滾<u>演唱會</u>的門票在幾個小時之內就賣光了。

(A) ***concert***[3] (ˈkɑnsɝt) *n.* 演唱會；音樂會

(B) rehearsal[4] (rɪˈhɝsl̩) *n.* 預演；排排 (= *practice*)

* ***sell out*** 賣光　　within[1] (wɪðˈɪn) *prep.* 在…之內

14. **A** 研究<u>顯示</u>，鯨像人類一樣，也有情緒。

(A) ***reveal***[3] (rɪˈvil) *v.* 顯示 (= *indicate* = *show*)

(B) remain[3] (rɪˈmen) *v.* 保持；仍然是 (= *stay*)

* whale[2] (hwel) *n.* 鯨　　emotion[2] (ɪˈmoʃən) *n.* 情緒

15. **A** 你可以藉由規律運動來<u>減重</u>。

    (A) **reduce**³ 〔 rɪ'djus 〕 *v.* 減少 (= *decrease* = *cut*)

    (B) proceed⁴ 〔 prə'sid 〕 *v.* 前進 (= *advance*)

    * weight¹ 〔 wet 〕 *n.* 重量；體重

    regularly² 〔'rɛgjələlɪ 〕 *adv.* 規律地；定期地

16. **B** 太陽眼鏡可以<u>保護</u>你的眼睛免於陽光傷害。

    (A) drill⁴ 〔 drɪl 〕 *v.* 鑽孔；練習 (= *practice*)

    (B) **protect**² 〔 prə'tɛkt 〕 *v.* 保護 < *from* >

    * sunglasses 〔'sʌn,glæsɪs 〕 *n. pl.* 太陽眼鏡

17. **A** <u>陰曆</u>是以每個月月亮的盈虧循環爲根據。

    (A) **calendar**² 〔'kæləndɚ 〕 *n.* 曆法　　***lunar calendar*** 陰曆

    (B) eclipse⁵ 〔 ɪ'klɪps 〕 *n.* 虧蝕　　***lunar eclipse*** 月蝕

    * lunar⁴ 〔'lunɚ 〕 *adj.* 月亮的　　***be based upon*** 以…爲根據

    cycle³ 〔'saɪkḷ 〕 *n.* 循環　　phase⁶ 〔 fez 〕 *n.* 階段；(月之) 盈虧

18. **A** 試著對你的妹妹稍微<u>友善</u>一點。

    (A) **amiable**⁶ 〔'emɪəbḷ 〕 *adj.* 友善的 (= *friendly* = *agreeable*)

    (B) ample⁵ 〔'æmpḷ 〕 *adj.* 豐富的；充裕的

       (= *sufficient* = *plenty* = *abundant*)

    * ***a bit*** 稍微；有點 (= *a little* = *somewhat*)

19. **B** (A) curriculum⁵ 〔 kə'rɪkjələm 〕 *n.* 課程 (= *program*)

    (B) **airport**¹ 〔'ɛr,port 〕 *n.* 機場

    * ***see sb. off*** 爲某人送行

20. **A** 他一邊聽著，<u>表情</u>變得越來越嚴肅。

    (A) **expression**³ 〔 ɪk'sprɛʃən 〕 *n.* 表情 (= *look*)；表達

    (B) recreation⁴ 〔,rɛkrɪ'eʃən 〕 *n.* 娛樂

       (= *amusement* = *pastime* = *entertainment*)

    * serious² 〔'sɪrɪəs 〕 *adj.* 嚴肅的

TEST 50

Choose the one most suitable for filling in the blank.

1. The old man has no _____ and lives alone.
   A. relatives   B. directors   【台灣段考】

2. This country fought hard for years to win her _____.
   A. independence   B. disadvantage   【台灣段考】

3. The library has _____ its collection of books.
   A. imprisoned   B. increased   【台灣段考】

4. Repeated failures made him feel _____.
   A. discouraged   B. domestic   【台灣段考】

5. Getting knowledge is a step-by-step _____.
   A. receipt   B. process   【台灣段考】

6. How he solved the problem still remains a _____.
   A. mystery   B. mainstream   【台灣段考】

7. Light _____ faster than sound.
   A. peels   B. travels   【台灣段考】

8. Twenty _____ by five is four.
   A. multiplies   B. divided   【台灣段考】

9. Dr. Ting is devoted to _____ research.
   A. permissible   B. scientific   【台灣段考】

10. The dancers' _____ movements delighted all the audience.
    A. truthful   B. graceful   【台灣學測】

11. A time bomb _____ and killed a lot of people.
    A. exploded　　B. poured　　　　　　【台灣段考】

12. With this, you will receive a cup of tea at no _____ charge.
    A. extra　　B. separate　　　　　　【台灣學測】

13. New Year's Day is celebrated with _____ everywhere.
    A. profile　　B. merriment　　　　　【台灣段考】

14. The _____ show a change in people's spending habits.
    A. codes　　B. statistics　　　　　　【台灣學測】

15. Digital _____ grows too fast to keep up with.
    A. farewell　　B. technology　　　　【台灣段考】

16. Discrimination against women is a _____ of human rights.
    A. suggestion　　B. violation　　　　【台灣學測】

17. I felt _____ at your failure.
    A. sorrow　　B. eloquence　　　　　【台灣段考】

18. She has a good _____ of geography.
    A. bunch　　B. knowledge　　　　　【台灣段考】

19. This _____ scientist has conducted some original experiments.
    A. imaginative　　B. cooperative　　【台灣學測】

20. The building is _____ in the light of the setting sun.
    A. clinging　　B. bathed　　　　　　【台灣段考】

TEST 50 詳解

1. **A** (A) *relative*[4]〔'rɛlətɪv〕*n.* 親戚 (= *family member*)
   (B) director[2] 〔də'rɛktə〕*n.* 導演；主任

2. **A** 這國家為了贏得獨立，辛苦奮鬥多年。
   (A) *independence*[2] 〔ˌɪndɪ'pɛndəns〕*n.* 獨立 (= *self-rule*)
   (B) disadvantage[4] 〔ˌdɪsəd'væntɪdʒ〕*n.* 缺點 (= *weakness*)

3. **B** 這間圖書館增加了書本的收藏。
   (A) imprison[4] 〔ɪm'prɪzn̩〕*v.* 監禁 (= *jail* = *put in prison*)
   (B) *increase*[2] 〔ɪn'kris〕*v.* 增加 (= *enlarge* = *expand*)
   * collection[3] 〔kə'lɛkʃən〕*n.* 收集；收藏品

4. **A** 一再的失敗使他感到氣餒。
   (A) *discouraged*[4] 〔dɪs'kɝɪdʒd〕*adj.* 氣餒的
       (= *disheartened* = *dejected* = *depressed*)
   (B) domestic[3] 〔də'mɛstɪk〕*adj.* 國內的；家庭的 (= *home*)
   * repeated[2] 〔rɪ'pitɪd〕*adj.* 重複的　　failure[2] 〔'feljə〕*n.* 失敗

5. **B** 得到知識是一步一步的過程。
   (A) receipt[3] 〔rɪ'sit〕*n.* 收據 (= *proof of purchase*)
   (B) *process*[3] 〔'prɑsɛs〕*n.* 過程 (= *course* = *route*)
   * step[1] 〔stɛp〕*n.* 一步；步驟　　*step-by-step* *adj.* 一步一步的

6. **A** 他是如何解決這個問題的，依然是個謎。
   (A) *mystery*[3] 〔'mɪstrɪ〕*n.* 奧秘；謎 (= *secret* = *puzzle*)
   (B) mainstream[5] 〔'menˌstrim〕*n.* 主流
   * solve[2] 〔sɑlv〕*v.* 解決　　remain[3] 〔rɪ'men〕*v.* 依然；仍然

7. **B** (A) peel[3] 〔pil〕*v.* 剝皮　*n.* 果皮 (= *skin*)
   (B) *travel*[4] 〔'trævl̩〕*v.* 行進 (= *go* = *move*)；旅行

8. **B** 二十除以五等於四。

　(A) multiply[2]〔'mʌltə,plaɪ〕*v.* 繁殖（= *reproduce*）；乘

　(B) ***divide***[2]〔dɪ'vaɪd〕*v.* 分割；除以 < *by* >（= *separate*）

9. **B** 丁博士致力於科學的研究。

　(A) permissible[5]〔pə'mɪsəbḷ〕*adj.* 可允許的（= *allowable*）

　(B) ***scientific***[3]〔,saɪən'tɪfɪk〕*adj.* 科學的

　* ***be devoted to*** 致力於　　research[4]〔rɪ'sɝtʃ〕*n.* 研究

10. **B** 舞者優雅的動作，使所有的觀衆看得很高興。

　(A) truthful[3]〔'truθfəl〕*adj.* 真實的（= *real*）

　(B) ***graceful***[4]〔'gresfəl〕*adj.* 優雅的（= *elegant*）

　* movement[1]〔'muvmənt〕*n.* 動作

　　delight[4]〔dɪ'laɪt〕*v.* 使高興　　audience[3]〔'ɔdɪəns〕*n.* 觀衆

11. **A** 　(A) ***explode***[3]〔ɪk'splod〕*v.* 爆炸（= *blow up* = *blast*）

　(B) pour[3]〔por〕*v.* 傾倒；下傾盆大雨（= *rain heavily*）

　* bomb[2]〔bɑm〕*n.* 炸彈　　***time bomb*** 定時炸彈

12. **A** 點了這個，你可以獲得一杯茶，不必額外付費。

　(A) ***extra***[2]〔'ɛkstrə〕*adj.* 額外的（= *additional*）

　(B) separate[2]〔'sɛpərɪt〕*adj.* 分開的（= *unconnected*）

　* charge[2]〔tʃɑrdʒ〕*n.* 費用（= *cost*）

13. **B** 各地都歡樂地慶祝新年。

　(A) profile[5]〔'profaɪl〕*n.* 側面；外型；輪廓（= *outline*）

　(B) ***merriment***〔'mɛrɪmənt〕*n.* 歡樂（= *joy* = *happiness*）

　* celebrate[3]〔'sɛlə,bret〕*v.* 慶祝

14. **B** 統計數字顯示人們消費習慣的改變。

　(A) code[4]〔kod〕*n.* 準則（= *rule*）；密碼（= *cipher*）

　(B) ***statistics***[5]〔stə'tɪstɪks〕*n. pl.* 統計數字（= *data* = *figures*）

15. **B** 數位<u>科技</u>成長太快了，我們都趕不上。

(A) farewell[4] 〔,fɛr'wɛl〕 *n.* 告別 (= *good-bye* = *parting*)

(B) ***technology***[2] 〔 tɛk'nɑlədʒɪ 〕 *n.* 科技

* digital[1] 〔'dɪdʒɪtl̩〕 *adj.* 數位的　　***keep up with*** 趕得上

16. **B** 歧視女性是<u>違反</u>人權。

(A) suggestion[4] 〔 səg'dʒɛstʃən 〕 *n.* 建議 (= *proposal*)

(B) ***violation***[4] 〔,vaɪə'leʃən 〕 *n.* 違反 (= *disobedience*)

* discrimination[6] 〔 dɪ,skrɪmə'neʃən 〕 *n.* 歧視 < *against* >

right[1] 〔 raɪt 〕 *n.* 權利　　***human rights*** 人權

17. **A** 我對你的失敗感到悲傷。

(A) ***sorrow***[3] 〔'sɑro 〕 *n.* 悲傷 (= *grief* = *sadness*)

(B) eloquence[6] 〔'ɛləkwəns 〕 *n.* 口才；雄辯 (= *fluency*)

18. **B** 她擁有很好的地理學<u>知識</u>。

(A) bunch[3] 〔 bʌntʃ 〕 *n.* 一大堆；一群；一串；一束

(B) ***knowledge***[2] 〔'nɑlɪdʒ 〕 *n.* 知識

* geography[2] 〔 dʒi'ɑgrəfɪ 〕 *n.* 地理學

19. **A** 這位<u>富有想像力的</u>科學家做了一些有創意的實驗。

(A) ***imaginative***[4] 〔 ɪ'mædʒə,netɪv 〕 *adj.* 富有想像力的

(= *creative* = *original* = *inventive* = *ingenious*)

(B) cooperative[4] 〔 ko'ɑpə,retɪv 〕 *adj.* 合作的 (= *joint*)

* conduct[5] 〔 kən'dʌkt 〕 *v.* 進行；做 (= *carry out*)

original[3] 〔 ə'rɪdʒənl̩ 〕 *adj.* 有創意的

experiment[3] 〔 ɪk'spɛrəmənt 〕 *n.* 實驗

20. **B** 那棟大樓<u>籠罩</u>在落日的光輝中。

(A) cling[5] 〔 klɪŋ 〕 *v.* 緊抓住 < *to* > (= *clutch* = *grasp*)

(B) ***bathe***[1] 〔 beð 〕 *v.* 洗澡；籠罩 (= *cover* = *soak*)

索 引

高三同學要如何準備「升大學考試」

　　考前該如何準備「學測」呢？「劉毅英文」的同學很簡單，只要熟讀每次的模考試題就行了。每一份試題都在7000字範圍內，就不必再背7000字了，從後面往前複習，越後面越重要，一定要把最後10份試題唸得滾瓜爛熟。根據以往的經驗，詞彙題絕對不會超出7000字範圍。每年題型變化不大，只要針對下面幾個大題準備即可。

準備「詞彙題」最佳資料：

背了再背，背到滾瓜爛熟，讓背單字變成樂趣。

考前不斷地做模擬試題就對了！

你做的題目愈多，分數就愈高。不要忘記，每次參加模考前，都要背單字、背自己所喜歡的作文。考壞不難過，勇往直前，必可得高分！

練習「模擬試題」，可參考「學習出版公司」最新出版的「7000字學測試題詳解」。我們試題的特色是：

①以「高中常用7000字」為範圍。②經過外籍專家多次校對，不會學錯。③每份試題都有詳細解答，對錯答案均有明確交待。

「克漏字」如何答題

　　第二大題綜合測驗（即「克漏字」），不是考句意，就是考簡單的文法。當四個選項都不相同時，就是考句意，就沒有文法的問題；當四個選項單字相同、字群排列不同時，就是考文法，此時就要注意到文法的分析，大多是考連接詞、分詞構句、時態等。「克漏字」是考生最弱的一環，你難，別人也難，只要考前利用這種答題技巧，勤加練習，就容易勝過別人。

準備「綜合測驗」（克漏字）可參考「學習出版公司」最新出版的「7000字克漏字詳解」。

本書特色：

1. 取材自大規模考試，英雄所見略同。
2. 不超出7000字範圍，不會做白工。
3. 每個句子都有文法分析。一目了然。
4. 對錯答案都有明確交待，列出生字，不用查字典。
5. 經過「劉毅英文」同學實際考過，效果極佳。

「文意選填」答題技巧

　　在做「文意選填」的時候，一定要冷靜。你要記住，一個空格一個答案，如果你不知道該選哪個才好，不妨先把詞性正確的選項挑出來，如介詞後面一定是名詞，選項裡面只有兩個名詞，再用刪去法，把不可能的選項刪掉。也要特別注意時間的掌控，已經用過的選項就劃掉，以免重複考慮，浪費時間。

準備「文意選填」，可參考「學習出版公司」最新出版的「7000字文意選填詳解」。

特色與「7000字克漏字詳解」相同，不超出7000字的範圍，有詳細解答。

「閱讀測驗」的答題祕訣

① 尋找關鍵字——整篇文章中，最重要就是第一句和最後一句，第一句稱為主題句，最後一句稱為結尾句。每段的第一句和最後一句，第二重要，是該段落的主題句和結尾句。從「主題句」和「結尾句」中，找出相同的關鍵字，就是文章的重點。因為美國人從小被訓練，寫作文要注重主題句，他們給學生一個題目後，要求主題句和結尾句都必須有關鍵字。

② 先看題目、劃線、找出答案、標題號——考試的時候，先把閱讀測驗題目瀏覽一遍，在文章中掃瞄和題幹中相同的關鍵字，把和題目相關的句子，用線畫起來，便可一目了然。通常一句話只會考一題，你畫了線以後，再標上題號，接下來，你找其他題目的答案，就會更快了。

③ 碰到難的單字不要害怕，往往在文章的其他地方，會出現同義字，因為寫文章的人不喜歡重覆，所以才會有難的單字。

④ 如果閱測內容已經知道，像時事等，你就可以直接做答了。

準備「閱讀測驗」，可參考「學習出版公司」最新出版的「7000字閱讀測驗詳解」，本書不超過7000字範圍，每個句子都有文法分析，對錯答案都有明確交待，單字註明級數，不需要再查字典。

「中翻英」如何準備

可參考劉毅老師的「英文翻譯句型講座實況DVD」，以及「文法句型180」和「翻譯句型800」。考前不停地練習中翻英，翻完之後，要給外籍老師改。翻譯題做得越多，越熟練。

「英文作文」怎樣寫才能得高分？

① 字體要寫整齊，最好是印刷體，工工整整，不要塗改。

② 文章不可離題，尤其是每段的第一句和最後一句，最好要有題目所說的關鍵字。

③ 不要全部用簡單句，句子最好要有各種變化，單句、複句、合句、形容詞片語、分詞構句等，混合使用。

④ 不要忘記多使用轉承語，像*at present*（現在），*generally speaking*（一般說來），*in other words*（換句話說），*in particular*（特別地），*all in all*（總而言之）等。

⑤ 拿到考題，最好先寫作文，很多同學考試時，作文來不及寫，吃虧很大。但是，如果看到作文題目不會寫，就先寫測驗題，這個時候，可將題目中作文可使用的單字、成語圈起來，寫作文時就有東西寫了。但千萬記住，絕對不可以抄考卷中的句子，一旦被發現，就會以零分計算。

⑥ 試卷有規定標題，就要寫標題。記住，每段一開始，要內縮5或7個字母。

⑦ 可多引用諺語或名言，並注意標點符號的使用。文章中有各種標點符號，會使文章變得更美。

⑧ 整體的美觀也很重要，段落的最後一行字數不能太少，也不能太多。段落的字數要平均分配，不能第一段只有一、兩句，第二段一大堆。第一段可以比第二段少一點。

準備「英文作文」，可參考「學習出版公司」出版的：